国家骨干高职院校项目建设成果

Qiche Xingshi Zhuanxiang Zhidong Xitong Jianxiu
汽车行驶转向制动系统检修

黄晓敏　邹小明　主　编
彭志勇　主　审

人民交通出版社股份有限公司
China Communications Press Co.,Ltd.

内 容 提 要

本书是汽车运用技术专业职业岗位核心能力课程教材,主要培养学生汽车行驶、转向与制动系统检修的职业能力,主要讲授汽车行驶转向制动系统的结构、原理、拆装、调整、检测以及常见故障的诊断与排除等内容。

全书以汽车行驶、转向与制动系统典型的故障现象为载体,共五个学习情境:学习情境一为汽车行驶跑偏故障检修,学习情境二为轮胎磨损异常故障检修,学习情境三为汽车转向不灵故障检修,学习情境四为汽车转向沉重故障检修,学习情境五为汽车制动失效故障检修。每个学习情境包括若干工作任务,每个任务又包括任务概述、相关知识、任务实施、任务工作单等内容。

本书适用于高职高专汽车运用技术、汽车检测与维修等专业,也可作为汽车维修从业人员的参考读物。

图书在版编目(CIP)数据

汽车行驶转向制动系统检修/黄晓敏,邹小明主编
. 一北京:人民交通出版社股份有限公司,2015.1
国家骨干高职院校项目建设成果
ISBN 978-7-114-12335-1

Ⅰ.①汽… Ⅱ.①黄…②邹… Ⅲ.①汽车—行驶系—车辆检修—高等职业教育—教材②汽车—转向装置—车辆检修—高等职业教育—教材③汽车—制动装置—车辆检修—高等职业教育—教材 Ⅳ.①U472.41

中国版本图书馆 CIP 数据核字(2015)第 136779 号

国家骨干高职院校项目建设成果

书 名:	汽车行驶转向制动系统检修
著 作 者:	黄晓敏 邹小明
责任编辑:	卢仲贤 司昌静 周 凯
出版发行:	人民交通出版社股份有限公司
地 址:	(100011)北京市朝阳区安定门外外馆斜街 3 号
网 址:	http://www.ccpress.com.cn
销售电话:	(010)59757973
总 经 销:	人民交通出版社股份有限公司发行部
经 销:	各地新华书店
印 刷:	北京鑫正大印刷有限公司
开 本:	787×1092 1/16
印 张:	14.25
字 数:	360 千
版 次:	2015 年 1 月 第 1 版
印 次:	2018 年 8 月 第 2 次印刷
书 号:	ISBN 978-7-114-12335-1
定 价:	42.00 元

(有印刷、装订质量问题的图书由本公司负责调换)

江西交通职业技术学院
优质核心课程系列教材编审委员会

主　任： 朱隆亮
副主任： 黄晓敏　刘　勇
委　员： 王敏军　李俊彬　官海兵　刘　华　黄　浩
　　　　　张智雄　甘红缨　吴小芳　陈晓明　牛星南
　　　　　黄　侃　何世松　柳　伟　廖胜文　钟华生
　　　　　易　群　张光磊　孙浩静　许　伟

道路桥梁工程技术专业编审组（按姓名拼音排序，下同）
陈　松　陈晓明　蔡龙成　丁海萍　邓　超　傅鹏斌
胡明霞　蒋明霞　李慧英　刘春峰　刘　华　刘　涛
刘文灵　梁安宁　李　娟　李　央　柳　伟　聂　堃
唐钱龙　王　彪　王立军　王　霞　吴继锋　吴　琼
宣　滨　徐　进　席强伟　熊墨圣　谢　艳　俞记生
朱学坤　张　先　张先兵　周　娟　邹花兰　郑卫华

汽车运用技术专业编审组
邓丽丽　付慧敏　官海兵　胡雄杰　黄晓敏　刘堂胜
刘星星　梁　婷　李彩丽　廖胜文　毛建峰　闵思鹏
欧阳娜　潘开广　孙丽娟　王海利　吴纪生　肖　雨
杨　晋　游小青　张光磊　周羽皓　邹小明　郑　莉

物流管理专业编审组
安礼奎　顾　静　黄　浩　闵秀红　潘　娟　孙浩静
唐振武　万义国　吴　科　熊　青　闫跃跃　杨　莉
张康潜　张　黎　邹丽娟　曾素文　曾周玉　占　维

交通安全与智能控制专业编审组
陈　英　丁荔芳　黄小花　李小伍　陆文逸　任剑岚
王小龙　武国祥　肖　苏　徐　杰　熊慧芳　许　伟
谢静思　叶津凌　张春雨　张　飞　张　铮　张智雄

学生素质教育编审组
甘红缨　郭瑞英　刘庆元　麻海东　孙　力　吴小芳
余　艳

序 PREFACE

为配合国家骨干高职院校建设,推进教育教学改革,重构教学内容,改进教学方法,在多年课程改革的基础上,江西交通职业技术学院组织相关专业教师和行业企业技术人员共同编写了"国家骨干高职院校重点建设专业人才培养方案和优质核心课程系列教材"。经过三年的试用与修改,本套丛书在人民交通出版社股份有限公司的支持下正式出版发行。在此,向本套丛书的编审人员、人民交通出版社股份有限公司及提供帮助的企业表示衷心感谢!

人才培养方案和教材是教师教学的重要资源和辅助工具,其优劣对教与学的质量有着重要的影响。好的人才培养方案和教材能够提纲挈领,举一反三,而差的则照搬照抄,不知所云。在当前阶段,人才培养方案和教材仍然是教师以育人为目标,服务学生不可或缺的载体和媒介。

基于上述认识,本套丛书以适应高职教育教学改革需要、体现高职教材"理论够用、突出能力"的特色为出发点和目标,努力从内容到形式上有所突破和创新。在人才培养方案设计时,依据企业岗位的需求,构建了以岗位需求为导向,融教学生产于一体的工学结合人才培养模式;在教学内容取舍上,坚持实用性和针对性相结合的原则,根据高职院校学生到工作岗位所需的职业技能进行选择。并且,从分析典型工作任务入手,由易到难设置学习情境,寓知识、能力、情感培养于学生的学习过程中,力求为教学组织与实施提供一种可以借鉴的模式。

本套丛书共涉及汽车运用技术、道路桥梁工程技术、物流管理和交通安全与智能控制等27个专业的人才培养方案,24门核心课程教材。希望本套丛书能具有学校特色和专业特色,适应行业企业需求、高职学生特点和经济社会发展要求。我们期待它能够成为交通运输行业高素质技术技能人才培养中有力的助推器。

用心用功用情唯求致用,耗时耗力耗资应有所值。如此,方为此套丛书的最大幸事!

江西省交通运输厅总工程师
2014年12月

前言

根据《国家中长期教育改革和发展规划纲要(2010—2020年)》和《教育部财政部关于进一步推进"国家示范性高等职业院校建设计划"实施工作的通知》(教高〔2010〕8号)等文件精神,结合我院国家骨干高职院校建设项目的具体工作安排,成立了国家骨干高职院校优质核心课程改革教材编写委员会。依托各专业校企合作工作委员会,对四个重点建设专业的核心课程,组织了以骨干教师为主编的创作队伍,通过与行业企业的密切合作,确定了课程的教学内容和编写模式,共同完成了本套教材的编写工作。

本书是国家骨干高职院校优质核心课程改革教材之一,基于"学习情境—工作任务"的模式进行编写。在学习情境确定上,按照从简单到复杂、由局部到整体、由单一技能到综合技能的思路,以汽车维修岗位的职业能力为目标,以汽车行驶、转向与制动系统典型故障为载体,构建了学习情境和工作任务。每个学习情境中的工作任务,都来自于企业的生产实际,是一个个真实完整的汽车维修作业过程。

本书以目前国内和区域内的主流车型为例,重点讲述了汽车车架、车桥、悬架、转向器、转向传动机构、动力转向装置、制动器、制动控制装置等总成与系统的结构原理、拆装过程、检测调整和常见故障的诊断与维修方法等知识。全书共分为五个学习情境,学习情境一为汽车行驶跑偏故障检修,学习情境二为轮胎磨损异常故障检修,学习情境三为汽车转向失灵故障检修,学习情境四为汽车转向沉重故障检修,学习情境五为汽车制动失效故障检修。

本书由江西交通职业技术学院黄晓敏、邹小明担任主编,官海兵、游小青、胡雄杰、肖雨、毛建峰参编,由江西运通汽车技术服务有限公司彭志勇总经理担任主审。其中,学习情境一由胡雄杰编写、学习情境二由游小青编写、学习情境三由邹小明编写、学习情境四由官海兵编写、学习情境五由黄晓敏编写。肖雨、毛建峰等老师承担了本教材编写的前期准备工作。

在本书编写过程中,笔者参考了大量的教材和文献资料,在此一并向有关作者、编者表示真诚的感谢。

由于作者水平有限,精选的学习情境和工作任务难以涵盖所有车型,希望使用者对书中的错误提出宝贵意见,以便我们今后改进提高。

作　者
2014年12月

目录
CONTENTS

学习情境一　汽车行驶跑偏故障检修　　　1
　　工作任务一　车架的检查与校正　　　2
　　工作任务二　车桥的拆装与检查　　　8
　　工作任务三　车轮定位的检查　　　14
　　工作任务四　汽车行驶跑偏、前轮摆振故障检修　　　29

学习情境二　轮胎磨损异常故障检修　　　34
　　工作任务一　车轮与轮胎的装配、平衡、换位与维护　　　35
　　工作任务二　悬架的拆装、检查与维护　　　53
　　工作任务三　轮胎异常磨损故障检修　　　73

学习情境三　汽车转向不灵故障检修　　　77
　　工作任务一　转向器的拆装、检查与调整　　　78
　　工作任务二　转向操纵、传动机构的拆装、检查与调整　　　99
　　工作任务三　汽车机械转向系故障检修　　　113

学习情境四　汽车转向沉重故障检修　　　119
　　工作任务一　汽车动力转向系的拆装、检查　　　120
　　工作任务二　汽车动力转向系故障检修　　　139

学习情境五　汽车制动失效故障检修　　　148
　　工作任务一　车轮制动器的拆装、检查与调整　　　149
　　工作任务二　液压制动系的拆装、检查与调整　　　168
　　工作任务三　气压制动系的拆装、检查与调整　　　188
　　工作任务四　驻车制动系的拆装、检查与调整　　　204
　　工作任务五　汽车常规制动系故障检修　　　210

参考文献　　　216

学习情境一　汽车行驶跑偏故障检修

情境概述

本学习情境主要讲授汽车车架与车桥的结构、组成和工作原理,拆装与性能检测,汽车车轮定位参数的检查与调整,汽车行驶跑偏故障的诊断及排除方法。根据岗位职业能力的要求,本情境共安排四个真实的工作任务。

一、职业能力分析

通过本情境的学习,期望达到下列目标。

1. 专业能力

(1) 会检查车架变形。
(2) 能熟练拆装车桥和检查车桥的技术状况及性能。
(3) 能熟练使用仪器校正车架。
(4) 会检查、调整车轮定位。
(5) 会诊断汽车行驶跑偏的故障。

2. 社会能力

(1) 通过分组活动,培养团队协作能力。
(2) 通过规范文明操作,培养良好的职业道德和安全环保意识。
(3) 通过小组讨论、上台演讲评述,培养与客户的沟通能力。

3. 方法能力

(1) 通过查阅资料、文献,培养个人自学能力和获取信息能力。
(2) 通过情境化的工作任务活动,掌握解决实际问题的能力。
(3) 填写任务工作单,制订工作计划,培养工作能力。
(4) 能独立使用各种媒体完成学习任务。

二、学习情境描述

维修业务接待员接到客户的汽车后,递交给学员一个维修任务,要求检查并排除该车行驶跑偏故障,制订计划,修复此故障。把故障信息和修复情况告知客户,得到客户的确认,提交一份分析报告并归档。

三、教学环境要求

本学习情境要求,在理实一体化专业教室和专业实训室完成。要求配备车架变形的轻型货车四辆、汽车举升工位四个、车轮平衡机一台、四轮定位仪一台、各种拆装工具四套。同时,提供相关车辆的汽车维修手册、使用说明书;可以用于资料查询的电脑、任务工作单、多媒体教学设备、课件和视频教学资料等。
　　学生分成四个小组,各组独立完成相关的工作任务,并在教学完成后提交任务工作单。

工作任务一　车架的检查与校正

  任务概述

1. 应知应会

(1)通过本工作任务的学习与具体实施,学生应学会下列知识:
①熟悉行驶系的功用、类型以及基本组成。
②掌握车架的类型和结构形式。
③熟悉车架变形的检查方法。
(2)应该掌握下列技能:
①会对车架变形进行检查。
②会对车架变形进行校正。

2. 学习要求

(1)在每个工作任务的学习过程中,完成相关任务工作单的填写,并通过课程网络及时提交给相关教师。任务工作单提交方法详见课程网站。

(2)在每个学习情境实施阶段的中期或后期,按要求填写检修工作单。学习结束后,按要求填写学生考核记录表,进行自我评价后交小组长,小组长评价后连同检修工作单统一交教师。

(3)每个情境学习到评价环节时,个人进行任务完成情况的评估。教师对小组抽查,被抽查的个人上台进行讲评。

一、行驶系概述

汽车行驶系的结构形式因车型及行驶条件的不同而不同,不同形式的行驶系,基本组成有所不同。大多数汽车采用轮式行驶系。其结构特点是通过轮胎直接与地面接触,通过轮胎支撑整个车辆,并通过轮胎的滚动驱动汽车行驶。

1. 汽车行驶系的功用

(1)接受发动机经传动系传来的转矩,利用驱动车轮与路面之间的附着作用产生驱动力来保证汽车行驶。
(2)支撑全车并传递和承受各种力、力矩。
(3)缓和冲击、衰减振动,保证汽车行驶的平顺性。
(4)保证车轮相对车架的运动轨迹,实现对汽车行驶方向的正确控制,保证汽车操纵稳定性。

2. 轮式行驶系的组成

轮式行驶系一般由车架(或承载式车身)、车桥(前后车桥)、车轮和悬架(前后悬架)等组成,如图1-1所示。

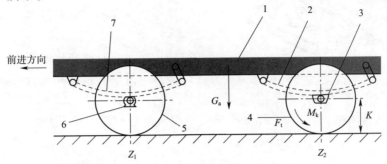

图1-1 轮式行驶系的组成和受力情况
1-车架;2-后悬架;3-驱动桥;4-后轮;5-前轮;6-从动桥;7-前悬架

3. 汽车行驶系的受力情况

在垂直方向上,汽车的总质量 G_a,通过车架、悬架、车桥和车轮传到地面,同时引起的地面垂直反力 Z_1、Z_2 分别作用于前后车轮上;在水平方向上,发动机输出的动力通过传动系传到驱动后轮4上,产生转矩 M_k,通过轮胎与地面的附着作用,产生推动汽车前进的纵向反力——牵引力 F_t;汽车在制动时,同样产生一个与 M_k 方向相反的制动力矩,作用于车轮上,产生一个与汽车行驶方向相反的制动力,迫使汽车减速或停车。牵引力须克服行驶阻力:滚动阻力 F_f、空气阻力 F_w、坡道阻力 F_i、加速阻力 F_j。只有当牵引力足以克服上述各种阻力之和时,汽车才能保持前进。

驱动力对车轮中心产生的反力矩,有使汽车前部向上抬起的趋势,从而使作用于前轮上的垂直载荷减小,后轮上的垂直载荷增加。制动时,地面作用于车轮的制动力,有使汽车后部向上抬起、前部下沉的趋势,从而使作用于后轮上垂直载荷减小,前轮上垂直载荷增大;紧急制动时,作用尤其明显。弯道行驶时,离心力或汽车质量在横向坡道上的分力的作用,有使汽车产生侧向滑动的趋势,路面将阻止车轮侧滑而产生作用于车轮的侧向力,此力由行驶系来传递和承受。

4. 汽车行驶系的类型

汽车行驶系的结构类型根据车型及行驶条件不同,有轮式、半履带式(图1-2)、全履带式(图1-3)车轮—履带式(图1-4)和水陆两用式等几种。

图1-2 半履带式汽车行驶系   图1-3 全履带式汽车行驶系

二、车架

车架是跨接在各车桥之间的桥梁式结构,是整个汽车的安装基础。

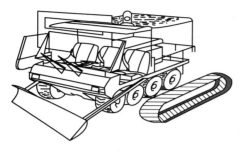

图1-4 车轮—履带式汽车行驶系

1. 功用

(1)安装汽车的各总成和部件,并使它们保持正确的相对位置。

(2)承受来自车上和地面的各种静、动载荷。

2. 要求

(1)应满足汽车总体布置的要求,无干涉。

(2)应具有足够的强度和适合的刚度,同时其质量应尽可能小。

(3)要求结构简单,并有利于降低汽车质心和获得大的转向角,以提高汽车行驶的稳定性和机动性。

3. 分类

汽车的车架按结构形式可分为边梁式车架、X形车架、平台式车架和中梁式车架几种类型。

(1)边梁式车架。边梁式车架由两根位于两边的纵梁和若干道横梁组成,用铆接和焊接的方法将纵横梁连接成坚固的刚性构架,如图1-5所示。

纵梁通常用低合金钢板冲压而成,断面一般为槽形或箱形断面。横梁用来连接纵梁,保证车架的抗扭刚度和承载能力,而且还用来支撑汽车上的主要部件。

(2)X形车架(边梁式车架的改进)。对于短而宽的汽车车架,为了降低重心高度和提高车架的扭转刚度,通常制成前窄后宽而后部向上弯曲的车架结构,而且两根横梁制成X形,故X形车架一般用于轿车车架,如图1-6所示。

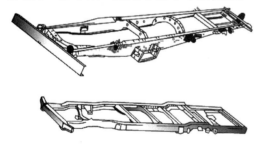

图1-5 边梁式车架

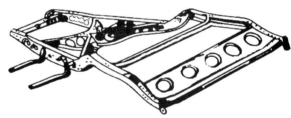

图1-6 X形车架

(3)平台式车架。平台式车架如图1-7所示,部分轿车和大型客车取消了车架,而以车身兼代车架的作用,即将所有部件固定在车身上,所有的力也由车身来承受,这种车架称为无梁式车架,也可称为承载式车身。如上海大众、一汽奥迪、捷达、高尔夫轿车均为承载式车身。

公共汽车及长途大客车,多数采用全金属承载式车身,其中大部分是有骨架式,而无骨架承载式车身在一部分大客车上也有所采用。

图1-7 平台式车架

(4)中梁式车架(图1-8)。

①结构:只有一根位于中央且贯穿汽车全长的纵梁。中梁的断面可做成管形、槽形或箱

形。中梁的前端做成伸出支架,用以固定发动机,而主减速器壳通常固定在中梁的尾端,形成断开式后驱动桥。中梁上的悬伸托架用以支承汽车车身和安装其他机件。若中梁是管形的,传动轴可在管内穿过。

②优点:有较好的抗扭转刚度和较大的前轮转向角,在结构上允许车架有较大的跳动空间,便于装用独立悬架,从而提高了汽车的越野性;与同吨位的载货汽车相比,其车架轻,整车质量小,同时质心也较低,故行驶稳定性好;车架的强度和刚度较大;脊梁还能起封闭传动轴的防尘罩作用。

③缺点:制造工艺复杂,精度要求高,总成安装困难,维护修理也不方便,故目前应用较少。

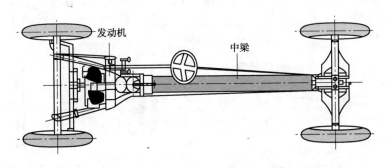

图 1-8　中梁式车架

任务实施

一、车架的失效形式

车架在使用过程中往往会出现变形(包括弯曲变形、扭转变形)、裂纹、锈蚀、螺栓和铆钉松动等失效形式。

二、车架的检修

(1)外观检查。检查车架是否有严重的变形、裂纹、锈蚀、螺栓或铆钉松动等现象。

(2)车架变形的检修。通过拉线、直尺等来测量、检查。一般要检查车架上平面和侧平面的直线度误差。车架纵梁直线度允许误差为 1000mm 长度上不大于 3mm。

(3)裂纹的检修。根据裂纹的长短及所在部位的不同,采取不同的修复方法。微小的裂纹可以采用焊修的方法。裂纹较长但未扩展至整个断面且受力不大的部位,应先进行焊修,再用三角形腹板进行加强。

三、车架的校正

车架变形后,应进行校正。

(1)个别部位的校正。如果车架总成良好,仅个别部位发生不大的弯曲变形时,可用专门的工具直接在车上进行校正。

(2)严重变形的校正。如果车架发生严重变形或铆钉松动较多时,应解体进行校正。一般采用冷压法或局部加热法进行校正。

学习情境一:汽车行驶跑偏故障检修	班级			
工作任务一:车架的检查与校正	姓名		学号	
	日期		评分	

一、工作单内容

检查边梁型车架,并对检查到的变形进行校正。

二、准备工作

说明:每位学生应在工作任务实施前独立完成准备工作。

1. 汽车行驶系主要由_____、_____、_____与_____组成。
2. 请指出下图的车架形式:a)_____;b)_____。

a)

b)

3. 大多数轿车和部分大型客车取消了车架,而以_____兼代车架的作用,这种车身称为_____车身。
4. 车架在使用过程中会出现_____、_____、_____和_____等失效形式。
5. 车架的检修包括_____、_____、_____。
6. 车架纵梁直线度允许误差为1000mm长度上不大于_____mm。
7. 如果车架发生严重变形或铆钉松动较多时,应_____进行校正。一般采用_____或_____法进行校正。

三、任务实施

1. 车架外观检查

从外观上检查车架是否有严重的变形、裂纹、锈蚀、螺栓或铆钉松动等现象,并记录在下表中。

车型		检查人	
检查结果			

2. 车架变形检查

车架变形检查可以通过拉线、直尺等来测量、检查。一般要检查车架上平面和侧平面的直线度误差。

(1)车架歪斜的检查。采用分段拉线方法检查,分段检查各段对角线长度差不大于5mm,并记录在下表中。

车型		检查人	
检查结果			

(2)车架纵梁的直线度检查。用拉线的方法检查,各距离中与垫块厚度差最大者即为直线度误差,并记录在下表中。

车型		检查人	
检查结果			

(3)车架总成上平面的平面度检查。用拉线的方法检查,各点距离最大即是纵梁上平面的平面度误差,并记录在下表中。

车型		检查人	
检查结果			

3.车架的校正

(1)个别部位的校正。如果车架总成良好,仅个别部位发生不大的弯曲变形时,可用专门的工具直接在车上进行校正。

(2)严重变形的校正。如果车架发生严重变形或铆钉松动较多时,应解体校正。一般采用冷压法或局部加热法进行校正。根据检查结果,提出校正的方法:
　　□　就车校正　　□　解体校正

4.车架的铆接

车架的纵、横梁连接铆钉松动后,将影响车架的刚度和弹性。经检查后发现有松动的铆钉要取掉,并重新铆接新铆钉。

(1)去除旧铆钉,采取的方法是:
　　□　气割法　　□　钻除法　　□　剪除法　　□　錾除法

(2)重新铆接车架,采取的方法是:
　　□　冷铆法　　□　热铆法

四、工作小结

通过此工作任务的实施,各小组集中完成下述工作。

(1)比较各式车架的优缺点。

(2)简述检查车架变形的各种方法的特点。

(3)车架维修的主要工作有哪些?

(4)对于本次工作任务,你还有哪些好的建议和意见?

工作任务二 车桥的拆装与检查

任务概述

1. 应知应会

(1)通过本工作任务的学习与具体实施,学生应学会下列知识:

①熟悉转向桥的功用、类型以及基本组成。

②掌握转向桥的类型和结构形式。

③熟悉转向桥的拆装顺序。

(2)应该掌握下列技能:

①会对转向桥进行拆装。

②会对转向桥技术状况进行检查。

2. 学习要求

(1)在每个工作任务的学习过程中,完成相关任务工作单的填写,并通过课程网络及时提交给相关教师。任务工作单提交方法详见课程网站。

(2)在每个学习情境实施阶段的中期或后期,按要求填写检修工作单。学习结束后,按要求填写学生考核记录表,进行自我评价后交小组长,小组长评价后连同检修工作单统一交教师。

(3)每个情境学习到评价环节时,个人进行任务完成情况的评估。教师对小组抽查,被抽查的个人上台进行讲评。

相关知识

一、车桥

车桥通过悬架与车架相连,两端安装车轮。

1. 功用

车桥的功用是传递车架与车轮之间的各种力和力矩。

2. 车桥的类型

(1)按配用悬架结构分:整体式、断开式。

(2)按车桥上车轮的作用分:转向桥、驱动桥、转向驱动桥、支持桥。

二、转向桥

转向桥能使装在前端的左右车轮偏转一定的角度来实现转向,还应该能承受垂直载荷和由道路、制动等力产生的纵向力和侧向力以及这些力所形成的力矩。

汽车转向桥的结构大致相同,主要由前轴、转向节和主销等部分组成。按前轴的断面形状分为工字梁式和管式两种。如图1-9所示为桑塔纳轿车工字梁式转向桥结构。

为了保持汽车直线行驶的稳定性、转向的轻便性和减少轮胎与机件的磨损,转向车轮、转向节和前轴三者与车架安装时保持一定的相对位置或要求,这种具有一定相对位置的安装称为转向轮定位,也称前轮定位。前轮定位的内容包括:主销后倾、主销内倾、前轮外倾和前轮前束。通常,车轮定位主要是指前轮定位,现在也有许多汽车需要除前轮定位以外的后轮定位即四轮定位。后轮定位的内容通常包括:后轮外倾和后轮前束。

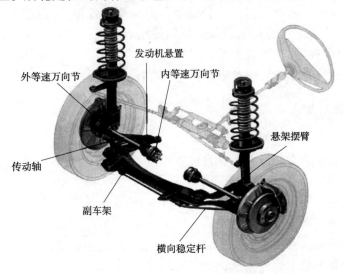

图1-9　桑塔纳轿车工字梁式转向桥结构

三、转向驱动桥

有些汽车的前桥既是转向桥,又兼有驱动桥的作用,故称为转向驱动桥(图1-10),一般用于四轮驱动和一些轿车上。转向驱动桥通常由主减速器1和差速器3组成。但由于在转向时转向车轮需要绕主销偏转过一个角度,故与转向轮相连的半轴必须分成内外两段(内半轴4和外半轴8),其间用万向节6(一般多用等角速万向节)连接,同时主销12也因此分制成上下两段。转向节轴颈部分做成中空的,以便外半轴穿过其中。

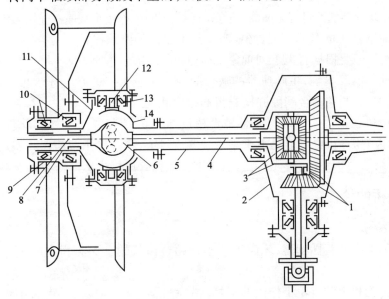

图1-10　转向驱动桥示意图

1-主减速器;2-主减速器壳;3-差速器;4-内半轴;5-半轴套管;6-万向节;7-转向节轴;8-外半轴;9-轮毂;10-轮毂轴承;11-转向节壳体;12-主销;13-主销轴承;14-球型支座

**任务实施**

汽车行驶时,驱动桥的受力情况十分复杂。传递动力各零件,由于接近最终传动,其所受的各种力远远大于传动系的其他部位。长期使用后的老化会影响驱动桥的技术状况,造成传动间隙增大而出现异响、主减速器和差速器壳体温度过高、漏油等现象,影响汽车的正常使用。在汽车维护和维修时,应对驱动桥进行有针对性的作业。

一、驱动桥的维护

1. 一级维护

(1)检查后桥壳是否有裂纹及不正常的渗漏。如有渗漏,应查明原因,予以排除。
(2)检查各部位螺栓、螺母的连接是否可靠。
(3)后桥壳体内的润滑油量是否合适,其液面应不低于检视孔下沿 15mm 处。
(4)后桥壳的通气塞应保持畅通。
(5)用推动轮毂来检查轴承的紧度时,应无明显手感的松旷量。
(6)检视轮胎和半轴上的外露螺栓、螺母,不得有松动。

2. 二级维护

二级维护除进行一级维护的所有项目外,还应要进行以下内容:
(1)检查半轴。半轴应无弯曲、裂纹,键槽无过度磨损。如有可视的键槽磨损时,应进行左右半轴的换位。
(2)拆下轮毂,检查半轴套管是否有配合松旷和裂纹,各螺纹的损伤不得超过 2 牙。
(3)检视后桥壳是否有裂纹。
(4)放油后,拆下后桥壳盖,清除油污并检视齿轮、轴承以及各部位螺栓紧固情况,必要时可以更换齿轮和轴承。
(5)检视主减速器的油封有无漏油,凸缘螺母是否松动,检查主减速器连接螺栓的紧固情况。
(6)检查轮毂轴承的紧固情况,必要时按技术条件的要求拧紧。

二级维护时,还要根据有无下列现象,决定后桥维护的附加作业项目:
(1)主减速器有无异响,主减速器的啮合间隙是否过大。如有上述现象,说明轮齿磨损或啮合间隙过大,应调整啮合间隙并检查齿面接合状况。
(2)检查后桥在正常工作时的油温是否超过 60℃ 并伴有异响。如有此现象,说明齿轮啮合不当或轮齿有断齿,也可能是由于轴承预紧度过大,应拆检主减速器和差速器。

上述作业结束后,装复后桥壳后盖,按规定加注符合原厂规定的齿轮油至规定液面。

二、驱动桥的检修

1. 齿轮的检修

(1)齿轮不得有疲劳性剥落,牙齿损坏不得超过齿长的 1/5 和齿高的 1/3,否则应更换新件。
(2)行星齿轮和半轴齿轮工作面的损坏,沿齿高不得超过 1/4,沿齿长不得超过 1/5,否则应更换新件。
(3)齿面上有轻微擦伤或毛刺,应予修磨后使用。
(4)在大端测量从动齿轮的端面跳动量,不应超过 0.20mm。

2. 半轴的检验与修理

（1）半轴弯曲的检验：将半轴夹在车床上，用千分表抵在半轴中间处测量，其摆差不能超过 2mm，否则应进行冷压校正或更换。半轴凸缘平面应与半轴的中心线垂直，当在凸缘的边缘处测量时，千分表指针摆差不得超过 0.2mm，否则应光磨修正或更换。

（2）半轴不得有任何裂纹或断裂，否则应予更换。

（3）检查半轴油封颈，如有沟槽，可涂镀修复或更换。

（4）检查半轴的键齿磨损情况，如磨损严重、半轴键齿扭斜时，应更换半轴。

3. 驱动桥壳的检修

桥壳不仅负载大，而且当汽车加速、减速过猛以及紧急制动时，桥壳又会承受很大的冲击力，故桥壳不仅会在横向平面内弯曲，而且还可能在纵向平面内弯曲。同时，由于在钢板弹簧座附近容易造成应力集中，桥壳此时可能出现断裂。

（1）桥壳弯曲的检修：整体式驱动桥壳的检修，可用比桥壳长 50mm，直径比桥壳内径小 2.0mm 的钢管（木棒）插入壳内，如能自由转动，即为符合要求。

（2）桥壳断裂的检修：可用检视或敲击法检查，也可用磁力探伤仪检查，如断裂或裂纹，则应更换。

任务工作单

学习情境一：汽车行驶跑偏故障检修 工作任务二：车桥的拆装与检查	班级			
	姓名		学号	
	日期		评分	

一、工作单内容

分组拆卸、装配并检查桑塔纳 2000 轿车的车桥，并对检查到的结果进行分析。

二、准备工作

说明：每位学生应在工作任务实施前独立完成准备工作。

1. 指出图示汽车整体式转向桥指定部分名称，填写在各对应序号线内。

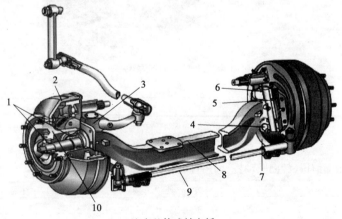

汽车整体式转向桥

1-_____;2-_____;3-_____;4-_____;
5-_____;6-_____;7-_____;8-_____;
9-_____;10-_____

2.指出图示转向驱动桥指定部分名称,填写在各对应序号线内。

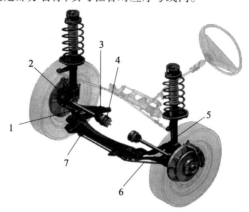

上海桑塔纳轿车前桥(转向驱动桥)

1-_____;2-_____;3-_____;4-_____;
5-_____;6-_____;7-_____

3.指出图示桑塔纳轿车后桥指定部分名称,填写在各对应序号线内。

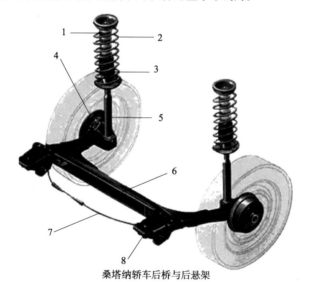

桑塔纳轿车后桥与后悬架

1-_____;2-_____;3-_____;4-_____;
5-_____;6-_____;7-_____;8-_____

三、任务实施

1.拆装车桥

(1)拆卸桑塔纳轿车前桥(转向驱动桥),并将拆卸次序记录下来。

拆卸步骤	拆卸零件	使用工具	注意事项
1			
2			

(2)装配桑塔纳轿车前桥(转向驱动桥),并将装配次序记录下来。

装配步骤	装配零件	使用工具	注意事项
1			
2			

2. 车桥检修

(1) 前轴的检修。

检查的内容	检查的结果	修 理 方 法
前轴磨损量		
前轴变形情况		

(2) 转向节的检修。

检查的内容	检查的结果	修 理 方 法
隐伤情况		
磨损情况		

四、工作小结

通过此工作任务的实施,各小组集中完成下述工作:

(1) 比较转向驱动桥和转向桥、驱动桥拆装的不同点。

(2) 分析造成转向节磨损的原因。

(3) 对于本次工作任务,你还有哪些好的建议和意见?

工作任务三　车轮定位的检查

任务概述

1. 应知应会

（1）通过本工作任务的学习与具体实施，学生应学会下列知识：

① 熟悉车轮定位参数的作用。

② 掌握车轮定位参数的配合状况。

③ 熟悉车轮定位参数的调整原理。

（2）应该掌握下列技能：

① 会对车轮定位参数进行检测。

② 会调整车轮定位参数。

2. 学习要求

（1）在每个工作任务的学习过程中，完成相关任务工作单的填写，并通过课程网络及时提交给相关教师。任务工作单提交方法详见课程网站。

（2）在每个学习情境实施阶段的中期或后期，按要求填写检修工作单。学习结束后，按要求填写学生考核记录表，进行自我评价后交小组长，小组长评价后连同检修工作单统一交教师。

（3）每个情境学习到评价环节时，个人进行任务完成情况的评估。教师对小组抽查，被抽查的个人上台进行讲评。

相关知识

一、主销后倾

主销装在前轴上后，在汽车纵向平面内，其上端略向后倾斜，这种现象称为主销后倾，如图 1-11 所示。在纵向垂直平面内，主销轴线与垂线之间夹角 γ 叫主销后倾角。主销后倾角一般为 $0.5°\sim3°$。

当主销具有后倾角时，主销轴线与路面交点 A 将位于车轮与路面接触点 B 的前面。当汽车直线行驶时，若转向轮偶然受到外力作用而稍有偏转（例如向右偏转，如图 1-11 中箭头所示），将使汽车行驶方向向右偏离。这时，由于汽车本身离心力的作用，在车轮与路面接触点 B 处，路面对车轮作用着一个侧向反作用力 F_y，如图 1-12 所示。

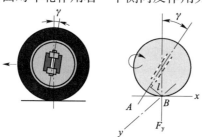

图 1-11　主销后倾及主销后倾角

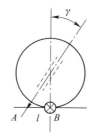

图 1-12　主销后倾角作用示意图

反力 F_y 对车轮形成绕主销轴线作用的力矩 $F_y l$,其方向正好与车轮偏转方向相反。在此力矩作用下,将使车轮回复到原来中间位置,从而保证汽车能稳定地直线行驶,故此力矩称为稳定力矩(回正力矩)。但此力矩也不宜过大,否则在转向时为了克服此稳定力矩,驾驶员须在转向盘上施加较大的力(即所谓转向盘沉重)。因稳定力矩的大小取决于力臂 l 的数值,而力臂又取决于后倾角 γ 的大小。因此,为了不使转向盘沉重,主销后倾角 γ 不宜过大,一般采用不超过 2°~3°的后倾角。现代高速汽车由于轮胎气压降低、弹性增加,而引起稳定力矩增加,因此 γ 可以减小至零或接近于零,甚至为负。

主销后倾的作用是保持汽车直线行驶的稳定性,并力图使转弯后的前轮自动回正。

二、主销内倾

主销安装在前轴上后,在汽车的横向平面内,其上端略向内倾斜,这种现象称为主销内倾,如图 1-13 所示。在横向垂直平面内,主销轴线与垂线之间的夹角 β 叫作主销内倾角。主销内倾角一般为 6°~9°。

主销内倾角的作用是使车轮自动回正,转向操纵轻便,主销内倾角作用如图 1-14 所示。通常,车轮轴线不在水平面,为了方便说明,这里假设直线行驶时车轮轴线在水平面上。对于车轮轴线不在水平面的情况,只要把水平面改为锥面即可,如图 1-15 所示。考虑该水平面上和主销有交点的直线,主销与这些直线的夹角有一个最大值。而汽车直线行驶时,车轮轴线与主销的交角恰为这个最大值。车轮轴线与主销夹角在转向过程中是不变的,当车轮转过一个角度,车轮轴线就离开水平面往下倾斜,使车身上抬、势能增加。这样,汽车本身的重力就有使转向轮回复到原来中间位置的效果。

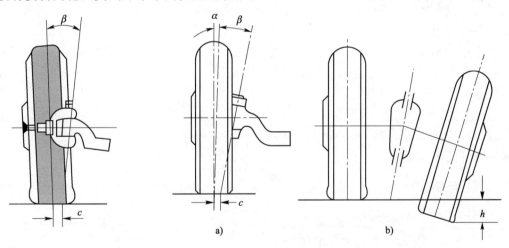

图 1-13 主销内倾及主销内倾角　　图 1-14 主销内倾角作用示意图

主销内倾角的另一个作用是使主销轴线与路面的交点到车轮接地面的中心的距离(内偏置距)减小,可以减小转向阻力矩和地面冲击力对转向盘的作用。

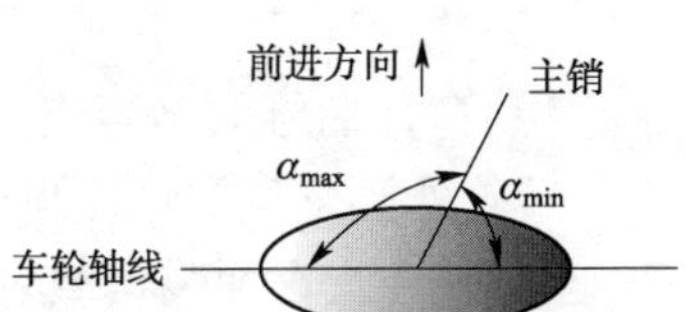

图 1-15 车轮轴线不在水平面作用示意图

三、前轮外倾

转向轮安装在车桥上,其旋转平面上方略向外倾斜,这种

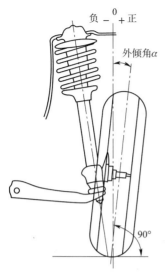

现象称为前轮外倾,如图 1-16 所示。前轮旋转平面与纵向垂直平面之间的夹角 α 叫作前轮外倾角。前轮外倾角一般为 0.5°~2°。

如果空车时车轮的安装正好垂直于路面,则满载时车桥因承载变形而可能出现车轮内倾,这样将加速车轮胎的磨损。另外,路面对车轮的垂直反力沿轮毂的轴向分力将使轮毂压向外端的小轴承,加重了外端小轴承及轮毂紧固螺母的负荷,降低它们的寿命。因此,前轮应有一个外倾角。但是外倾角也不宜过大,否则也会使轮胎产生偏磨损。

前轮外倾的作用在于提高前轮工作的安全性和转向操纵轻便性。前轮设置外倾角后,地面对前轮的反作用力沿前轮旋转轴线的分力将前轮压向转向节内侧,可防止汽车行驶中前轮向外脱出,同时地面反力的作用线更接近于转向节轴的根部,可以减小转向力,使转向操纵轻便灵活。

图 1-16　前轮外倾及前轮外倾角

四、前轮前束

车轮有了外倾角后,在滚动时就类似于滚锥,从而导致两侧车轮向外滚开。由于转向横拉杆和车桥的约束,车轮不致向外滚开,车轮将在地面上出现边滚边向内滑的现象,从而增加了轮胎的磨损。为了避免这种由于圆锥滚动效应带来的不良后果,将两前轮适当向内偏转,即形成前轮前束。左右两前轮间后端距离 A 与前端距离 B 之差(A - B)称为前轮前束值,如图 1-17 所示。前轮前束值一般为 0~12mm。

在前轮驱动的汽车上,因为驱动力是向前作用于车轮,所以在设计中要考虑到这一因素对前轮前束值的影响,有时会出现零前束和负前束的情况。

前轮前束的作用是,消除或减小汽车行驶过程中因前轮外倾而使两前轮前端向外张开的不利影响。

五、后轮定位

影响后轮定位的主要因素有:
(1)后副车架和后桥偏离中心线。
(2)悬架控制臂衬套磨损。
(3)弹簧压坏。
(4)碰撞后维修不当或严重路面冲击,造成悬架构件弯曲变形超出规定值。

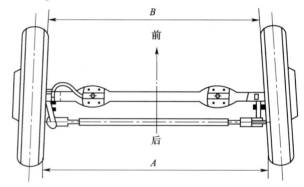

图 1-17　前轮前束示意图

后轮外倾角与前轮外倾角非常相似,其特点是,后轮外倾角是后轮的上部稍微向外倾斜一个角度,在汽车加装负载后,车轮刚好回到与路面垂直的位置。与前轮外倾角一样,后轮外倾角也对轮胎磨损和操纵性有影响。后轮外倾角一般可通过专用工具转动调整螺母完成调整,随着螺母的转动,后轮外倾角随之改变。

同前轮前束一样,后轮前束也是后轮定位的一个重要项目。如果前束不当,后轮轮胎也会被擦伤,另外还会引起转向不稳定及降低制动效能。后轮前束角的调节也通过横拉杆进行。

后轮定位中,通常还需要检测和调整推力角的角度。推力角是指后轮所走过的轨迹与汽车纵向中心线的夹角。推力角应该调整到接近于零,否则汽车行驶时会"摇头摆尾"。

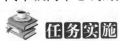 **任务实施**

汽车前轮定位参数是影响汽车操纵性和稳定性的重要因素。汽车如果没有正确的前轮定位,将引起转向沉重、操纵困难、增加驾驶员的劳动强度,同时转向车轮在向前滚动时将会产生横向滑移现象,即车轮侧滑。悬架系统及车轮定位,对维持驾驶安全、转向稳定、轮胎正常磨损是极为重要的。车辆定位角度不正确,在紧急制动时就可能发生跑偏、侧滑,导致严重事故。在正常运行时,可能使轮胎寿命缩短,而转向连杆系统的失调或失效,会导致丧失转向控制,其结果不堪设想。因此,汽车转向轮定位值是汽车安全检测中的重点检测项目之一。

一、车轮定位参数的功用、影响因素和故障原因

1. 车轮定位参数的检测标准

《机动车运行安全技术条件》(GB 7258—2012)和《营运车辆综合性能要求和检验方法》(GB 18565—2001),对汽车有关转向轮定位参数的检测作了如下一些规定:

(1)机动车转向轮转向后应能自动回正,以使机动车具有稳定的直线行驶能力。

(2)机动车前轮定位值应符合该车有关技术条件。

(3)机动车转向轮的横向侧滑量,用侧滑仪检测时,其值不得超过5m/km。

2. 四轮定位的内容及功用

四轮定位的内容及功用,如表1-1所示。

四轮定位内容及功用　　　　　　　　表1-1

定位角度	内　容	功　用
后倾角	上球形接头和减振器间的角度	转向盘稳定及回转转向盘
外倾角	车轮内外倾斜的角度	掌控轮胎车身质量压力点
前束角	左右轮前后距离之差别	减低轮胎磨损及滚动阻力
推进线(角)	以车身中心线为准,两后轮共同滚动	推进角的方向(角度)
内倾角	上球形接头到轮胎地面中心点和地面垂直直线间的角度	驾驶方向稳定性和车身质量着力点位置
包容角	内倾角加外倾角	判断轮轴及减振器变形情况
轮轴偏角	左右轮偏斜	
转向前展	前轮转向时左右轮的角度	避免转向时轮胎侧滑及对死

各种定位角度的具体数据是否可调,可调范围的大小,各种车辆都有具体的定位数据表,调整时可参考使用说明书或有关技术手册。

3. 影响四轮定位的因素和检测方法

影响四轮定位的因素主要与使用有关。如在凹凸不平的路面上高速行驶;车辆紧急制

动;惯性侧滑;重载或不均匀质量分布;转弯时速度过高、过猛,使侧倾力过大;在路边停车经常有单侧或双侧车轮冲击路肩等。

另外也与维修质量有关。如碰撞事故维修后,悬架系统修理或转向系统修理、更换车轮或轮胎后,都有可能造成四轮定位失准。

4. 四轮定位失准后的行驶故障及可能原因

四轮定位失准后的行驶故障及可能的原因,见表1-2、表1-3。

行驶故障及调整   表1-2

行驶故障	可能的原因
转向盘太重	后倾角太大
转向盘发抖	车轮静态或动态不平衡
	车轮中心点偏心产生凸轮效应
	发动机不平衡发抖,制动盘厚薄不均
偏向行驶	左右后倾角或外倾角不相等
	车身高度左右不相等
	左右轮胎气压不相等
	左右轮胎尺寸不相等
	轮胎变形或不良
	转向系统卡住,制动片卡住
转向盘不正	后轮前束不良造成偏斜推进线
	转向系统不正
轮胎块状磨损	车辆静态不平衡,后轮前束不良
轮胎羽毛状磨损	前束不良
轮胎单边磨损	外倾角不良
凹凸波状磨损	车辆动态不平衡,后轮前束不良

四轮定位不良引起的行驶故障   表1-3

车轮定位角度	原因	故障情况
后倾角	太大	转向时转向盘太重
	太小	直行时转向盘摇摆否定
		转向后转向盘不能自动回正
	不等	直行时车辆向小后倾角边拉
外倾角	太大	轮胎外缘磨损,悬架零件磨损
	太小	轮胎内缘磨损,悬架零件磨损
	不等	直行时车辆向大外倾角边拉
前束角	内八字	轮胎外缘羽毛状磨损
		轮胎内缘磨损,转向盘飘浮不稳定
	外八字	轮胎内缘羽毛状磨损
		轮胎外缘磨损,转向盘飘浮不稳定

一旦发现故障现象,应及时检测和调整。汽车前轮定位参数的检测,有静态检测法和动态检测法两种。

二、车轮定位参数的静态检测法

静态检测法是在汽车停止的状态下,使用测量仪器对车轮定位进行几何角度的测量。

1. 静态检测方法及定位仪的类型

车轮定位值的静态检测法,是根据车轮旋转平面与各定位角间存在的直接或间接的几何关系,用专用的检测设备测量其是否符合规定。使用的检测设备有气泡水准式、光学式、激光式、电子式和微机式等车轮定位仪。

(1)气泡水准式定位仪由于具有结构简单、价格低廉、便于携带等优点,在国内获得广泛应用,但是也有安装和测试费时费力等缺点。

(2)光学式车轮定位仪一般由转盘、支架、车轮镜和投光装置等组成。投光装置(由投光器和投影屏组成)也像水准仪一样安装在支架上,支架固定在轮辋上。该定位仪利用光学投影原理,将车轮纵向旋转平面与车轮定位的关系投影到带有指示刻度的投影屏上,从而测得车轮定位值。

(3)激光式车轮定位仪的检测原理与光学式相同,只不过采用的是激光投影系统,因而在强烈的阳光下也能清楚地从投影屏读出测量数据。

(4)电子式车轮定位仪则是在光学式和激光式的基础上,由投影屏刻度显示转变为显示屏数字显示。

(5)微机式车轮定位仪比以上几种车轮定位仪先进,目前国内外生产的定位仪多以这种类型为主,而且一般为四轮定位仪,可同时检测前、后轮的定位参数。微机式车轮定位仪由于采用微机技术和精密传感测量技术,并备有完整齐全的配套附件,所以具有测量准确和操作简便等优点。它一般由微机主机、显示器、操作键盘、转盘、支架、打印机和遥控器等组成,往往制成可移动台式。它由安装在车轮上的传感器把车轮定位角的几何关系转变成电信号,送入微机分析判断,然后由显示屏显示和打印机打印输出。测试过程中,可通过操作全功能红外线遥控器,在汽车的任何位置实现远距离的测试控制。

2. 气泡水准式定位仪结构简介与使用方法

(1)结构简介。气泡水准定位仪按适用车型范围分为两种,一种适用于大、中、小型汽车;另一种仅适用于小型汽车。前者一般由水准仪、支架、转盘(转角仪)等组成,后者一般由水准仪和转盘组成,如图1-18所示。

①它们均由壳体、水泡管、水泡调节装置和刻度盘等组成。适用于大、中、小型汽车的水准仪带有两个定位锁,以便插入支架中心孔固装在支架上;适用于小型汽车的水准仪带有永久磁铁和定位针,可以对准转向节枢轴中心孔吸附在轮毂的端面上,因而省去了支架。

②支架。支架是水准仪与轮辋之间的连接装置。支架固定在轮辋上,水准仪则插在支架的中心孔内,由锁紧螺钉锁住。支架有卡紧式和磁力式两种。

③转盘。转盘一般由固定盘、活动盘、扇形刻度尺、游标指示针、锁止销和若干滚珠等组成。

(2)使用方法。常见气泡水准定位仪的使用方法大同小异,下面以国产GCD-1型光束水准仪为例介绍使用方法。

GCD-1型水准仪,除由一个水准仪、两个支架和两个转盘组成外,还配备有两个聚光器、两个标尺、两根标杆和一个踏板抵压器。聚光器在标杆配合下可测得车轮前束值,聚光器在标尺配合下可测得后轴与前轴间的平行度、后轴与车架间的垂直度及后轴与车架在水平平面的弯曲变形等。踏板抵压器可将制动踏板压住,省去人力。

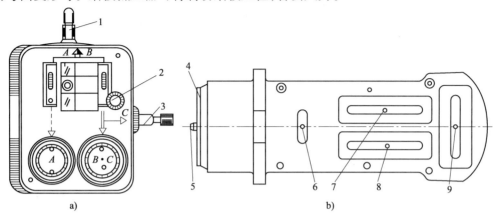

图1-18 水准仪
a)适用于大、中、小型汽车的水准仪;b)适用于小型汽车的水准仪
1、3—定位锁;2—旋钮;4—永久磁铁;5—定位针;6—校正水平的水泡管;7—测量主销后倾角的水泡管;8—测量前轮外倾角的水泡管;9—测量主销内倾角的水泡管

①检测前的准备。汽车技术状况汽车轮胎及气压应符合规定;车轮轮辋轴承、转向节衬套与主销的配合符合要求;汽车制动可靠。

检测场地要求,检测场地水平且平整。检测时,应保证前后车轮接地面处于同一水平面上。

汽车摆放。将汽车两前轮处于直驶位置,分别放置在各自的转盘上,并使主销中心线的延长线通过转盘中心。确定前轮直驶位置后,将转盘扇形刻度尺调整到零位,对准游动指针,然后固定。当再次转动转向盘时,前轮的转角可从转盘刻度尺上读取。

支架安装时,先将固定支架的两个固定脚卡在轮辋的适当部位,再移动活动支架,使其固定脚也卡在轮辋上,然后用活动支架的偏心卡紧机构,将三个固定脚卡紧在轮辋上。此时,三个固定脚的定位端面贴紧在轮辋的边缘上。松开调整支座弹性固定板的固定螺栓,使调整支座沿导轨滑动,通过特制芯棒使调整支座安装聚光器或水准仪的孔中心,与前轮中心重合,然后拧紧螺栓,将调整支座固定于导轨上。经验表明,当支架中心与车轮中心偏离2~3mm时,对测量结果影响甚微,也可以目视对中,不需要使用芯棒。

轮辋变形的检查。将聚光器定位销轴插入支座孔中,使销轴定位端面与支座定位端面贴合,然后拧紧弹簧卡固定螺钉,使聚光器不致从支座上滑落。顶起被测车轮,使其离开转盘,在其圆周上施力时能自由转动。将标杆以轮辋半径7倍的距离放在所测车桥之前或之后的地面上,一般而言,测前轮轮辋变形量时,可把标杆放于前桥之前;测后轮轮辋时,可把标杆放在后桥之后。将聚光器通以电源,聚光器发出强光束指针,转动聚光器的调节盘,使光束指针的扇形缺口朝上,调整聚光器伸缩套筒,使光束指针清晰地指在标杆上带有刻度的标牌上,用手把持聚光器,松开弹簧卡固定螺钉,缓慢转动车轮一周,读出光束指针指示的最大值与最小值,最大值与最小值之差即为轮辋端面的摆差。当摆差大于3mm时,一般认为轮辋是不合格的,应予更换。对于有摆差的车轮轮辋,为了消除对检测车轮定位角度值的影响,可转动调整支座上的滚花调节螺钉,直至光束指针指示的最大值与最小值之差在3mm之内为止。轮辋的变形补偿后,将车轮放回转盘上。

②前束值的检测。以前轮前束的检测方法为例。将汽车两前轮放于转盘上,找正直驶

位置后,在检测前束的过程中不得再转动转向盘。

调节标杆长度,使同一标杆两标牌之间的距离略大于被测轮距,并能使聚光器光束指针大致投射到标牌的中间位置。两套标杆一定要调整到等长,特别是标牌之间的距离一定要相等,否则将影响检测结果。

将已调好的两套标杆放置在被测车桥的前后两侧,并平行于该车桥。每一标杆距车轮中心的距离为车轮上规定前束测点处半径的7倍。车轮上规定前束测点依车型而定,有的测点在胎面中心处,有的测点在胎侧突出处,而有的测点在轮辋边缘处,检测前束应注意查阅汽车使用说明书。

先将车轮一侧聚光器的光束投向前标杆的标牌上,使光束指针指于某一整数位置上,如图1-19所示。再将该聚光器的光束向后投射到后标杆的标牌上,并平行移动后标杆使光束指针落在与前标牌同一数值上。然后,将另一侧聚光器分别向前标杆、后标杆投射光束,读出光束指针指示值,计算前束。若前标杆指示值为25mm,后标杆指示值为28mm,则前束值为 28-25=3mm。若前标杆指示值为28mm,后标杆指示值为25mm,则前束值为 -3mm,即为负前束。

汽车后轮前束的检测方法与此相同。

③车轮外倾角的检测。在车轮保持直驶位置不动的情况下,将水准仪黑箭头指示的定位销插入车轮上支架的中心孔内,并使水准仪在左右方向上大致处于水平状态。轻轻拧紧弹簧卡锁紧螺钉,固定水准仪,如图1-20所示。

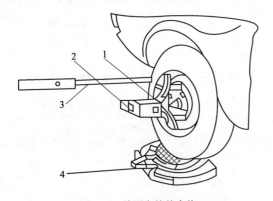

图1-19 检测车轮前束值
1-支架;2-聚光器;3-标杆;4-转盘

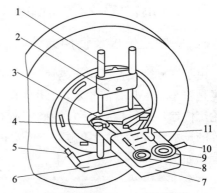

图1-20 检测车轮外倾角和主销后倾角
1-导轨;2-活动支架;3-调整支座;4-调节螺钉;5-固定脚;6-固定支架;7-水准仪;8-A调节盘;9-BC调节盘;10-定位销;11-旋钮

转动水准仪上的A调节盘,直到对应气泡管内的气泡处于中间位置为止。然后在黑刻度盘上读出A盘红线所指角度值,该角度值即为前轮外倾角。用同样的方法可检测其他车轮的外倾角。

④主销后倾角的检测。前轮外倾角测定后,可不动水准仪,接着进行主销后倾角的检测。

将前轮向内转20°(左前轮向左转、右前轮向右转,下同),松开弹簧卡锁紧螺钉,使水准仪左右方向处于水平状态,然后拧紧锁紧螺钉。

转动水准仪上的BC调节盘,使其上红线与蓝、红、黄刻度盘零线重合。调整对应气泡管的旋钮,使气泡居中。

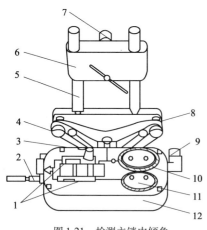

图 1-21 检测主销内倾角

1-水泡管；2-定位销；3-旋钮；4-调节螺钉；5-导轨；6-活动支架；7、9-固定脚；8-调整支座；10-BC 调节盘；11-A 调节盘；12-水准仪

将前轮向相反方向转 40°，转动 BC 盘使气泡管居中，在蓝盘上读出 BC 盘红线所示之值即为主销后倾角。

⑤主销内倾角的检测。检测前应使前轮处于制动状态，以防止转动转向盘时前轮滚动。

将红黄箭头所指的定位销插入支架中心孔内，轻轻拧紧锁紧螺钉，如图 1-21 所示。将被测前轮向内转 20°，松开锁紧螺钉，使水准仪在左右方向上处于水平状态，然后拧紧锁紧螺钉。

转动 BC 调节盘，使其红色刻线与蓝、红、黄刻度盘零线重合。调节对应气泡管旋钮，使气泡居中。

将前轮向外转 40°，调节 BC 盘使水泡管气泡居中。此时，BC 盘红线在红刻度盘或黄刻度盘所示之值即为主销内倾角。检测左前轮时，在黄刻度盘上读数；检测右前轮时，在红刻度盘上读数。

⑥前轮最大转角的检测。前轮最大转角是指前轮处于直线行驶位置时，分别向左、右转至极限位置的角度。

前轮最大转角的检测方法。将前轮处于直驶位置，置转盘扇形刻度尺于零位并固定。转动转向盘，使前轮转向任一侧至极限位置，从扇形刻度尺上读出的数值，即为该侧最大转角，同理可测出转向另一侧的最大转角。

三、四轮定位仪及使用方法

由于汽车行驶速度越来越快，汽车的操纵稳定性对行车安全影响越来越大。有些汽车，尤其是轿车不仅具有前轮定位，还具有后轮外倾角和后轮前束等定位参数。如果能对汽车四轮定位参数进行检测，不仅能确定所有车轮定位正确与否，还能确定前轴、后轴、悬架、车架等的技术状况，为底盘不解体诊断提供可靠依据。所以四轮定位仪使用越来越广泛，四轮定位仪如图 1-22 所示。

图 1-22 四轮定位仪

四轮定位仪是专门用来测量车轮定位参数的设备。四轮定位仪可检测的项目包括：前轮前束、前轮外倾角、主销后倾角、主销内倾角、后轮前束、后轮外倾角、轮距、轴距、推力角和左右轴距差等。

目前使用的四轮定位仪有光学式和电脑式，它们的测量原理基本是一致的，但不同类型的四轮定位仪的使用方法有一定的差异，因此应严格按使用说明书的要求和方法进行操作。

下面以电脑式四轮定位仪为例,说明四轮定位仪的使用方法。

电脑式四轮定位仪由主机、显示器、打印机、前后车轮检测传感器、传感器支架、转盘、制动锁、转向盘锁以及导线等零件构成。配有专用软件和数据光盘,可读取近10年来世界各地汽车四轮定位参数,而且可更新。还配有数码视频图像数据库,显示检查和调整位置等。

为便于检测和调整,被检汽车需放在地沟上或举升平台上,地沟或举升平台应处于水平状态,四轮定位仪则安装在地沟两旁或举升平台上,图1-23是四轮定位仪安装在举升平台上的情况。

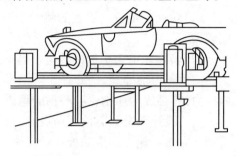

图1-23 四轮定位仪安装在举升平台上

1. 检测前的准备

(1)把汽车开上举升平台,托住车轮,把汽车举升0.5m(第一次举升)。

(2)托住车身,把汽车举升至车轮能自由转动(第二次举升)。

(3)拆下各车轮,检查轮胎磨损情况,要求各轮胎磨损基本一致。

(4)检查轮胎气压,使其符合标准值。

(5)做车轮动平衡试验,动平衡完成后,将车轮装回车上。

(6)检查车身高度,检查车身四个角的高度和减振器技术状况,如车身不平应先调平,同时检查转向系统和悬架是否松旷,如松旷则应先紧固或更换零件。

2. 检测步骤

(1)把传感器支架安装在轮辋上,再把传感器(定位校正头)安装到支架上,并按使用说明书的规定调整。

(2)打开电脑主机进入测试程序,输入被测汽车的车型和生产年份。

(3)进行轮辋变形补偿,转向盘位于直驶位置,使每个车轮旋转一周,即可把轮辋变形误差输入电脑。

(4)降下第二次举升量,使车轮落到平台上,向下压动汽车前部和后部4~5次,使各部位落到实处。

(5)用制动锁压下制动踏板,使汽车处于制动状态。

(6)将转向盘左转至电脑显示"OK",输入左转角度数;然后将转向盘右转至电脑显示"OK",输入右转角度数。

(7)将转向盘回正,电脑显示出后轮的前束及外倾角数值。

(8)调下转向盘,并用转向盘锁锁止转向盘,使之不能转动。

(9)将安装在四个车轮上的定位校正头的水平仪调到水平线上,此时电脑显示出转向轮的主销后倾角、主销内倾角、转向轮外倾角和前束的数值。电脑将比较各测量数值,得出"无偏差"、"在允许范围内"或"超出允许范围"的结论。

(10)若"超出允许范围",按电脑提示的调整方法进行针对性调整。调整后仍不能解决问题,则应更换有关零部件。

四、转向轮定位参数的动态检测

动态检测法是使汽车以一定的行驶速度通过侧滑试验台,从而测量转向轮的横向侧滑量。侧滑量是指汽车直线行驶位移量为1km时,转向轮的横向位移量。侧滑量的单位是

m/km。汽车侧滑试验台是用以检测汽车前轮侧滑量的一种专门设备。而汽车前轮的侧滑量主要受转向轮外倾角及转向轮前束值的影响。所以,侧滑试验台就是为检测汽车转向轮外倾角与前束值这两个参数配合是否恰当而设计的一种专门的室内检测设备。

1. 侧滑试验台的工作原理

(1) 转向轮定位值引起的侧滑。经分析,汽车转向轮的前束值与外倾角对其侧滑的影响比较大。

(2) 转向轮前束引起的侧滑。转向轮有了前束后,在滚动过程中力图向内收拢,只是由于转向桥不可能缩短,因此在实际滚动过程中才不致真正向内滚拢。但由此而形成的这种内向力,势必成为加剧轮胎磨损的隐患。

又假设让两个只有前束而没有外倾的转向轮向前驶过如图 1-24 所示的滑动板,也可以看到左右转向轮下的滑动板在转向轮内向力的反作用力推动下,出现图 1-24 中虚线所示分别向外侧滑移的现象。其单边转向轮的外侧滑量 S_t 为:

$$S_t = \frac{L' - L}{2}$$

(3) 转向轮外倾角引起的侧滑。转向轮外倾角的存在,在滚动过程中车轮将力图向外张开,只是由于转向桥不可能伸长,因此在实际滚动过程中才不致真正向外滚开。但由此而形成的这种外张力,势必成为加剧轮胎磨损等的隐患。

让两个只有外倾而没有前束的转向轮同时向前驶过两块相对于地面可以左右滑动的滑动板,可以看到左右转向轮下的滑动板在转向轮外张力的作用力的推动下,出现如图 1-25 中虚线所示的情况,将分别向内侧滑移。其单边转向轮的内侧滑量 S_c 为:

$$S_c = \frac{L' - L}{2}$$

侧滑试验台就是应用上述滑板原理来检测出转向轮的侧滑量的。

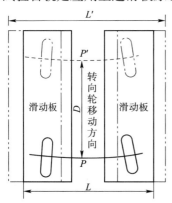
图 1-24　由车轮前束引起滑动板的侧滑

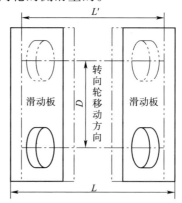
图 1-25　由车轮外倾角引起滑板的侧滑

2. 滑板式侧滑试验台的结构与检测方法

汽车侧滑检测设备按测量参数可以分为两类:一类是测量车轮侧滑量的滑板式侧滑试验台,另一类是测量车轮侧向力的滚筒式侧滑试验台。上述两种试验台都属于动态侧滑试验台。

滑板式侧滑试验台,按结构又可分为单板式侧滑试验台和双板式侧滑试验台两种形式。前者只有一块侧滑板,检测时汽车只有一侧车轮从试验台上通过,后者共有左右两块侧滑板,检测时汽车左、右车轮同时从侧滑板上通过。滑板式侧滑试验台一般均由测量装置、指示装置和报警装置等组成,下面主要介绍双板式侧滑试验台。

(1) 测量装置。测量装置由框架、左右两块滑动板、杠杆机构、复位装置、滚轮装置、导向装置、锁止装置、位移传感器以及信号传递装置等组成。该装置能把前轮侧滑量测出并传递给指示装置。

滑动板的下部装有滚轮装置和导向装置,两滑动板之间连接有曲柄机构、复位装置和锁止装置。在侧向力作用下,两滑动板只能在左右方向上做等量同向位移,在前后方向上不能位移。

按滑动板位移量传递给指示装置方式的不同,测量装置可分为机械式和电测式两种。机械式侧滑试验台,不便于远距离传输,近年来已很少使用。

电测式测量装置是把滑动板的位移量通过位移传感器变成电信号,再经过放大与处理而传输给指示装置的一种结构形式,可以借助于导线,将测量结果长距离传输,或与控制单元接通,处理十分方便。

(2) 指示装置。指示装置有指针式和数字式。指针式指示装置如图 1-26 所示,指示装置能把测量装置传递来的滑动板侧滑量,按汽车每行驶 1km 侧滑 1m 定为一格刻度,所以每一格代表汽车每行驶 1km 侧滑 1m。根据指针偏向 IN 或 OUT 的方向确定出侧滑方向。IN 表示正前束、OUT 表示负前束。

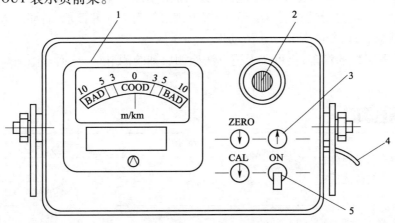

图 1-26 指针式指示装置

1-指针式表头;2-报警用蜂鸣器或信号灯;3-电源指示灯;4-导线;5-电源开关

近年来,国内各厂家生产的侧滑试验台采用数字式指示装置,多以单片机进行数据采集和处理,因而具有操作方便、运行可靠、抗干扰性强等优点,同时还能对检测结果进行分析、判断、存储、打印和数字显示等功能。当滑动板侧滑时,通过位移传感器转变成电信号,经过放大与信号处理后成为 0~5V 的模拟量,再经 A/D 转变成数字量,输入微机运算处理,然后显示出检测结果或由打印机打印出检测结果。数字式指示装置,如图 1-27 所示。

(3) 汽车侧滑的检测方法。侧滑试验台的型号、结构形式、允许轴重不同,其使用方法也有所区别。在使用前一定要认真

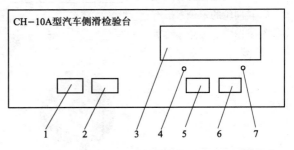

图 1-27 数字式指示装置

1-电源接通键;2-电源断开键;3-数码显示器;4-电源指示灯;5-打印键;6-复位键;7-报警灯

阅读使用说明书,以掌握正确的使用方法。侧滑试验台的一般使用方法如下。

①检测前的准备。

A. 检查侧滑试验台导线连接情况,在导线连接良好的情况下打开电源开关,查看指针式仪表的指针是否在机械零点上,或查看数码管亮度是否正常并都在零位上,发现故障,及时清除。

B. 检查侧滑试验台上面及其周围的清洁情况,如有油污、泥土、砂石以及水等,应予清除。

C. 打开侧滑试验台的锁止装置,检查滑动板能否在外力作用下左右滑动自如,外力消失后回到原始位置,且指示装置指在零点。

D. 检查报警装置在规定值时能否发出报警信号,并视需要进行调整或修理。

②被检汽车的准备。

A. 轮胎气压应符合规定。

B. 轮胎上沾有油污、泥土、水或花纹沟槽内嵌有石子时,应清理干净。

C. 轮胎花纹深度必须符合《机动车运行安全技术条件》(GB 7258—2012)的规定。

③检测方法。

A. 拔掉滑动板的锁止销钉,接通电源。

B. 汽车以3～5km/h的速度垂直侧滑板驶向侧滑试验台,使前轮平稳通过滑动板。

C. 当前轮完全通过滑动板后,从指示装置上观察侧滑方向并读取、打印最大侧滑量。

D. 检测结束后,切断电源并锁止滑动板。

对于后轮有定位的汽车,仍可按上述方法检测后轴的侧滑量,从而诊断后轴的定位值是否失准。

任务工作单

学习情境一:汽车行驶跑偏故障检修 工作任务三:车轮定位的检查	班级			
	姓名		学号	
	日期		评分	

一、工作单内容

用车轮定位仪分别检查桑塔纳2000、丰田卡罗拉轿车转向轮的定位情况,并对结果进行分析。

二、准备工作

说明:每位学生应在工作任务实施前独立完成准备工作。

1. 转向轮定位的功用是:_____。
2. 转向轮的定位参数有:_____、_____、_____和_____。
3. 下图中的夹角 γ 称为_____。

— 26 —

4. 下图中的夹角 β 称为_____；夹角 α 称为_____。

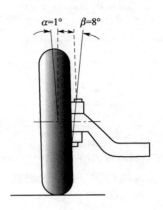

5. 下图中的 $A-B$ 称为_____。

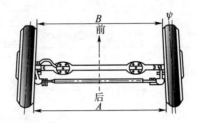

6. 机动车转向轮的横向侧滑量，用侧滑仪检测时，其值不得超过_____。

三、任务实施

1. 非独立悬架转向轮前束的定位

非独立悬架前轮定位中只有前轮前束可以通过旋转横拉杆进行调整，并将实训结果记录下表中。

（1）调整前的准备工作。

①检查调整好前轮、转向系各配合间隙。

②两侧前轮轮胎气压、气压差以及平衡性能应符合原厂的规定。

③主销内倾、主销后倾和前轮外倾应符合规定值（用四轮定位仪对汽车的前轮定位值进行检查）。

（2）调整方法。

①确定两前轮的同名点。

②将汽车置于水平地面上，支起前桥。

③分别用四轮定位仪和前束尺对前束进行测量。用前束尺测量时，分别测量前轮前、后两同名点的距离，两者之差即为前束值。

④调整前束。若测量的值不符合规定值，可松开横拉杆调整。

检查调整项目	检查（调整）情况	备 注
前轮配合间隙		
转向系配合间隙		
前轮气压值		
主销内倾值		
主销后倾值		
前轮外倾值		标准值 $0°30' \pm 20'$

续上表

检查调整项目	检查(调整)情况	备 注
前轮前同名点距离		
前轮后同名点距离		
测量前束值(前束尺)		标准值 -1～-3mm
测量前束值(四轮仪)		
调整情况		

2. 独立悬架前轮定位的调整

用四轮定位仪对汽车的前轮定位值进行检查,对不符合规定值的前轮定位值进行调整。

(1)主销后倾角通过移动上摆臂在摆臂轴上的纵向位置来调整。

(2)前轮外倾角通过增减与固定支架间的垫片厚度来调整。

(3)主销内倾角不单独调整。

(4)前束值调整与非独立悬架相同,通过横拉杆进行调整。

操作结果请记录在下表中。

检查调整项目	检查(调整)情况	备 注
前轮配合间隙		
转向系配合间隙		
前轮气压值		
主销后倾测量值		
主销后倾调整情况		
前轮外倾测量值		
前轮外倾调整情况		
测量前束值(四轮仪)		
测量前束值(前束尺)		
前束调整情况		

四、工作小结

通过此工作任务的实施,各小组集中完成下述工作。

(1)比较非独立悬架与独立悬架转向轮定位调整的不同点。

(2)分析转向轮前束发生变化的原因,并提出检修方案。

(3)对于本次工作任务,你还有哪些好的建议和意见?

工作任务四　汽车行驶跑偏、前轮摆振故障检修

 任务概述

1. 应知应会

(1)通过本工作任务的学习与具体实施,学生应学会下列知识:

①熟悉汽车行驶跑偏故障的现象及原因。

②熟悉前轮摆振故障的现象及原因。

(2)应该掌握下列技能:

①会检修汽车行驶跑偏故障。

②会检修汽车前轮摆振故障。

2. 学习要求

(1)在每个工作任务的学习过程中,完成相关任务工作单的填写,并通过课程网络及时提交给相关教师。任务工作单提交方法详见课程网站。

(2)在每个学习情境实施阶段的中期或后期,按要求填写检修工作单。学习结束后,按要求填写学生考核记录表,进行自我评价后交小组长,小组长评价后连同检修工作单统一交教师。

(3)每个情境学习到评价环节时,个人进行任务完成情况的评估。教师对小组抽查,被抽查的个人上台进行讲评。

 任务实施

汽车行驶系的常见故障有,轮胎异常磨损、前轮摆振和行驶跑偏等。

一、前轮摆振故障检修

1. 故障现象

汽车前轮摆振故障,是指汽车前转向轮在一定行驶速度下,沿一条弯曲的波形轨迹前进,同时前轴在垂直平面内产生振动,引起前轮上下跳动,严重时转向盘发抖,手感发麻,甚至在驾驶室内可看到整个车头晃动。

2. 故障原因

(1)转向机构松旷的影响。转向机构除了传递来自转向盘的转向转矩之外,还有减小转向轮自动偏转的作用。若转向机构各配合件磨损松旷、各球节磨损过甚、间隙过大,将会使转向传动系统阻尼作用减弱,振动位移量加大,前轮稳定效应降低。

(2)前轮定位参数失常的影响。前轮定位包括前轮外倾、前轮前束、主销内倾和主销后倾四个要素,不同型号的车型都有各自的参数值。如果前桥弯扭变形,主销与衬套磨损过于松旷,钢板弹簧固定松旷或错位等都会使前轮定位参数失常,从而破坏转向轮的稳定效应,引起前轮摇摆。

(3)前轮质量不平衡的影响。前轮质量不平衡,对转向轮的跳动和摇摆都有影响。造成前轮质量不平衡的具体因素有:前轮轮盘、轮毂和轮胎等的加工精度不高,材料及其密度不均匀。装配时,轮胎、轮盘和轮辋等装配不同心。轮胎磨损不均匀,外胎修补或翻新。另外,

转向系刚度太低,前钢板弹簧骑马螺栓松动或钢板销与其衬套配合松旷,转向系与前悬架的运动互相干涉、道路不平、货物装载不合理等对前轮摇摆也有影响。

(4)轮毂轴承松旷或损坏的影响。轮毂轴承松旷或损坏就不能有效地受轴向牵制,车轮遇到阻力就会在转向节轴上径向摆动,从而牵动车轮沿主销摇摆。

(5)轮辋变形的影响。轮辋变形,车轮滚动必然产生摇摆,轮胎螺栓松动,也会产生前轮摇摆的后果。

(6)前钢板弹簧挠度或片数不一致的影响。前左右钢板弹簧挠度或片数不一致,不仅会使前轮定位失常,而且会使车架倾斜,使得两前轮轮承载质量不均,也容易引起前轮摇摆。

(7)车架变形或车架刚性差的影响。车架变形,如同前钢板弹簧挠度或片数不一致的后果。车架刚性差,遇到颠簸,使承载重心交变游动,造成前轮摇摆。

(8)轮胎气压过高的影响。轮胎气压过高,遇到颠簸便过于弹跳,再加上其他不良因素,也会引起前轮摇摆。

(9)货物装载不合理的影响。货物装载过于靠后或过于偏左偏右,以及载物重心容易交变、游动者(如油罐、洒水车等),使前轮轻飘,交变游动而引起前轮摇摆。

3. 故障诊断与排除

若出现前轮摇摆故障,应及时进行检查诊断并加以排除。排除方法:可采取分段逐步检查。

(1)检查转向系各部位的配合是否松旷,若松旷,应予以调整或修复。前轮定位是否合乎规范要求,若前束值过小或过大,应进行调整,使前轮不摇摆且轮胎磨损正常。

(2)若经查无异常,架起后桥,起动发动机换入高速挡,使驱动轮达到路试时摆振的车速,若车身和转向盘都抖动,则为传动系有故障,否则可确定为前桥、转向系统有故障。

(3)当确定前桥、转向系统有故障时,应顶起前轴,拆下直拉杆,使之与摇臂分开,推动摇臂和转动前轮,再确定故障是在转向机还是在联动装置,分别予以检查和排除。顶起前轮后,沿轴向扳动轮胎,若有轴向移动,则应进行调整轮毂轴承。

(4)检查前轮质量是否平衡。首先,查看前轮是否装用了翻新胎、外胎有无严重损伤,若有应予以更换;若无可用车轮平衡仪检查前轮的质量,若无车轮平衡仪,可以用简便的方法进行;将前桥顶起,分别转动左右轮,当转动着的前轮完全静止后,用粉笔或油漆在轮胎下缘做一标记,而后再次进行转动,如若每次转动静止后的静止点均在同一位置上,则证明车轮不平衡,若静止点毫无规律,则证明车轮基本平衡。

(5)检查前钢板弹簧骑马螺栓,前钢板销与衬套等处是否松旷,若松旷可予以修复;若不松旷,再检查左右两架钢板弹簧的厚度、片数、弧高、长度和新旧程度是否一致,若不一致予以调整。

(6)经过上述检查均无问题,则应考虑转向系的刚度、货物的装载情况、轮胎气压和不平道路的影响等。

二、行驶跑偏故障检修

1. 故障现象

汽车直线行驶时,转向盘位置不居中,必须紧握转向盘、预先校正一角度后,汽车才能保持直线行驶,若稍放松转向盘,汽车会自动向一侧跑偏。

2. 故障原因

(1) 左、右前轮气压不相等或轮胎直径不等。

(2) 两前轮的定位角不等。

(3) 两前轮轮毂轴承的松紧度不等。

(4) 前束过大或过小。

(5) 前桥(整轴式)弯曲变形或下控制臂(独立悬架式)安装位置不一致。

(6) 前、后车轴不平行。

(7) 车架变形或左、右轮距相差太大。

(8) 一边车轮制动拖滞或单边制动。

3. 故障诊断与排除

(1) 外观检查。

①检查左、右两前轮轮胎气压是否一致,若不一致,应按规定充气,使两前轮轮胎气压保持一致。

②检查左、右两前轮轮胎的磨损程度,若磨损程度不一致,应更换磨损严重的轮胎。

③检查左、右两前轮轮胎的花纹是否一致,若花纹不一致,应更换轮胎,使花纹一致。

④将汽车停放在平坦的地面上,查看汽车前部高度是否一致,若高度不一致,说明悬架弹簧折断或弹力不一致,应更换。

(2) 用手触摸跑偏一方的车轮制动鼓和轮毂轴承部位,感觉温度情况。

①若感觉车轮制动鼓特别热,说明该制动器间隙过小或制动复位不彻底,应检查调整。

②若感觉轮毂特别热,说明该轮轴承过紧,应重新调整轴承预紧度。

(3) 车辆前、后桥左右两端中心的距离是否相等,若不相等,说明轴距的一边钢板错位,车轴或半轴套管弯曲等,应检查维修。

(4) 用前轮定位仪检查前轮定位是否正确,若不正确,应调整。

任务工作单

学习情境一:汽车行驶跑偏故障检修 工作任务四:汽车行驶跑偏、前轮摆振故障检修	班级		
	姓名	学号	
	日期	评分	

一、工作单内容

检修上海大众桑塔纳轿车,该车行驶时经常发生向左跑偏现象。

二、准备工作

说明:每位学生应在工作任务实施前独立完成准备工作。

1. 汽车高速行驶时放松转向盘,前轮急剧跑偏,产生这一故障现象的原因是:

2. 汽车直线行驶时放松转向盘,前轮逐渐跑偏,产生这一故障现象的原因是:

3. 汽车在平直路面上行驶时,稍打转向盘,前轮产生急速跑偏,产生这一故障现象的原因是:

4. 汽车行驶中,驾驶员未转动转向盘,但两前轮忽左忽右的摆动,使汽车产生"蛇行"并伴有转弯和转向回正能力很差,转向盘"发飘"感明显。产生这一故障的原因是:

三、任务实施
1. 汽车行驶跑偏故障的检修
针对一辆行驶跑偏的汽车,进行故障诊断,排除跑偏故障。将使用的检测设备、检测数据和诊断排除方法逐一记录。
(1)实车检查汽车故障现象。
(2)分析产生故障的原因。
(3)检查故障。
(4)排除故障。

操 作 内 容	使 用 仪 器 设 备	操 作 记 录
就车检查故障	实车	
分析故障原因		
检查故障		
排除故障		

2. 针对一辆前轮摆振的汽车,进行故障诊断,排除摆振故障。将使用的检测设备、检测数据和诊断排除方法逐一记录。
(1)实车检查汽车故障现象。
(2)分析产生故障的原因。
(3)检查故障。
(4)排除故障。

操作内容	使用仪器设备	操作记录
就车检查故障	实车	
分析故障原因		
检查故障		
排除故障		

四、工作小结

通过此工作任务的实施,各小组集中完成下述工作。

(1)汽车产生行驶跑偏主要的原因有哪些?

(2)产生前轮摆振故障的主要原因有哪些?

(3)叙述排除汽车行驶跑偏故障的基本操作方法。

(4)对于本次工作任务,你还有哪些好的建议和意见?

学习情境二　轮胎磨损异常故障检修

情境概述

本学习情境主要讲授汽车车轮和轮胎的结构、规格表示方法;悬架的组成、结构和工作原理,轮胎的拆装、平衡、换位与维护;悬架系统的拆装、检查与维护,常见故障的诊断以及排除方法;轮胎异常磨损故障的检修。根据岗位职业能力的要求,本情境共安排三个真实的工作任务。

一、职业能力分析

通过本情境的学习,期望达到下列目标。

1. 专业能力

(1)熟练进行车轮与轮胎的装配、平衡、换位与维护。
(2)熟练进行悬架的拆装、检查与维护。
(3)会诊断轮胎磨损异常故障并进行检修。

2. 社会能力

(1)通过分组活动,培养团队协作能力。
(2)通过规范文明操作,培养良好的职业道德和安全环保意识。
(3)通过小组讨论、上台演讲评述,培养与客户的沟通能力。

3. 方法能力

(1)通过查阅资料、文献,培养个人自学能力和获取信息能力。
(2)通过情境化的工作任务活动,掌握解决实际问题的能力。
(3)填写任务工作单,制订工作计划,培养工作方法能力。
(4)能独立使用各种媒体完成学习任务。

二、学习情境描述

维修业务接待员接到客户一辆轿车后,递交给学员一个维修任务,要求检查并排除该车车轮胎磨损异常故障,制订计划,修复此故障。把故障信息和修复情况告知客户,得到客户的确认,提交一份分析报告并归档。

三、教学环境要求

本情境要求,在理实一体化专业教室和专业实训室完成。要求配备轮胎磨损异常故障轿车四辆、汽车举升工位四个、四轮定位仪一台、车轮动平衡仪一台、各种拆装工具四套。同时,提供相关车辆的汽车维修手册、使用说明书;可以用于资料查询的电脑、任务工作单、多媒体教学设备、课件和视频教学资料等。

学生分成四个小组,各组独立完成相关的工作任务,并在教学完成后提交任务工作单。

工作任务一　车轮与轮胎的装配、平衡、换位与维护

 任务概述

1. 应知应会

(1)通过本工作任务的学习与具体实施,学生应学会下列知识:
①熟悉车轮与轮胎的功用与组成。
②熟悉车轮的结构及规格表示方法。
③熟悉轮胎的结构及规格表示方法。
(2)应该掌握下列技能:
①会拆装车轮和轮胎。
②会检查轮胎和对轮胎进行换位。
③会对车轮进行动平衡试验。

2. 学习要求

(1)在每个工作任务的学习过程中,完成相关任务工作单的填写,并通过课程网络及时提交给相关教师。任务工作单提交方法详见课程网站。

(2)在每个学习情境实施阶段的中期或后期,按要求填写检修工作单。本情境学习结束后,按要求填写学生考核记录表,进行自我评价后交小组长,小组长评价后连同检修工作单统一交教师。

(3)每个情境学习到评价环节时,个人进行任务完成情况的评估。教师对小组抽查,被抽查的个人上台进行讲评。

 相关知识

一、概述

车轮与轮胎位于车身与路面之间,是汽车行驶装置中的重要组成部分。车轮与轮胎功用是:支撑汽车及其装载质量;传递汽车与路面之间的各种力和力矩;缓冲车轮受路面不平引起的冲击振动;抵抗侧滑并能自动回正,保证汽车正常的转向及行驶。

车轮是介于轮胎和车轴之间承受负荷的旋转组件,通常由轮辋、轮辐组成。轮辋是在车轮上安装和支撑轮胎的部件,轮辐是在车轮上介于车轴和轮辋之间的支撑部件。按照轮辐的结构不同,车轮可分为辐板式和辐条式。按车轴一端安装的轮胎数目,可分为单式车轮和双式车轮。

二、车轮

1. 辐板式车轮

辐板式车轮如图 2-1 所示,由挡圈 1、辐板 2、轮辋 3 和气门嘴孔 4 组成。车轮中用以连

接轮毂和轮辋的钢质圆盘称为辐板,大部分是由冲压制成,少数是和轮毂铸成一体,后者主要用于重型汽车。

轿车的辐板所用板料较薄,常冲压成起伏多变的形状,以提高其刚度。货车辐板式车轮,如图2-2所示。辐板上的孔可以减轻质量、有利于制动鼓的散热、方便于接近气门嘴,同时可作为安装时的把手处。6个孔加工成锥形,以便在用螺栓把辐板固定在轮毂上时对正中心。

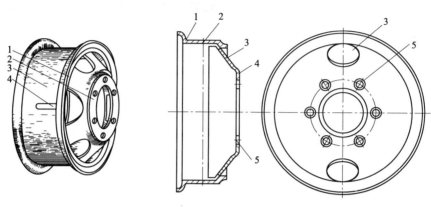

图2-1 辐板式车轮　　　　　　　图2-2 货车辐板式车轮
1-挡圈;2-辐板;3-轮辋;4-气门嘴孔　　1-轮辋;2-气门嘴孔;3-辐板孔;4-辐板;5-螺栓孔

由于货车后轴负荷比前轴大得多,为使后轮轮胎不致过载,后桥一般装用双式车轮,如图2-3所示。

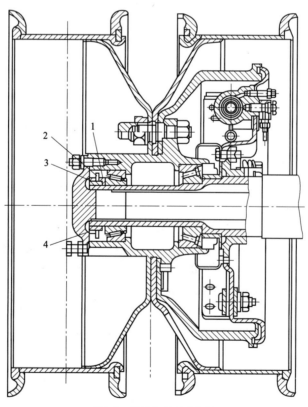

图2-3 载货汽车双式车轮
1-调整螺母;2-锁止垫片;3-锁紧螺母;4-销钉

在同一轮毂上安装了两套辐板和轮辋,为了便于互换,辐板的螺栓孔两端面都做成锥形如图2-4所示。内轮辐板3靠在轮毂4凸缘的外端面上,用具有锥形端面的特制螺母1固定在螺栓5上。螺母1还具有外螺纹。外轮辐板2紧靠着内轮辐板,并用锁紧螺母6来固定。采用这种双螺母固定形式,为了防止汽车在行驶中固定辐板的螺母自行松脱,汽车两侧车轮上的辐板固定螺栓5一般采用旋向不同的螺纹,左侧用左旋螺纹,右侧用右旋螺纹。

目前,在一些载货汽车上(如黄河JN1150D型汽车),后桥双式车轮采用了单螺母的固定形式,如图2-4b)所示,由于在该结构中采用了球面弹簧垫圈7,可以防止螺母1的自行松脱,故汽车左右车轮上固定辐板螺栓5均可用右旋螺纹,从而减少了零件品种。

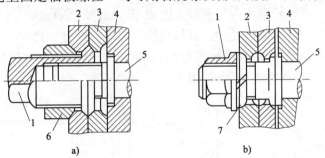

图 2-4 货车辐板式车轮
a) 双螺母固定形式;b) 单螺母固定形式
1-螺母;2-外轮辐板;3-内轮辐板;4-轮毂;5-螺栓;6-锁紧螺母;7-球面弹簧垫圈

2. 辐条式车轮

辐条式车轮的轮辐是钢丝辐条或者是和轮毂铸成一体的铸造辐条,如图2-5所示。钢丝辐条车轮由于价格昂贵、维修安装不便,故仅用于赛车和某些高级轿车上,如图2-5a)所示。铸造辐条式车轮用于装载质量较大的重型汽车上,如图2-5b)所示。在这种结构的车轮上,轮辋1是用螺栓3和特殊形状的衬块2固定在辐条4上,为了使轮辋和辐条有很好的对中,在轮辋和辐条上都加工出配合锥面5。

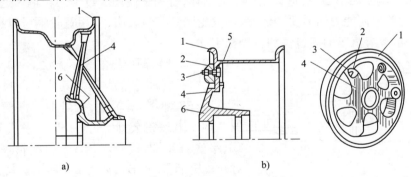

图 2-5 辐条式车轮
a) 钢丝辐条;b) 铸造辐条
1-轮辋;2-衬块;3-螺栓;4-辐条;5-配合锥面;6-轮毂

3. 轮辋

(1)轮辋的分类与构造。轮辋常见形式主要有两种:深槽轮辋和平底轮辋,如图2-6所示。此外,还有对开式轮辋、半深槽轮辋、深槽宽轮辋、平底宽轮辋、全斜底轮辋等。

①深槽轮辋。这种轮辋主要用于轿车及轻型越野车。它有带肩的凸缘,用以安放外胎的胎圈,其肩部通常略向中间倾斜,其倾斜角一般是5°±1°,倾斜部分的最大直径即称为轮

胎胎圈与轮辋的着合直径。为便利外胎的拆装，断面的中部制成深凹槽。深槽轮辋的结构简单，刚度大，质量较小，对于小尺寸弹性较大的轮胎最适宜，但是尺寸较大、较硬的轮胎则很难装进这样的整体轮辋内，如图 2-6a)所示。

② 平底轮辋。这种轮辋的结构形式很多，是我国货车常用的一种形式。挡圈是整体式的，用一个开口锁圈 2 来防止挡圈脱出。在安装轮胎时，先将轮胎套在轮辋上，而后套上挡圈，并将它向内推，直至越过轮辋上的环形槽，再将开口的弹性锁圈嵌入环越过轮辋上的环形槽，最后将开口的弹性锁圈嵌入环形槽中。东风 EQ1090E 和解放 CA1091 型汽车均采用这种形式的轮辋，如图 2-6b)所示。

③ 对开式轮辋。这种轮辋由内外两部分组成，其内外轮辋的宽度可以相等，也可以不相等，二者用螺栓连成一体。拆装轮胎时，拆卸螺栓上的螺母即可。挡圈 3 是可拆的。有的无挡圈，而由与内轮辋制成一体的轮缘代替挡圈的作用，内轮辋与辐板焊接在一起。东风 EQ2080 汽车即采用这种形式的轮辋，如图 2-6c)所示。

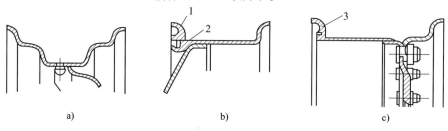

图 2-6 轮辋断面
a)深槽轮辋；b)平底轮辋；c)对开式轮辋
1、3-挡圈；2-锁圈

除了深槽轮辋和平底轮辋以外，还有半深槽轮辋，一般用于轻型货车上。由于轮辋是轮胎的装配和固定基础，当轮胎装入不同轮辋时，其变形位置与大小也发生变化。因此，每种规格的轮胎，最好配用规定的标准轮辋，必要时也可配用规格与标准轮胎相近的轮辋（容许轮辋）。如果轮辋使用不当，会造成轮胎早期损坏，特别是使用于过窄的轮辋。近几年来，为了适应提高轮胎负荷能力的需要，开始采用宽轮辋。实验表明，采用宽轮辋可以提高轮胎的使用寿命，并可改善汽车的通过性和行驶稳定性。

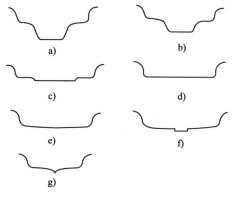

图 2-7 轮辋轮廓类型及代号

（2）国产轮辋规格的表示方法。

① 国产轮辋轮廓类型及其代号。目前，轮辋轮廓类型有 7 种：深槽轮辋，代号 DC；深槽宽轮辋，代号 WDC；半深槽轮辋，代号 SDC；平底轮辋，代号 FB；平底宽轮辋，代号 WPB；全斜底轮辋，代号 TB；对开式轮辋，代号 DT，如图 2-7 所示。

轮辋的结构形式，根据其主要由几个零件组成，分为：1 件式轮辋、2 件式轮辋、3 件式轮辋、4 件式轮辋和 5 件式轮辋。1 件式轮辋，具有深槽的整体式结构，如图 2-8a)所示。2 件式轮辋，可以拆卸为轮辋体和弹性挡圈两个主要零件，如图 2-8b)所示。3 件式轮辋，可以拆卸为轮辋体、挡圈和锁圈 3 个主要零件，如图 2-8c)所示。4 件式轮辋，可以拆卸为轮辋体、挡圈、锁圈和座圈 4 个主要零件，也可以为轮辋体、锁圈和两个挡圈，如图

2-8d)所示。5件式轮辋可以拆卸为轮辋体、挡圈、锁圈、座圈和密封环5个主要零件,如图2-8e)所示。

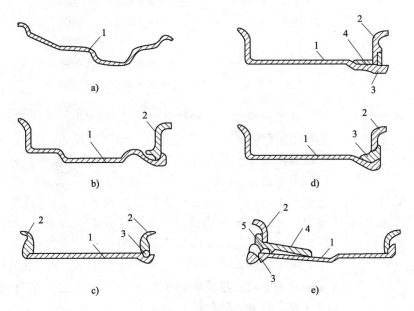

图 2-8 轮辋结构形式
a)1件式;b)2件式;c)3件式;d)4件式;e)5件式
1-轮辋体;2-挡圈;3-锁圈;4-座圈;5-密封环

②国产轮辋的规格代号。轮辋规格用轮辋名义宽度代号、轮缘高度代号、轮辋结构形式代号、轮辋名义直径代号和轮辋轮廓类型代号来共同表示。轮辋名义宽度和名义直径代号的数值是以英寸(in)表示(当新设计轮胎以毫米表示直径时,轮辋直径用毫米表示)。直径数字前面的符号表示轮辋结构形式代号,符号"×"表示该轮辋为1件式轮辋,符号"-"表示轮辋为两件或两件以上的多件式轮辋。在轮辋名义宽度代号之后的拉丁字母表示轮缘的轮廓(E、F、J、JJ、KB、L、V等)。有些类型的轮辋(如平底宽轮辋),其名义宽度代号也代表了轮缘轮廓,不再用字母表示。最后面的代号表示了轮辋轮廓类型代号,如图2-9所示。

例如,BJ2020型汽车轮辋为4.50E×16,表示该轮辋名义宽度4.5in、名义直径16in、轮缘廓代号为E的1件式深槽轮辋。对于平底式宽轮辋,只有表示轮辋名义宽度和名义直径的数字,而没有表示轮缘轮廓的拉丁字母代号。例如,东风EQ1090型汽车轮辋规格为7.0—20;解放CA1091型汽车轮辋规格为6.5—20。

现有轮辋规格代号见《充气轮胎用车轮和轮辋的术语、规格代号和标志》(GB/T 2933—2009),如例2-1、例2-2所示。

例 2-1:

例 2-2：

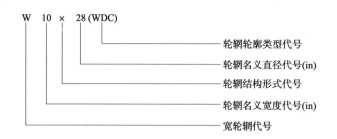

③车轮规格。车轮的规格表示,如图 2-9 所示。除了轮辋宽度 B 和轮辋直径 d 外,还有螺栓孔的节圆直径 d_1(分布圆直径),即车轮通常用若干个螺栓安装在轮毂上,各螺栓孔中心分布圆形成直径为节圆直径,用毫米表示。车轮的另一个重要规格是偏置距 E,它表示了轮辋中心和车轮安装面之间水平距离,这是选择车轮的重要尺寸。对于发动机前置前轮驱动的汽车(FF)和发动机前置后轮驱动的汽车(FR),车轮偏置距是不一样的,必须装用符合原车轮偏置距的车轮。此外,还有轮毂直径 d_2、螺栓孔直径 d_3。轮辋规格只表示轮胎与轮辋的匹配,而不明确是否与车身相匹配,选用时注意车身的运动校核。

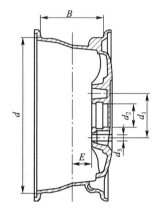

图 2-9　车轮的规格
d-轮辋直径;B-轮辋宽度;E-偏置量(距);d_1-螺栓孔分布圆直径;d_2-轮毂直径;d_3-螺栓孔直径

三、轮胎

1. 轮胎的功用

轮胎安装在轮辋上,直接与路面接触。轮胎的功用是:支撑车辆的全部质量;轮胎与路面直接接触,将车辆的驱动力和制动力传至路面,从而控制其起动、加速、减速、停车和转向;减弱由于路面不平所造成的振动。

2. 轮胎的分类

汽车轮胎按用途,可分为轿车轮胎、载货汽车轮胎以及特种用途轮胎。而载货汽车轮胎,又分为重型、中型和轻型载货汽车轮胎;按胎体结构不同,可分为充气轮胎和实心轮胎。现代汽车绝大多数采用充气轮胎;按组成结构不同,又分为有内胎轮胎和无内胎轮胎两种。按胎体中帘线排列的方向不同,还可分为普通斜交轮胎和子午线轮胎。

3. 充气轮胎的构造

(1)普通轮胎。普通充气轮胎由外胎 1、内胎 2 和垫带 3 组成,使用时安装在汽车车轮的普通可拆卸轮辋上,如图 2-10 所示。

①外胎。外胎是轮胎的框架。它必须具有足够的刚性,以阻止高压空气外泄,又必须具有足够的弹性,以吸收载荷的变化和冲击。它由许多层与橡胶粘接在一起的轮胎帘线(多股平行的高强度材料层)构成。外胎由胎面(1、3、5)、帘布层 4、缓冲层 2、胎圈 6 四部分组成,如图 2-11 所示。

A.胎面。胎面的外部是橡胶层,保护胎体免受路面造成的磨损。由胎冠、胎侧、胎肩组成。胎面与路面直接

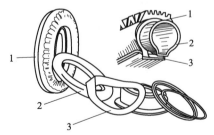

图 2-10　普通充气轮胎结构
1-外胎;2-内胎;3-垫带

接触，产生摩擦阻力、驱动力和制动力。

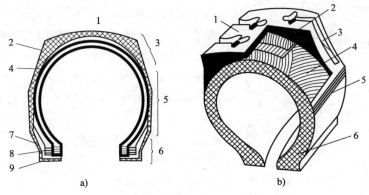

图 2-11 外胎结构
a) 外胎剖视图; b) 外胎名称图
1-胎冠; 2-缓冲层; 3-胎肩; 4-帘布层; 5-胎侧; 6-胎圈; 7-钢丝圈; 8-帘布层包边; 9-胎圈包边

胎冠也称行驶面，它与路面接触，直接承受冲击和磨损，并与路面间产生很大的附着力，故胎冠应具有较高的强度、刚度、弹性和耐磨性。为增加轮胎的附着力，避免轮胎纵横向打滑，以及良好的排水性能，胎冠制有各种花纹，轮胎花纹主要有普通花纹，如图 2-12a) 所示；混合花纹，如图 2-12b) 所示；越野花纹，如图 2-12c) 所示。花纹按方向可分为横向花纹和纵向花纹。横向花纹耐磨性高，防纵向滑移性能好，不易夹石，但散热性能和防横向移动性能较差滚动阻力较大。纵向花纹散热性能好，滚动阻力小，防横向滑移性能好，而且操纵性能好、噪声小，但防纵向滑移动性能差，在泥泞路面和雨天行驶时，排水性能差，并且容易夹石，适用于高速行驶的车辆。越野花纹粗而深，附着力大，适用于松软和坏路面上行驶，但是如果在正常的路面上行驶，反会造成胎面过早磨损。越野花纹又分为无向花纹和有向花纹（人字花纹）两种。有向花纹在安装时必须注意花纹方向，用作驱动轮时花纹的尖端应与车轮旋转方向一致（人字向后），这样车轮在软路面上行驶时，泥土从花纹间排除，提高了轮胎在软路面上的附着力。用作从动轮时，应当反向安装，这样可减少滚动阻力和轮胎磨损。如果驱动轮方向装反，在泥泞的软路上行驶时，泥土会堵满花纹，使轮胎成为泥轮而打滑。

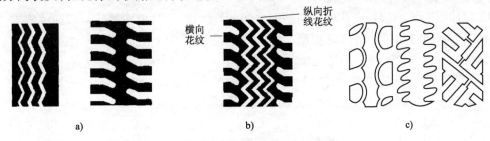

图 2-12 胎面花纹
a) 普通花纹; b) 混合花纹; c) 越野花纹

胎肩是较厚的胎冠与较薄的胎侧间的过渡部分，一般也制有各种花纹，以提高该部位的散热性能。

胎侧是贴在胎体帘布侧壁的薄橡胶层。它的主要作用是保护胎体侧部帘布层免受损伤；覆盖轮胎两侧，并保护胎体免受外部损坏。作为面积最大、弹性最强的轮胎部件，胎侧在行驶过程中，不断地在载荷作用下弯曲变形。胎侧上标有厂家名称、轮胎尺寸及其他资料。

B. 帘布层。胎体是外胎的骨架，由帘布层和缓冲层组成，其作用是承受负荷，保持轮胎外缘尺寸和形状,而帘布层又是外胎的骨架,主要材料有棉线、人造丝、尼龙、聚酯纤维和钢丝等。为了保持外胎的形状和尺寸,使其具有足够的强度,帘布层由成双数的多层帘布用橡胶贴合而成,相邻的帘线交叉排列。帘布层数越多,轮胎的强度越大,而弹性下降。在帘布层与胎面之间,还有用上述材料制成的缓冲层。按照胎体帘布层的排列方式不同,有斜交轮胎、子午线轮胎,如图2-13所示。

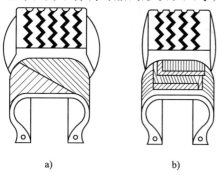

图2-13 轮胎的结构形式
a)普通斜交轮胎;b)子午线轮胎

斜交轮胎是一种较老式的轮胎,广泛使用于国产老式的载货汽车。由于胎体帘布层中帘线与胎面中心线呈小于90°排列,并且一侧胎边穿过胎面到另一侧胎边,层层相叠,成为胎体的基础,所以称为斜交轮胎。其特点是:行驶中轮胎噪声小,胎面较柔软,在低速行驶时乘坐舒适性好,价格也便宜。后来发展起来的带束斜交轮胎,即在斜交轮胎的基础上增加了沿圆周缠绕的斜交帘布层上的束带,这样使胎面更牢固,与地面接触时更加平整,减少了轮胎变形,使汽车行驶平稳,牵引效果好,防穿透性有所改善,延长了轮胎的使用寿命。

目前,轿车上几乎都装用子午线轮胎。用钢丝或纤维植物制作的帘布层,其帘线与胎面中心的夹角接近90°,并从一侧胎边穿过胎面到另一侧胎边,帘线在轮胎上的分布好像地球的子午线,所以称为子午线轮胎,如图2-13b)所示。

由于子午线轮胎具有帘布呈子午线环形排列、胎体与带束层帘布线形成许多密实的三角网状结构的特点。因此,子午线轮胎帘布线的强度得到了充分的利用,从而使帘布层大量减少,减轻了轮胎质量,并大大地提高了胎面的刚性,减少了胎面与路面的滑移现象,提高了轮胎的耐磨性。

与普通斜交轮胎相比,子午线轮胎质量小,轮胎弹性大,减振性能好,具有良好的附着性能,滚动阻力小,承载能力大,行驶中胎温低,胎面耐穿刺,轮胎使用寿命长。其缺点是轮胎成本高,胎侧变形大,容易产生裂口,并且侧向稳定性差。

C.缓冲层。缓冲层是夹在胎体与胎面之间的纤维层,它可增强胎体与胎面的附着力,同时也有助于减弱路面传至胎体的振动。缓冲层广泛用于斜交轮胎中。大客车、货车以及轻型载货汽车所有的轮胎都采用尼龙缓冲层;小客车所有的轮胎采用聚酯缓冲层。

D.胎圈。为防止各种施加在轮胎上的作用力扯开轮辋,轮胎上设有固定边缘,即各层侧边都缠绕有坚固的钢丝,称为胎圈。轮胎内的加压空气迫使胎缘胀紧在轮辋边沿,使其牢固定位。

②内胎。内胎是装入外胎内部的一个环形橡胶管,外表面很光滑,上面装有气门嘴,以便充气。

③垫带。垫带是环形橡胶带,它垫在内胎和轮辋之间,保护内胎不被轮辋和胎圈磨损。

(2)无内胎轮胎。无内胎轮胎没有内胎和垫带,充入轮胎的气体直接压入无内胎的轮胎中,要求轮胎与轮辋之间有良好的密封性。其结构如图2-14所示。无内胎轮胎为了保证密封性,与有内胎轮胎所不同的是在无内胎轮胎的内壁上附加了一层2~3mm的橡胶密封层1,它是用硫化的方法粘上去的。在密封层正对着胎面下面还贴有一层自粘层2,起到自行将刺穿的孔粘合的作用。在胎圈上作出多道同心的环形槽纹3,作用是在轮胎内空气压力的作用下，槽纹使轮圈紧紧地粘在轮辋边缘上，从而保证轮胎和轮辋之间的气密性；另外，气门嘴4用橡胶密封垫6直接固定在轮辋上，铆接轮辋和轮辐的铆钉5外面涂上一层橡胶，从内部塞入。

无内胎轮胎穿孔时，压力不会急剧下降，仍然能继续安全行驶。由于无内胎轮胎中没有内胎，故不存在内外胎的摩擦和夹卡而引起的损坏；它可以直接通过轮辋散热，所以轮胎工作温度低，使用寿命长；无内胎轮胎结

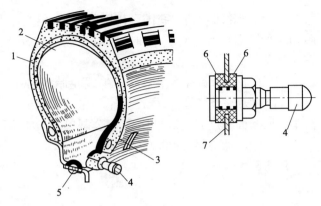

图2-14 无内胎轮胎

1-橡胶密封层；2-自粘层；3-槽纹；4-气门嘴；5-铆钉；6-橡胶密封衬垫；7-轮辋

构简单，质量较小。缺点是轮胎爆破失效时，途中修理比较困难。

4. 轮胎规格的表示方法

轮胎的规格可用外胎直径D、轮辋直径d、断面宽B和断面高H的名义尺寸代号表示。充气轮胎尺寸的标记，如图2-15所示。轮胎断面高度H与宽度B之比称为轮胎的高宽比（以百分比表示），即$H/B \cdot 100\%$，又称作轮胎的扁平率，如图2-16所示。通常高宽比有：80，75，70，60，55等。轮胎的高度和宽度比（扁平率）越小，说明轮胎的断面越宽，故高宽比小的轮胎称为宽断面轮胎。宽断面轮胎的优点是，因断面宽，接地面积大，接地比压小，磨损减小，滚动阻力也小，抗侧向稳定性强，从而降低了整车质心，提高了汽车的行驶稳定性。因此，在高速轿车上得到广泛应用。

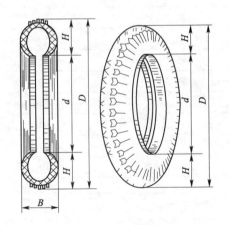

图2-15 轮胎尺寸标记

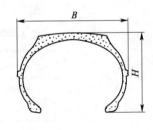

图2-16 轮胎的高度和宽度比（扁平率）

目前，充气轮胎一般习惯用英制表示，但欧洲国家则常用公制表示法。有些国家用英制和公制混合表示。个别国家也有用字母作代号来表示轮胎规格尺寸的。我国轮胎规格标记主要采用英制，有些也用英制和公制混合表示。

随着汽车工业发展，我国轮胎也制定了相应标准，并经过几次修订。现执行的标准为《轿车轮胎》（GB 9743—2007）；《轿车规格、尺寸、气压与负荷》（GB/T 2978—2008）；《载货汽车轮胎》（GB 9744—2007）；《载重汽车轮胎规格、尺寸、气压与负荷》（GB/T 2977—2008）。标准规定了轮胎规格、基本参数、主要尺寸、气压负荷对应关系等。

(1)斜交轮胎规格。我国采用国际标准,斜交轮胎的规格用 $B\text{-}d$ 表示,载重汽车斜交轮胎和轿车斜交轮胎的尺寸 B 和 d 均用 in 为单位,B 是轮胎名义断面宽度代号,d 是轮辋名义直径代号。

(2)子午线轮胎规格。国产子午线轮胎规格用 BRd 表示,其中 R 代表子午线轮胎(即"Radial"的第一个字母)。国产轿车子午线轮胎断面宽 B 已全部改用公制(单位 mm);载货汽车轮胎断面宽度有英制单位 in 和公制单位 mm 两种。而轮辋直径 d 的单位仍用 in。

子午线轮胎规格,如例 2-3 所示。

例 2-3:

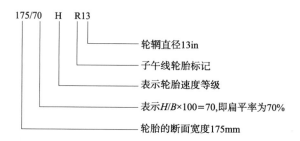

其中前四项为结构尺寸,后两项为使用条件。轮胎速度级别与最高行驶速度对应如表 2-1 所示。

轮胎速度级别与最高行驶速度对应表　　　　　　表 2-1

速 度 级 别	最高行驶速度(km/h)	速 度 级 别	最高行驶速度(km/h)
A1	5	K	110
A2	10	L	120
A3	15	M	130
A4	20	N	140
A5	25	P	150
A6	30	Q	160
A7	35	R	170
A8	40	S	180
B	50	T	190
C	60	U	200
D	65	H	210
E	70	V	240
F	80	W	270
G	90	Y	300
J	100		

(3)无内胎轮胎规格。载重汽车普通断面子午线无内胎轮胎规格用 BRd 表示。有些子午线轮胎,采用在规格中加"TL"标志。例如:轮胎 195/70SR14TL 表示轮胎的断面宽度为 195mm,扁平率为 70%,即 $H/B·100\%=70$,表示轮胎速度等级为 S 级,子午线轮胎,轮辋直径为 14in,最后"TL"表示无内胎轮胎。

轿车轮胎规格按照国际标准规格标志表示的上述前四项为结构尺寸特征,后两项为使用条件。依照 ISO 国际标准,汽车轮胎的规格标志按如下的排列表示:

[断面宽标号]/[扁平率标号][轮胎结构记号][适用轮辋直径标号][载荷指数][速度记号]

按照上面的排列举例,如例2-4所示。

例2-4:

$$195/60R14\ 85\ H$$

其中:195—断面宽(断面宽约195mm);60—扁平率(高宽比约为60%);R—轮胎结构记号(子午线结构);14—表示适用轮辋直径(14in);85—载荷指数(最大载荷5.05kN);H—速度记号(最高速度210km/h)。

在同一种规格轮辋上可安装内径相同而断面高度不同(但接近于基本标准)的轮胎,或是内径相同但胎体的帘布层数较多的轮胎,后者多采用在汽车超载或在坏路上行驶的情况下。

根据国际规则规定,为方便使用者维修与购置,在每条外胎两侧上必须标有规格、制造厂商和厂名(或地点)、标准轮辋、生产编号、骨架材料以及结构代号;轿车轮胎还须标有速度级别代号和胎面磨耗标志位置的符号;载重汽车轮胎还须标有层级;胎面花纹有行驶方向的,还须有行驶方向标志。胎面磨耗标志或称防滑标记,是稍微高出轮胎花纹沟槽底部的凸台。随着轮胎行驶里程增加、轮胎磨损、花纹沟槽变浅,露出凸台,说明轮胎花纹即将磨尽,可能造成行驶中轮胎打滑,引发交通事故。为了便于检查轮胎的磨损,通常在磨耗标志对应的胎肩处标记出"△"或"TWI"等符号。

任务实施

一、车轮的拆装

1. 车轮的拆卸

(1)停稳车辆,用三角木掩住各车轮,如图2-17所示。

(2)取下车轮上的装饰罩。

(3)用千斤顶顶在指定的位置,使被拆车轮稍离地面。

(4)拧下车轮与轮毂连接的全部螺母,顺序如图2-18所示,取下垫圈,并摆放整齐。

(5)边向外拉边左右晃动车轮,从车轴上取下车轮总成。

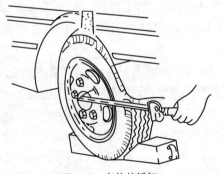 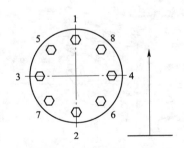

图2-17　车轮的拆卸　　　　图2-18　车轮螺母的拆装顺序

2. 车轮的安装

(1)顶起车桥,套上车轮,将螺母初步拧在螺柱上。

(2)放下车轮并在车轮前后用三角木掩住,用扭力扳手或车轮螺母拆装机,按对角线顺序分2~3次拧紧车轮螺母,最后一次要按规定力矩拧紧。

(3)安装后轮双胎时,要先拧紧内侧车轮的内螺母,再装外侧轮胎。在安装过程中,应用千斤顶分两次顶起车桥,分别安装内外两个车轮。

二、轮胎的检查

轮胎的检查主要是检查轮胎磨损程度和轮胎气压,轮胎磨损程度的检查包括胎面花纹深度的检查和轮胎异常磨损的检查。

1. 检查轮胎裂纹或者损坏

检查轮胎胎面和胎壁是否有裂纹、割痕或者其他损坏。使用已经有裂纹或损伤的轮胎行驶,造成气压不稳容易爆胎。应尽早更换。

2. 检查嵌入金属微粒或者异物

检查轮胎的胎面和胎壁是否嵌入任何金属微粒、石子或者其他异物。若发现异物,应及时清理。

3. 检查胎面花纹深度

轿车轮胎胎冠上花纹深度不小于1.6mm,载货汽车侧转向轮胎冠上的花纹深度不小于3.2mm,其余轮胎胎冠花纹深度不小于1.6mm。若小于上述值,应停止使用。

胎面花纹深度可用深度尺进行测量。

4. 检查轮胎异常磨损

检查轮胎的整个外围是否有不均匀磨损和阶段磨损。

三、轮胎的拆装

目前,轿车大都采用无内胎的子午线轮胎,最常见的拆装轮胎的专用设备是轮胎拆装机,其总体结构示意如图2-19所示。

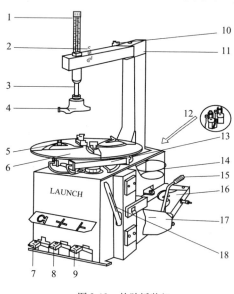

图2-19 轮胎拆装机

1-复位弹簧;2-六方杆锁紧手柄;3-六方杆;4-拆装头;5-卡爪;6-转盘;7-转盘转向脚踏;8-夹紧汽缸脚踏;9-分享铲脚踏;10-旋钮手柄;11-立柱;12-气源三联件;13-卡爪夹紧汽缸;14-油桶环;15-分离铲操纵手柄;16-分离铲臂;17-分离铲;18-撬杠

1. 拆装轮胎注意事项

(1)拆装轮胎要在清洁、干燥、无油污的地面上进行。

(2)拆装轮胎要用专用工具,不允许用大锤敲击或其他尖锐的用具拆胎。

(3)外胎、内胎、垫带、轮辋必须符合规格要求,才能组装。要特别注意子午线轮胎胎圈部分的完好。

(4)内胎装入外胎前,须紧固气门嘴,以防漏气,并在外胎内部和垫带上涂上滑石粉。

(5)气门嘴的位置应装在轮辋气门嘴孔中。胎侧有平衡标记的,标记应在与气门嘴相对的位置上,以便于平衡。轮辋上有平衡块的,应用动平衡机进行平衡调整。

(6)安装有向花纹的轮胎,应注意滚动方向的标记。拆装子午线胎应做记号,使安装后的子午线胎滚动方向保持不变。

2. 检查与调试

在使用轮胎拆装机进行轮胎的拆装工作之前,

要对轮胎拆装机进行操作前的检查和调试,具体操作步骤如下:

(1)检查拆装机的电源、气源、机械传动部分是否正常。

(2)踩下和松开夹紧汽缸脚踏板,检查转盘上卡爪能否张开和闭合。

(3)踩下和松开分离铲脚踏板,检查分离铲能否动作和复位。

(4)踩下和松开转盘转向脚踏板,检查转盘能否顺时针转动和逆时针转动。

(5)检查锁紧杠杆是否锁紧垂直轴。

3. 轮胎拆装机操作流程

(1)放掉轮胎中的空气。

(2)卸掉钢圈上的平衡块。

(3)将轮胎置于分离铲和橡胶板之间,使分离铲置钢圈边与轮胎之间,离钢圈边大约1cm处。然后踩下分离铲脚踏板,使钢圈边与胎边分离。

(4)固定轮胎。

①内锁定:将轮胎放在转盘上,而将踏板踩下,可锁住钢圈。

②外锁定:踩下夹紧汽缸脚踏板,使四个卡爪张开,将轮胎放在卡爪上,这时要慢慢松开踏板直至锁紧钢圈为止。

(5)将六方杆(垂直轴)置于工作位置,使拆装机头靠近钢边,使拆装机头内锥滚距钢边大约有3mm距离,避免划伤钢边,并用锁紧杠杆锁紧。

(6)用撬杠把胎边撬在拆装机头上,撬杠不必抽出,点踩转盘转向脚踏板,让转盘时顺时针旋,即可拆下轮胎,用同样的方法可以把轮胎的另一侧拆下。

四、车轮换位

车辆前后轮轮胎运转过程中所承受的负荷不同。前轮主要控制方向调整,因此承受较大的横向摩擦力,如果前轮兼作驱动轮,其磨损程度更大;后轮一般主要承受纵向摩擦力。为了避免轮胎长期受到单一方向的磨损,应定期或适时地变化轮胎位置,以保持轮胎均衡磨损,延长轮胎使用寿命。轮胎换位后,应按所换轮胎的要求,重新调整气压。轮胎换位间隔里程一般新车为10000km,以后每行驶10000km进行一次轮胎换位。在路面拱度较大的地区或夏季,轮胎磨损差别较大,可适当增加换位次数。

轮胎换位应根据轮胎的不同特点采用不同的换位方法。轮胎换位的方法较多,常用的有交叉换位法、循环换位法和单边换位法。如图2-20、图2-21 所示。

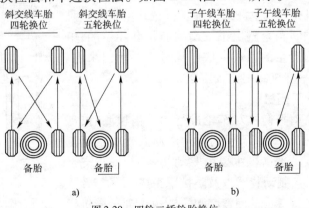

图2-20 四轮二桥轮胎换位

a)交叉换位法;b)单位换位法

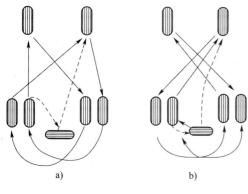

图 2-21 六轮二桥轮胎换位
a) 循环换位法；b) 交叉换位法

四轮二桥汽车斜交轮胎可采用交叉换位法，如图 2-20a) 所示；子午线轮胎宜用单边换位法，如图 2-20b) 所示。子午线轮胎的旋转方向应始终保持不变，若反向旋转，会因钢丝帘线反向变形产生振动，使汽车平顺性变差。

装用普通斜交轮胎的六轮二桥汽车，常用图 2-21 中的交叉换位法。

轮胎换位后须做好记录，下次换位要按上次选定的换位方法换位。

五、车轮的动平衡检查

1. 车轮的动不平衡

车轮与轮胎是高速旋转组件，如果不平衡，汽车在超过某一速度行驶时，就会产生共振。特别是高速公路上行驶的车辆，可能造成轮胎爆破，引发交通事故。不平衡也会引起底盘总成零部件损伤，使转向节上的磨损增加、减振器和其他悬架元件的变形等。就车轮本身而言，由于装有气门嘴，同时还与轮胎和传动轴等传动系的旋转部件组装在一起，因此必须进行平衡，否则不平衡在所难免。新车上安装的车轮与轮胎都经过了平衡，随着车辆的行驶及轮胎的维护或修理，如果检查轮胎有不均匀或不规则磨损、车轮定位失准，车轮平衡维护就是必须要做的工作。平衡车轮时，沿轮辋分配配重，使它平稳滚动而无振动。

2. 车轮动不平衡的原因

车轮动不平衡的主要原因包括质量分布不均匀，如轮胎产品质量欠佳、翻新胎、补胎、胎面磨损不均匀及在外胎与内胎之间垫带等；轮辋、制动鼓变形；轮毂与轮辋加工质量不佳，如中心不准、轮胎螺栓孔分布不均、螺栓质量不佳等；安装位置不正确，如内胎充气嘴位置不符合安装要求。

3. 车轮平衡机的类型

由于车轮动不平衡对汽车危害很大。因此，必须对车轮的动不平衡进行检测，并进行调平衡工作，由于动平衡的车轮一定处于静平衡状态。因此，只要检测了动平衡，就没有必要检测静平衡。对车轮进行动平衡检测时，有离车式检测和就车式检测两种方法；按平衡机转轴的形式，分成软式平衡机和硬式平衡机两种；按测量装置，车轮动平衡机分成机械式和电测式两种。机械式动平衡机是靠平衡锤的相位与倾斜角来测出不平衡器质量和相位的；电测式则把车轮不平衡产生的振动变成电信号而显示出来的。目前，电测式车轮动平衡机应用比较广泛。

4. 离车式车轮动平衡机

利用离车式车轮动平衡机对车轮进行动平衡检测时，需将车轮从车上拆下，如图 2-22 所示为一台电测式硬式二面测定车轮动平衡机。该动平衡机主要由驱动装置、转轴与支承装置、显示与控制装置、制动装置以及防护罩组成。

检测时，输入轮辋直径、轮辋宽度和轮辋边缘到平衡机机箱之间的距离，显示装置即可显示出应该加于轮辋边缘的不

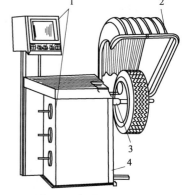

图 2-22 轮胎动平衡仪
1-显示与控制装置；2-车轮护罩；3-转轴；4-机箱

平衡量和相位。

车轮动平衡的检查方法如下：
(1)对被测车轮进行清洗,去掉泥土、砂石,拆掉旧平衡块。
(2)将轮胎充气至规定气压值。
(3)将车轮安装在平衡机上。
(4)打开电源开关,检查指示装置是否指示正确。
(5)键入轮辋直径、宽度,测出轮辋边缘到机箱之间的距离并键入。
(6)放下防护罩,按下起动键,开始测量。
(7)当车轮自动停转后,从指示装置读出车轮内外动不平衡量和位置。
(8)用手慢慢旋转车轮,当动平衡机指示装置发出信号时,停止转动车轮。
(9)将动平衡机显示的动不平衡量,按内外位置置于车轮相应位置的轮辋边缘并装卡牢固。
(10)重新起动动平衡机,进行动平衡试验,直至动不平衡量<5g,机器显示合格时为止。
(11)取下车轮,关闭电源,测试结束。

5.就车式车轮动平衡机及使用方法

就车式车轮动平衡机可以在汽车不拆卸车轮前提下,对汽车进行车轮动平衡和静平衡检测,其结构与测量原理如图2-23所示。

对车轮进行动平衡检测的方法如下：
(1)对车轮进行清洁,并去掉旧平衡块,将轮胎充气到规定气压,轮毂轴承松紧度合适,支起前桥,使两侧车轮离地间隙相等,然后用粉笔在轮胎任意位置作出标记。
(2)将传感器头吸附在制动底板边缘,并使车轮在规定转速下旋转。观察轮胎标记位置,在指示装置上读取不平衡量,停转车轮,加装平衡块,再进一步复查。直至合格,测试结束。

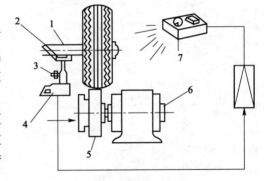

图2-23 就车式车轮动平衡检测原理
1-转向节;2-磁头;3-可调支杆;4-底座;5-转轮;6-电动机;7-不平衡度表

(3)测量从动轮时,利用动平衡机转轮驱动车轮转动。
(4)测驱动车轮时,则直接用汽车发动机、传动系来驱动车轮转动。

任务工作单

学习情境二:轮胎磨损异常故障检修 工作任务一:车轮与轮胎的装配、平衡、换位与维护	班级			
	姓名		学号	
	日期		评分	
一、工作单内容 　分组拆装上海大众桑塔纳轿车轮胎,并对车轮进行检查、平衡和换位操作。 二、准备工作 　说明:每位学生应在工作任务实施前独立完成准备工作。				

1. 指出下图车轮各指定部分的名称,并填写在对应的序号线内。

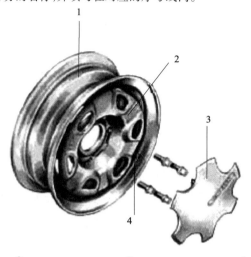

1-_____;2-_____;3-_____;4-_____

2. 按照轮胎帘布层帘线排列的方向不同,轮胎分为_____轮胎和_____轮胎。

3. 指出子午线轮胎的特点。

4. 指出无内胎轮胎的优点。

5. 下图为一轮胎规格标记,请指出各数值和符号的含意。

轿车轮胎规格
185/70 R 13 86 T
1
2
3
4
5
6

轿车轮胎规格标记表示法

1-_____;2-_____;3-_____;
4-_____;5-_____;6-_____

三、任务实施

1. 轮胎的常规检查

就实训用车,对轮胎的类型、气压、磨损和损伤情况进行检查,并将检查结果下表中。

检查项目	检查结果	备注
轮胎气压		
轮胎类型		
轮胎规格		
轮胎磨损情况		
轮胎损伤情况		

2. 拆装轮胎

(1)拆卸轮胎。将拆卸下来的轮胎进行解体检查,将检查结果记录下表中。

检查内容	检查结果
胎冠、胎肩、胎侧及胎内有无内伤、脱层、起鼓和变形等现象	
内胎、垫带有无咬伤、折皱现象,气门嘴、气门芯是否完好	
轮辋、挡圈和锁圈有无变形、锈蚀等现象	

(2)装配轮胎。按照装配要领安装轮胎,装配时要注意:
①内胎装入外胎前,须紧固气门嘴,并在外胎内部和垫带上涂上滑石粉。
②胎侧平衡标应安装在与气门嘴相对的位置上。

3. 轮胎换位操作

按要求对汽车轮胎进行换位操作,并将操作结果记录下来。
(1)换位轮胎类型: □ 普通斜交胎   □ 子午线轮胎
(2)选择的换位方式: □ 交叉换位法   □ 单边换位法

4. 车轮的动平衡操作

将车轮从车上拆下,用动平衡机对车轮进行动平衡。

四、工作小结

通过此工作任务的实施,各小组集中完成下述工作。
1. 阐述车轮拆卸的步骤和要求。

2. 阐述车轮安装的步骤和要求。

3. 阐述子午线轮胎的换位方法。

4. 轮胎的检查项目主要有哪些？各项目的要求是什么？

5. 你认为本次实训是否达到预期目的,还有什么好的意见和建议？

工作任务二 悬架的拆装、检查与维护

任务概述

1. 应知应会

通过本工作任务的学习与具体实施,学生应学会下列知识:

(1)熟悉悬架的作用及组成。

(2)熟悉悬架弹性元件、减振器和横向减振器的类型、构造以及工作原理。

(3)熟悉非独立悬架和独立悬架的类型及构造特点。

应该掌握下列技能:

(1)会对悬架进行正确的拆装和检查。

(2)会对悬架系统常见故障进行诊断与维修。

2. 学习要求

(1)在每个工作任务的学习过程中,完成相关任务工作单的填写,并通过课程网络及时提交给相关教师。任务工作单提交方法详见课程网站。

(2)在每个学习情境实施阶段的中期或后期,按要求填写检修工作单。学习结束后按要求填写学生考核记录表,进行自我评价后交小组长,小组长评价后连同检修工作单统一交教师。

(3)每个情境学习到评价环节时,个人进行任务完成情况的评估。教师对小组抽查,被抽查的个人上台进行讲评。

相关知识

一、悬架概述

1. 悬架的功用

悬架是车架(或承载式车身)与车桥(或车轮)之间的一切传力装置的总称。它的功用是连接车身和车轮,与轮胎一起吸收和减缓不平整路面所造成的汽车行驶中的各种颤动、摇摆和振动,保证乘客和货物的安全,并提高驾驶稳定性;支撑车身,使车身与车轮之间保持适当的几何关系;将路面与车轮之间的摩擦所产生的驱动力和制动力,传至底盘和车身。

2. 悬架的结构

悬架一般由弹性元件、导向装置、减振器和横向稳定杆组成,如图 2-24 所示。

(1)弹性元件:弹性元件用来承受并传递垂直载荷,缓和不平路面、紧急制动、加速和转弯引起的冲击或车身位置的变化。常见的弹性元件包括钢板弹簧、螺旋弹簧、扭杆弹簧、油气弹

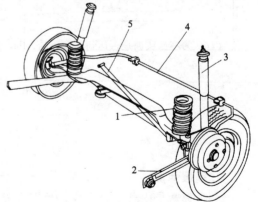

图 2-24 汽车悬架组成示意图
1-弹性元件;2-纵向推力杆;3-减振器;4-横向稳定器;
5-横向推力杆

簧等。

（2）减振器：减振器用来衰减弹性系统引起的振动，限制弹簧的自由振荡，提高乘坐舒适性。减振器的类型包括筒式减振器、阻力可调式减振器和充气式减振器。

（3）横向稳定器：有些轿车和客车上，为防止车身在转向等情况下发生过大的横向倾斜，在悬架系统中加设有横向稳定杆，目的是提高侧倾刚度，防止汽车横向摆动，并使汽车具有不足转向特性，改善汽车的操纵稳定性和行驶平顺性。

（4）导向装置：导向装置用来使车轮按一定运动轨迹相对车身运动，控制车轮的横向和纵向运动，同时起传递力的作用。导向装置通常由控制摆臂式杆件组成，有单杆式和连杆式。钢板弹簧作为弹性元件时，本身兼导向作用，不另设导向装置。

3. 悬架的分类

按照控制形式不同，悬架可分为被动式悬架和主动式悬架。被动悬架中，汽车姿态（状态）只能被动取决于路面、行驶状况和汽车的弹性元件、导向装置以及减振器这些机械零件。主动悬架可以根据路面和行驶工况自动调整悬架的刚度和阻尼，从而使车辆能主动地控制垂直振动及车身或车架的状态。该系统通常由传感器、控制单元、执行机构组成。

按悬架系统结构不同，分为非独立悬架和独立悬架。非独立悬架的特点是两侧车轮安装于一整体式车桥上，车轮连同车桥一起通过弹性元件悬挂在车架或车身上，一侧车轮受到冲击时会直接影响到另一侧车轮。非独立悬架结构简单，工作可靠，而被广泛应用于货车的前、后悬架；在轿车中，非独立悬架仅用于后桥。非独立悬架由于簧载质量比较大，特别是汽车高速行驶、悬架受到较大的冲击载荷时，汽车平顺性较差，如图2-25a）所示。独立悬架的特点是两侧车轮分别独立地与车架或车身弹性地连接，当一侧车轮受到冲击时，其运动不会直接影响到另一侧车轮。独立悬架所采用的车桥是断开式的，这样可使发动机降低安装位置，有利于降低汽车重心，并使结构紧凑。独立悬架允许前轮有较大的跳动空间，这样便于选择较软的弹性元件，使平顺性得到改善。独立悬架簧载质量小，可提高车轮附着性能，如图2-25b）所示。

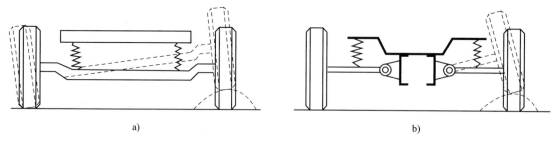

图2-25 非独立悬架与独立悬架
a）非独立悬架；b）独立悬架

二、弹性元件

1. 钢板弹簧

钢板弹簧是由若干合金弹簧片组合成的一根近似等强度的弹性梁，如图2-26所示。钢板弹簧3的第一片（最长的一片）称为主片，其两端弯成卷耳1，内装青铜或塑料、橡胶、粉末冶金制成的衬套，以便用弹簧销与固定在车架上的支架或吊耳铰链连接。钢板弹簧的中部一般用U形螺栓固定在车桥上。中心螺栓4用以连接各弹簧片，并保证装配时各片的相对位置。中心螺栓距两端卷耳中心的距离可以相等,称为对称式钢板弹簧,如图 2-26a)所示;也可以不相等,称为非对称式钢板弹簧,如图 2-26b)所示。

当钢板弹簧安装在汽车悬架中,所承受的垂直载荷为正向时,各个力的方向和作用点如图 2-26b)中箭头所示。各弹簧片都受力变形,有向上拱弯的趋势。这时,车桥和车架便互相靠近。当车桥与车架互相远离时,钢板弹簧所受的正向垂直载荷和变形便逐渐减小,有时甚至会反向。主片卷耳受力严重,是薄弱处,为改善主片卷耳的受力情况,常将第二片末端也弯成卷耳,包在主片卷耳的外面,称为包耳。为了使得在弹簧变形时各片有相对滑动的可能,在主片卷耳与第二片包耳之间留有较大的空隙。有些悬架中的钢板弹簧两端不做成卷耳,而采用其他的支承连接方式,如橡胶支承垫。

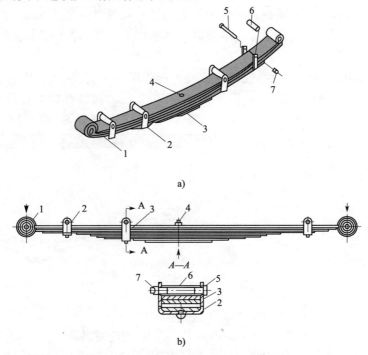

图 2-26 钢板弹簧
1-卷耳;2-弹簧夹;3-钢板弹簧;4-中心螺栓;5-螺栓;6-套管;7-螺母

连接各片的构件,除中心螺栓以外,还有若干个弹簧夹 2(亦称回弹夹),其主要作用是,当钢板弹簧反向变形(反跳)时,使各片不致互相分开,以免主片单独承载,此外,还可防止各片横向错动。弹簧夹用铆钉铆接在与之相连的最下面弹簧片的端部。弹簧夹的两边用螺栓 5 连接,在螺栓上有套管 6 顶住弹簧夹的两边,以免将弹簧片夹得过紧。在螺栓套管与弹簧片之间有一定间隙(不小于 1.5mm),以保证弹簧变形时,各片可以相互滑移。

钢板弹簧在载荷作用下变形时,各片之间有相对滑动而产生摩擦,可以促进车架振动的衰减。但各片间的干摩擦,将使车轮所受的冲击在很大程度上传给车架,即降低了悬架缓和冲击的能力,并使弹簧各片加速磨损,这是不利的。为减少弹簧片的磨损,在装合钢板弹簧时,各片间须涂上较稠的润滑剂(石墨润滑脂),并应定期进行维护。为了在使用期间内长期储存润滑脂和防止污染,有时将钢板弹簧装在护套内。钢板弹簧本身还能兼起导向机构的作用,并且由于弹簧各片之间的摩擦而起到一定的减振作用。为了保证在弹簧片间产生定值摩擦力以及消除噪声,可在弹簧片之间夹入塑料垫片。有些高级轿车后悬架的弹性元件为钢板弹簧时,常采用此种结构。

2. 螺旋弹簧

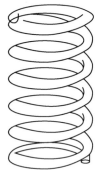

螺旋弹簧是用特殊的弹簧钢杆卷成螺旋状制成的,如图2-27所示。在螺旋弹簧上施加载荷时,随着弹簧的收缩,整条钢杆扭曲变形并储存了外力的能量,缓冲了冲击振动。

螺旋弹簧分为刚度不变的圆柱形螺旋弹簧和刚度可变的圆锥形螺旋弹簧。它具有无须润滑,防污能力强,占用纵向空间小,弹簧本身质量小的特点。螺旋弹簧广泛地用于现代轿车独立悬架,特别是前轮独立悬架,有些轿车后轮非独立悬架也采用螺旋弹簧作为弹性元件。螺旋弹簧本身没有减振作用,因此在螺旋弹簧悬架中必须另装减振器。此外,螺旋弹簧只能承受垂直载荷,必须装设导向装置以传递垂直力以外的各种力和力矩。

图2-27 螺旋弹簧

3. 扭杆弹簧

扭杆弹簧是利用其自身扭转弹性抵抗扭曲力的弹簧钢杆,在轿车上用作悬架的承载弹簧。扭杆弹簧在轿车上的布置形式有纵置的,也有横置的。扭杆弹簧的杆身一般为圆形截面,有的杆端制成矩形或六角形,少数为空心圆管。圆截面扭杆弹簧,如图2-28所示。

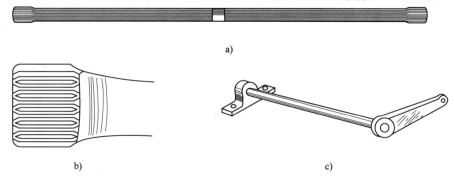

图2-28 圆截面扭杆弹簧
a)扭杆弹簧;b)扭杆弹簧端部;c)与支架和摆臂的连接

扭杆弹簧采用铬钒合金弹簧钢制成,杆端制成细齿花键,以便固定在车架或摆臂上。为防止杆端与杆身因截面突变产生应力集中,杆端和杆身采用大圆弧过渡。扭杆弹簧在轿车上的安装,如图2-29所示。扭杆1一端固定在车架2上,另一端通过转向节的摆臂3与车轮4相连。当左右车轮相对于车身同向等幅跳动时(相当于车身无侧倾运动),扭杆杆身在支座中转动,扭杆不起作用。当左右车轮相对于车身反向跳动时(相当于车身有侧倾运动),扭杆杆身受扭变形,对车身的侧倾起到抑制作用。

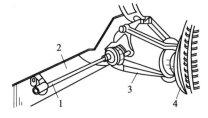

图2-29 扭杆弹簧的安装
1-扭杆弹簧;2-车架;3-摆臂;4-车轮

扭杆弹簧制造过程中进行预加应力处理,预应力方向与实际承载受扭方向相同,目的是减少工作时的实际应力,延长使用寿命。因此,纵置的左右扭杆是不能互换的。同样,横置的前后扭杆也是不能互换的。扭杆表面经精加工后磨削得很光滑,使用中应采取保洁、防锈、防碰、防刮措施。扭杆弹簧的优点是单位体积的材料蓄能量最大,重量最轻,结构简单,可以准确地计算其弹性特性。

4. 油气弹簧

油气弹簧是以气体作为弹性元件,在气体与活塞之间引入油液作为传力介质。油气弹簧一般用于轿车的可控制悬架中,当活塞和活塞杆随车轮运动时,由油液传力,气室内的压缩气体起弹簧作用。油气弹簧可分为三种类型,如图2-30所示。

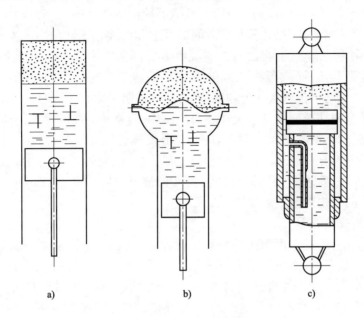

图2-30 几种类型的油气弹簧
a)不分隔式油气弹簧;b)分隔式油气弹簧;c)带反压气室式油气弹簧

球形室固定在工作缸上,室内腔用橡胶隔膜将油与气隔开,充入高压氮气的一侧为气室,与工作缸相同而充满油液的一侧为油室。工作缸内装有活塞和阻尼阀及阀座。当汽车受到载荷增加变化时,活塞向上移动,使工作缸内油压升高,打开阻尼阀进入球形室下部,推动隔膜向气室方向移动,气室受到压缩压力升高,使油气弹簧刚度增加。当载荷减小时,气室内的高压氮气伸张,使隔膜向下方(油室)移动,油液通过阻尼阀流回工作缸,活塞下移使油压降低。随着汽车行驶中的状态变化,工作缸内的油压与气室内的氮气压力也随之变化,活塞便相应地处于工作缸中的不同位置。因此,油气弹簧有可变刚度的特性。

油气弹簧具有良好的行驶平顺性,而且体积小,质量轻。但是对密封性要求很高,维护相对麻烦。由于油气弹簧只能承受垂直载荷,因此采用这种弹簧的悬架也必须加设导向装置和减振器。目前,这种弹簧多用于重型汽车和部分小型客车上。

三、减振器

1. 减振器的功用与原理

减振器是控制车身上下运动和摆动的液压装置。功用是,当车轮和车桥上下运动时快速衰减振动,防止车身过度摇摆和跳动,提高汽车行驶的平顺性。

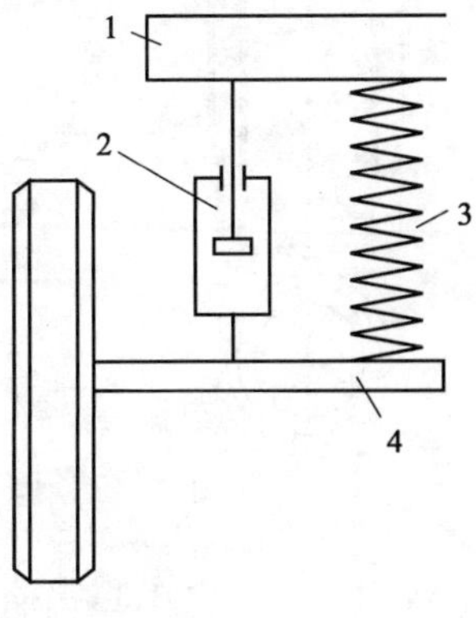

减振器2安装在车桥4和车架1之间,如图2-31所示。当道

图2-31 减振器和弹性元件的相互位置
1-车架;2-减振器;3-弹性元件;4-车桥

路表面有一个凸起时,车桥迅速抬高,弹性元件被压缩并推动汽车车架升高,作用在汽车上的冲击被弹簧吸收,并防止车桥与车架相碰。弹簧被压缩后,试图复原,使得车架与车桥分开并引起振动,减振器则能够减少撞击引起的振动次数。

减振器是利用油液流动产生的阻力来消耗冲击振动的能量。当车架(或车身)和车桥间出现相对运动时,减振器内的活塞上下移动,减振器腔内的油液便反复地从一个腔经过不同的孔隙流入另一个腔内。此时,孔壁与油液间的摩擦和油液分子间的内摩擦形成阻尼力,使汽车振动能量转化为油液热能,再由减振器吸收散发到大气中。在油液通道截面等因素不变时,阻尼力随车架与车桥(或车轮)之间的相对运动速度而变化,也与油液黏度有关。

减振器与弹性元件承担着缓冲击和减振的任务,但阻尼力过大,将使悬架元件缓冲作用不能充分发挥,甚至损坏减振器及连接件。为此,减振器要满足如下要求:悬架压缩行程(车桥和车架相互靠近时),减振器阻尼力应较小,充分发挥弹性元件的弹性作用,缓和冲击;悬架伸张行程(车桥和车架相互远离时),减振器阻尼力应大,迅速减振;车桥(或车轮)与车架间的相对速度过大时,要求减振器能自动增大油液流量,使阻尼力始终保持在一定限度之内,避免承受过大的冲击载荷造成损坏。

2. 双向作用筒式减振器

汽车悬架系统中,广泛采用筒式减振器,因其在压缩和伸张行程中均能起减振作用,又称为双向作用筒式减振器,如图 2-32 所示。

(1)构造。双向作用筒式减振器一般都具有四个阀,即压缩阀 6、伸张阀 4、流通阀 8 和补偿阀 7。流通阀和补偿阀是一般的止回阀,弹簧力很弱,当阀上的油压作用力与弹簧力同向时,阀处于关闭状态,完全不通液流;而当油压作用力与弹簧力反向时,只要有很小的油压,阀便能开启。压缩阀和伸张阀是卸载阀,其弹簧较强,预紧力较大,只有当油压增高到一定程度时,阀才能开启;而当油压降低到一定程度时,阀即自行关闭。

(2)工作原理。双向作用筒式减振器的工作过程分为压缩和伸张两个行程。

①压缩行程:当汽车车轮滚上凸起或滚出凹坑时,车轮移近车架(车身),减振器受压缩,活塞 3 下移。活塞下面的腔室(下腔)容积减小,油压升高,油液经流通阀 8 流到活塞上面的腔室(上腔)。由于上腔被活塞杆 1 占去一部分,上腔内增加的容积小于下腔减小的容积,故还有一部分油液推开压缩阀 6,流回储油缸 5。这些阀对油液的节流作用便造成对悬架压缩运动的阻尼力。

②伸张行程:当车轮滚进凹坑或滚离凸起时,车轮相对车身移开,减振器受拉伸。此时,减振器活塞向上移动,活塞上腔油压升高,流通阀 8 关闭。上腔内的油液便推开伸张阀 4 流入下腔。同样,由于活塞杆的存在,自上腔流来的油液还不足以充满下腔所增加的容积,下腔内产生一定的真空度,这时储油缸中的油液便推开补偿阀 7 流入下腔进行补充。此时,这些阀的节流作用即造成对悬架伸张运动的阻尼力。这些阀的节流就对悬架在伸张运动时起到阻尼作用。

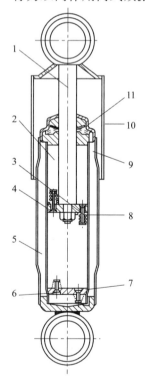

图 2-32 双作用筒式减振器
1-活塞杆;2-工作缸筒;3-活塞;4-伸张阀;5-储油缸筒;6-压缩阀;7-补偿阀;8-流通阀;9-导向座;10-防尘罩;11-油封

由于伸张阀弹簧的刚度和预紧力设计得大于压缩阀,在同样力的作用下,伸张阀及相应的常通缝隙通道的截面积总和小于压缩阀及相应常通缝隙通道的截面积总和,这使得减振器伸张行程产生的阻尼力大于压缩行程时产生的阻尼力,从而达到迅速减振的要求。

目前,有些车型的悬架系统采用充气式减振器和阻尼力可调式减振器。充气式减振器的缸筒上部装有一个浮动活塞,在浮动活塞和缸筒一端形成一个封闭气室,内部装有高压氮气。浮动活塞的下面是油液,活塞上装有大断面的O形密封圈,作用是把油和气完全隔开,工作活塞上装有压缩阀和伸张阀,两阀可随活塞运动速度的大小而自动改变通道截面积。由于油液的来回流动,产生阻尼力,从而达到衰减振动的目的。

3. 充气式减振器

充气式减振器的结构特点是,在缸筒的下部装有一个浮动活塞,高压的氮气充在浮动活塞与缸筒一端形成的密闭气室里。

充气式减振器与双向作用筒式减振器相比较,具有以下优点:采用浮动活塞而减少了一套阀门系统,使结构大为简化;由于减振器内充有高压气体,能减少车轮的高频振动,有助于消除噪声;工作缸和活塞直径比双筒式减振器大,能更可靠地保证产生足够的阻尼力;由于内部的高压气体和油液被浮动活塞隔开,消除了油乳化现象。缺点是对油封要求高;充气工艺复杂,不能修理;当缸筒受到外界物体的冲击而产生变形时,减振器就不能工作。

四、非独立悬架

1. 钢板弹簧式非独立悬架

在使用钢板弹簧为弹性元件的非独立悬架中,由于钢板弹簧是纵向布置,所以又称为纵置板簧式非独立悬架。悬架中部用两个U形螺栓3将钢板弹簧固定在车桥上,悬架前端为固定铰链,也称固定吊耳。它由钢板弹簧销钉15将钢板弹簧前端卷耳部与钢板弹簧前支架1连接在一起,为减小磨损,前端卷耳孔中装有减磨衬套。后端卷耳通过钢板弹簧吊耳销14与后端吊耳9和吊架相连,后端可以自由摆动,形成活动吊耳,从而保证弹簧变形时两卷耳中心线间的距离是变化的,如图2-33所示。

中型货车悬架在主钢板弹簧上加装副钢板弹簧,成为变刚度的钢板弹簧,如图2-34所示。在空载或装载质量不大的情况下,副簧不承受载荷,仅由主簧来承受。在重载或满载的情况下,车架相对车桥下移,使车架上的副簧滑板式支座与副簧接触,即主簧与副簧共同发挥作用,悬架刚度得到提高。这类悬架的特点是副簧逐渐随载荷增加到一定程度时而参与工作,由于悬架刚度变化较突然,对汽车行驶平顺性不利。

为改善汽车行驶的平顺性,一些轻型货车(南京依维柯)的后悬架将副钢板弹簧加装在主钢板弹簧下,成为渐变刚度的钢板弹簧,如图2-35所示。

主钢板及弹簧由较薄的钢板弹簧片组成,副钢板及弹簧由较厚的钢板弹簧片组成,用中心螺栓固定在一起。在小载荷的情况下,仅由主簧起作用,而当载荷增加到一定值时,副簧开始与主簧接触,悬架刚度得到提高,弹簧特性变为非线性的。当副簧全部参加工作后,弹簧特性又变成线性的。这类悬架的特点是副簧逐渐随载荷增加而参与工作,由于悬架刚度逐渐变化,从而提高了汽车行驶平顺性。

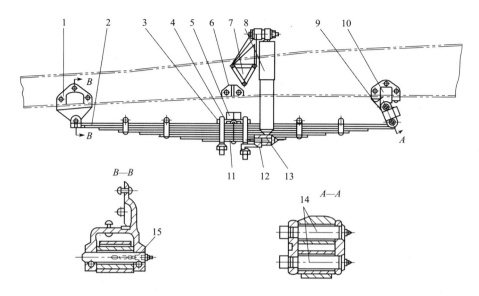

图 2-33 CA1091 汽车前悬架

1-钢板弹簧前支架;2-钢板弹簧前端;3-U 形螺栓;4-盖板;5-缓冲块;6-限位块;7-减振器上支架;8-减振器;9-吊耳;10-吊耳支架;11-中心螺栓;12-减振器下支架;13-减振器连接销;14-前板簧吊耳销;15-钢板弹簧销

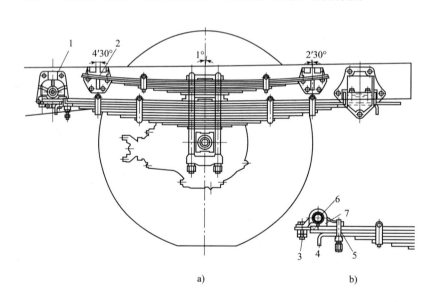

图 2-34 装副钢板弹簧的货车后悬架

1-主钢板弹簧前支架;2-副钢板弹簧托架;3-紧固螺栓;4-钢板弹簧;5-压板;6-U 形螺栓;7-钢板弹簧销

2. 螺旋弹簧非独立悬架

螺旋弹簧非独立悬架常用于轿车的后悬架,如桑塔纳、捷达、红旗轿车等。由于使用螺旋弹簧作为弹性元件,仅仅能承受垂直载荷。因此,其悬架系统需要安装导向装置和减振器。导向装置包括纵向推力杆和横向导向杆,纵向推力杆用以传递牵引力、制动力等纵向力及其力矩。横向导杆用以传递悬架系统的横向力。当后桥与车身之间的距离发生变化时,横向导杆也可绕其铰接点做上下横向摆动。两个减振器的上端铰接在车身支架上、下端铰接在车桥的支架上。

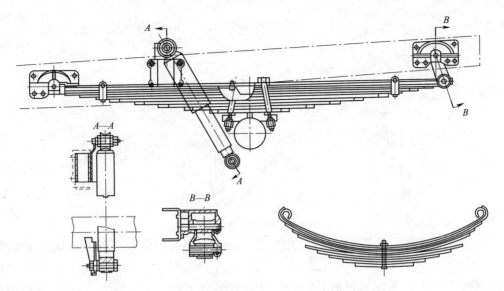

图 2-35 渐变刚度钢板弹簧后悬架

红旗 CA7220 轿车的后悬架，如图 2-36 所示。两个后轮用一根整体后轴 3 相连，纵向推力杆 1 的一端和车轴固定，另一端通过带橡胶衬套的孔和车身相连。橡胶衬套可在各个方向产生较小的变形来防止运动干涉。横向推力杆 5 用来传递车轴和车身之间的横向作用力及其力矩。加强杆 4 用来加强横向推力杆的安装强度，并使车身受力均匀。

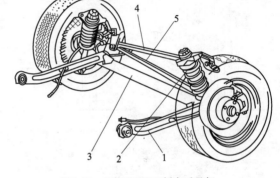

图 2-36 红旗 CA7220 轿车后悬架
1-纵向推力杆；2-螺旋弹簧；3-后轴；4-加强杆；5-横向推力杆

五、独立悬架

独立悬架广泛应用在现代汽车上，特别是轿车的转向轮普遍采用了独立悬架。独立悬架可以降低非悬架重量，车轮的方向稳定性良好，从而乘坐舒适性和操作稳定性高。在独立悬架系统中，弹簧只支撑车身，由于左右车轮之间没有车轴连接，地板和发动机的安装位置可以降低，这意味着车辆的重心降低，车厢和行李舱空间增大。但是结构复杂，制造成本高，维修不便。在一般情况下，车轮跳动时，由于车轮外倾角与轮距变化较大，轮胎磨损较严重。独立悬架中，多采用螺旋弹簧和扭杆弹簧作为弹性元件，钢板弹簧和其他形式的弹簧用得较少。

独立悬架的结构类型很多，主要可按车轮运动形式分成以下 4 类，如图 2-37 所示。

（1）车轮在汽车横向平面内摆动的悬架（横臂式独立悬架，图 2-37a）。

（2）车轮在汽车纵向平面内摆动的悬架（纵臂式独立悬架，图 2-37b）。

（3）车轮沿主销移动的悬架，其中包括：烛式悬架（图 2-37c）和麦弗逊式悬架（滑柱连杆式悬架，图 2-37d）。

（4）车轮在汽车的斜向平面内摆动的悬架（单斜臂式独立悬架，图 2-37e）。

1. 横臂式独立悬架

横臂式独立悬架分为单横臂式和双横臂式两种。

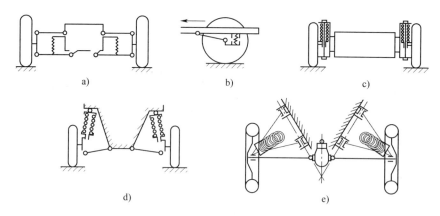

图 2-37 几种类型的独立悬架示意图

(1) 单横臂式独立悬架。单横臂式独立悬架的特点是,当悬架变形时,车轮平面倾斜而改变两侧车轮轮距,使轮胎相对于地面侧向滑移,破坏轮胎和地面的附着。它用于转向轮时,会使主销内倾角和车轮外倾角发生较大的变化,对于转向操纵有一定影响,故目前在前悬架中很少采用。

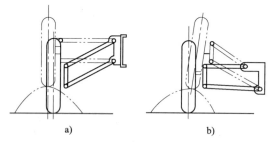

图 2-38 双横臂式独立悬架示意图
a) 两摆臂等长的悬架;b) 两摆臂不等长的悬架

(2) 双横臂式独立悬架。双横臂式独立悬架的两个摆臂长度可以相等,也可以不相等,如图 2-38 所示。在摆臂等长的独立悬架中(图 2-38a),当车轮上下跳动时,车轮平面没有倾斜,但轮距却发生了较大的变化,这将增加车轮侧向滑移。在摆臂不等长的独立悬架中(图 2-38b),如两臂长度选择适当,可以使车轮和主销的角度以及轮距的变化都不太大,由较软的轮胎变形来适应。

红旗 CA7560 型轿车的前轮采用不等长双横臂螺旋弹簧独立悬架,如图 2-39 所示。上摆臂 11、下摆臂 4 内端分别与车架横梁 16 通过铰链连接,其外端分别通过上球头销 14、下球头销 3 与转向节 9 相连。螺旋弹簧 5 和筒式减振器 6 上下端分别支承车架和下摆臂的支承盘。采用球头结构代替主销,为无主销式,上下球头销的连线相当于主销轴线。通过转动上摆臂轴 15 调整主销后倾角,前轮外倾角通过垫片 12 调整。主销内倾角和车轮外倾角由转向节结构确定。

2. 纵臂式独立悬架

(1) 单纵臂式独立悬架。单纵臂式独立悬架一般用于后轮。纵摆臂是一片宽而薄的钢板,一端与半轴套管铰接,另一端带有套筒,套筒通过花键与扭杆弹簧的外端相连,扭杆的内端固定在车架上,如图 2-40 所示。

(2) 双纵臂式独立悬架。双纵臂式独立悬架的两个纵臂长度一般相等,形成平行四连杆机构。在车轮上下跳动时,主销的后倾角保持不变,故这种形式的悬架适用于转向轮。

转向轮(前轮)的双纵臂扭杆弹簧独立悬架,如图 2-41 所示。转向节和两个等长的纵臂 1 铰链式连接。在车架的两根管式横梁 4 内都装有由若干层矩形断面的薄弹簧钢片叠成的扭杆弹簧 6。两根扭杆弹簧的内端用螺钉 5 固定在横梁 4 的中部,而外端则插入纵臂轴 2 的矩形孔内。纵臂轴用衬套 3 支承在管式横梁内。纵臂轴 2 和纵臂刚性相连。另一侧车轮的悬架与之完全相同而且对称。

3. 车轮沿主销移动的独立悬架

车轮沿主销移动的悬架目前大致可分为两种形式,一种是车轮沿固定不动的主销轴线移动的烛式悬架,另一种是车轮沿摆动的主销轴线移动的麦弗逊式悬架。

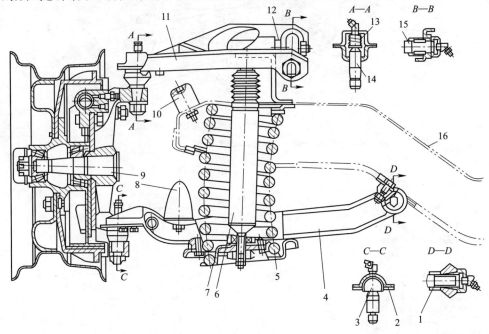

图 2-39　CA7560 型轿车前悬架

1-下摆臂轴;2-垫片;3-下球头销;4-下摆臂;5-螺旋弹簧;6-筒式减振器;7-橡胶垫圈;8-下缓冲块;9-转向节;10-上缓冲块;11-上摆臂;12-调整垫片;13-弹簧;14-上球头销;15-上摆臂轴;16-车架横梁

(1)烛式悬架。烛式独立悬架车轮的转向节沿着刚性固定在车架上的主销上下移动,如图 2-42 所示。当悬架变形时,主销的定位角不会发生变化,仅轮距、轴距稍有改变。因此有利于汽车的转向操纵和行驶稳定性。但是,侧向力全部由套在主销 5 上的长套筒 1 和主销承受,则套筒与主销之间的摩擦阻力大,磨损严重。因此,这种结构形式目前很少采用。

(2)麦弗逊式悬架。麦弗逊式悬架也称滑柱连杆式悬架,它由滑动立柱和横摆臂组成。该结构是烛式悬架的改进型,由于增加了横摆臂,改善了滑动立柱的受力状况。捷达轿车的麦弗逊式前独立悬架,如图 2-43 所示。

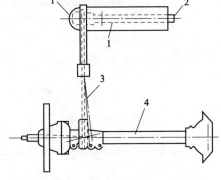

图 2-40　双横臂式独立悬架示意图

1-套筒;2-扭杆弹簧;3-纵摆臂;4-半轴套管

筒式减振器 7 为滑动立柱,横摆臂 12 的内端通过铰链 10 与车身相连,其外端通过球铰链 15 与转向节 8 相连。减振器的上端通过带轴承的隔振块总成 2(可看作减振器的上铰链点)与车身相连,减振器的下端与转向节相连。车轮所受的侧向力通过转向节大部分由横摆臂承受,其余部分由减振器活塞和活塞杆承受。因此,这种结构形式较烛式悬架在一定程度上减少了滑动摩擦和磨损。筒式减振器上铰链的中心与横摆臂外端球铰链中心的连线为主销轴线。此结构为无主销。当车轮上下跳动时,因减振器的下支点随横摆臂摆动,主销轴线的角度是变化的。说明车轮是沿着摆动的主销轴线而运动。因此,这种悬架在变形时,使得主销的定位角和轮距都有些变化。如果适当地调整杆系布置,可使车轮的这些定位参数变化极小。

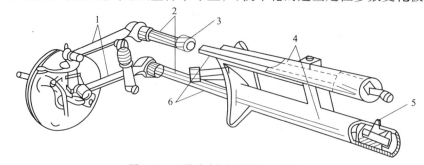

图2-41 双纵臂式扭杆弹簧独立悬架
1-纵臂;2-纵臂轴;3-衬套;4-横梁;5-螺钉;6-扭杆弹簧

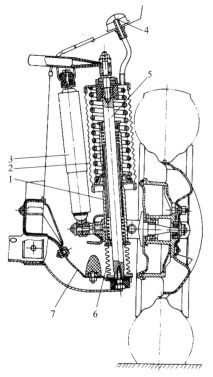

图2-42 烛式悬架
1-套筒;2、6-防尘罩;3-减振器;4-通气管;5-主销;7-车架

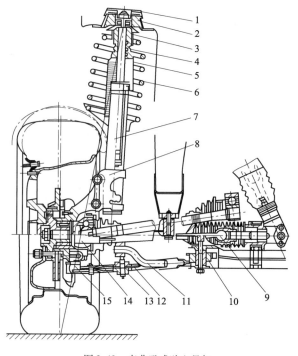

图2-43 麦弗逊式独立悬架
1-连接板总成(汽车翼子板);2-带轴承的隔振块总成;3-螺旋弹簧上托盘;4-前缓冲块;5-防尘罩;6-螺旋弹簧;7-筒式减振器;8-转向节;9-转向拉杆内铰链;10-横摆臂内铰链;11-横向稳定器;12-横摆臂;13-橡胶缓冲块;14-传动轴;15-横摆臂球铰链

该悬架的优点是增大了两前轮内侧的空间,便于发动机和其他一些部件的布置;其缺点是滑动立柱摩擦和磨损较大。为减少摩擦,通常是将螺旋弹簧中心线与滑柱中心线不重合布置,可将减振器导向座和活塞的摩擦表面用减磨材料制成,以减少磨损。麦弗逊式悬架是前置前驱动轿车和某些轻型客车首选的悬架结构形式,如图2-44所示。例如,国产的桑塔纳、高尔夫、奥迪100、红旗CA7220型以及富康等轿车也都采用此种结构形式。

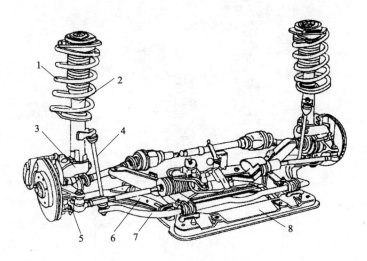

图 2-44 富康轿车前悬架
1-螺旋弹簧;2-筒式减振器;3-转向节;4-连接杆;5-球头销;6-下摆臂;7-横向稳定杆;8-前托架

六、横向稳定器

现代轿车的悬架一般都很软,在高速行驶中转向时,车身会产生很大的横向倾斜和横向振动。为减少这种横向倾斜,往往在悬架中添设横向稳定器,用得最多的是杆式横向稳定器。杆式横向稳定器在汽车上的安装,如图2-45所示。

当车身只做垂直移动而两侧悬架变形相等时,横向稳定杆在套筒内自由转动,横向稳定杆不起作用。当两侧悬架变形不等而车身相对于路面横向倾斜时,车架的一侧移近弹簧支座,稳定杆的该侧末端就相对于车架向上移,而车架的另一侧远离弹簧支座,相应稳定杆的末端则相对于车架向下移,然而在车身和车架倾斜时,横向稳定杆的中部对于车架并无相对运动。这样,在车身倾斜时,稳定杆两边的纵向部分向不同方向偏转,于是稳定杆便被扭转。弹性的稳定杆所产生的扭转内力矩就阻碍了悬架弹簧的变形,因而减小了车身的横向倾斜和横向角振动。

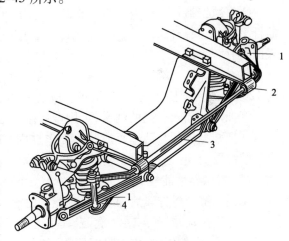

图 2-45 横向稳定器的安装
1-支杆;2-套筒;3-横向稳定杆;4-弹簧支座

任务实施

一、悬架的拆装

1. 减振器的拆装与性能检查

(1)减振器的拆卸。首先对减振器进行分解,分解的部件如图2-46所示。将各部件进行清洗、用压缩空气吹干并对其进行检修。

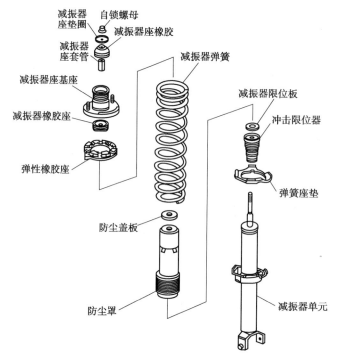

图 2-46 减振器分解图

(2)减振器的装配。

①将减振器杆上的各零件依次装上,装配前的油封内表面涂上润滑脂,把油封套在减振器杆上时,不要碰伤其刃口,最好先在杆上套一个锥形套,然后再装油封。装油封时,应将外表面具有圆角的一端朝向油缸,如图 2-47 所示。

②在工作缸一端的压力支承座总成处,检查隔片的位置是否正确,隔片距支承座的距离为 120mm,然后把工作缸与支承座总成装入储油缸内。

③加油。加入适当的油量,可用金属网将油液过滤,注意不要混入金属屑和棉纱丝。

④把减振器杆与活塞总成装入工作缸内,使导向座的止口套入工作缸,装好密封环(每次拆装都要更换),拧紧油缸螺母。

(3)减振器性能检查。

①储油缸螺母拧紧后,减振器应能自由滑动,不允许有发卡现象。

②往复拉动减振器 2~3 次,看其阻力是否恢复和有无缺油造成的空程;向上拉时,应感到阻力沉重;向下压时,应有较轻阻力;往复过程中,阻力应均匀,如图 2-48 所示。

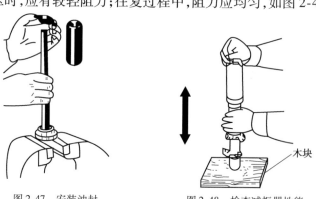

图 2-47 安装油封　　图 2-48 检查减振器性能

2. 前悬架的拆装

(1)拆卸(丰田威驰汽车为例)。

①拆下左右前悬吊加强梁。

②拆下右下前悬架臂总成。

③拆解前稳定杆。

④分解动力转向器总成。

⑤拆下前悬架横梁总成。

(2)安装。

与拆卸步骤相反。

二、悬架的检查

1. 车辆升起前的检查

(1)减振器减振力检查。在车前、车后,通过上下晃动车身确定减振器的减振力大小,并且检查车身停止晃动的时间。

(2)车辆倾斜检查。目视观察车辆是否倾斜。如果车辆倾斜,还需检查轮胎气压、左右车轮的尺寸以及车辆承载是否均匀。

2. 车辆升起后的检查

(1)减振器:检查减振器是否有凹痕、是否漏油,检查防尘套是否有裂纹或损坏。

(2)弹性元件:检查钢板弹簧或螺旋弹簧、扭杆弹簧等是否损坏。

(3)其他部位:检查悬架的其他部位,如摆臂、稳定杆、推力杆等是否损坏。

(4)检查连接情况:用手晃动悬架的主要元件,检查是否磨损或松动。最后用扭力扳手将螺母或螺栓按规定力矩紧固。

3. 减振器的检查

在车辆行驶过程中,如减振器发出异常的响声,则说明该减振器已损坏,必须更换。一般减振器是不进行修理的,如有很小的渗油现象,不必调换;如漏油较多,可通过拉伸和压缩减振器来检查渗油现象。漏出的减振器油不能再加入减振器内重新使用,漏油的减振器不能再使用。

4. 前悬架支柱总成的检查

在零件全部解体后,应进行清洗、检查,必要时测量。如有下列情况,必须更换新件:

(1)制动盘工作面严重磨损,超出规定,或表面出现裂纹。

(2)挡泥板严重扭曲变形。

(3)轮毂花键松旷,磨损严重。

(4)弹簧挡圈失效。

(5)车轮轴承损坏。

(6)前悬架支柱件任何一条焊缝出现裂纹或严重变形。

三、悬架常见故障诊断

1. 非独立悬架系统常见故障

(1)车身倾斜。

①故障现象。汽车停放在平坦路面上,车身横向或纵向歪斜,汽车行驶中方向自动

跑偏。

②故障原因。钢板弹簧、螺旋弹簧断裂;弹簧弹力下降;弹簧刚度不一致;U形螺栓松动。

③故障诊断与排除。车身横向歪斜,通常是由弹簧折断、弹性减弱以及钢板销、衬套和吊耳磨损过大等引起的;若车身歪斜,且汽车行驶中跑偏,则多属某侧前钢板弹簧或螺旋弹簧不良使前桥移位所致,应检查钢板弹簧是否折断或螺旋弹簧弹力是否下降;如钢板销、衬套和吊耳磨损过大,除上述现象外,还可能造成汽车行驶摆振;若车身纵向歪斜,则多属某侧后钢板弹簧或螺旋弹簧不良使后桥移位所致,可测量两侧轮距是否一致,不一致则表明车桥移位。

(2)异响。

①故障现象。汽车行驶过程中,特别是在道路颠簸、突然制动、转弯时从悬架部位发出噪声。

②故障原因。减振器漏油,造成油量不足;活塞与缸筒磨损,配合松旷;连接部位脱落;铰链点磨损、松旷;橡胶衬套磨损、老化或损坏;弹簧折断。

③故障诊断与排除。首先应检查悬架与车架或车桥的连接部位,看是否存在脱落,其胶垫是否损坏或松旷。如良好,用手按下保险杠,放松后如汽车有2～3次跳跃,说明减振器良好,可路试减振器效能。当汽车缓慢行驶并不断制动减速时车身跳动剧烈,或行驶一段路程后,减振器外壳温度高于其他部位,均说明减振器工作不正常,应予以更换。

2. 独立悬架总成常见故障

(1)种类。

①异响,尤其在不平路面上转弯时。

②车身倾斜,汽车在转弯时车身过度倾斜等。

③前轮定位参数改变。

④轮胎异常磨损。

⑤车辆摆振及行驶不稳。

车身倾斜或异响的故障现象或原因基本类同于非独立悬架,前轮的异常磨损与车架、车轮、悬架等系统的技术状况变坏有关,与悬架相关的是悬架磨损后因配合间隙变大而使前轮定位参数改变所致。

(2)原因。螺旋弹簧弹力不足;稳定杆变形;上下摆臂变形;各铰接点磨损、松旷。

当汽车产生上述现象时,应对悬架系统进行仔细检查,这样即可发现故障部位及原因。

3. 减振器的常见故障

减振器的常见故障为衬套磨损和泄漏;衬套磨损后,因松旷易发出响声。减振器轻微的油液泄漏是允许的,但泄漏过多会使减振器失去减振作用。减振器损坏时应直接更换。

四、悬架的耗损与维护

1. 非独立悬架的耗损与维护

非独立悬架的耗损主要有钢板弹簧弹力衰退,断片和减振器失效。除增加汽车零件的冲击载荷、破坏汽车的减振性能之外,还会产生"前轮定位效应",影响汽车的操纵性能、制动过程中方向的稳定性,加剧轮胎的磨耗。

(1)钢板弹簧的耗损与维护。造成钢板弹簧断片的原因除结构上形成的卷耳过渡处等部位应力集中外,与钢板热处理品质也有关系。另外,钢板弹簧定位卡缺少或固定不好,甚至形成半散片,破坏了各片的应力的合理分配,造成局部应力集中而使整架钢板弹簧弹力减退,也会由此而引起两侧钢板弹簧弹力差异过大。钢板弹簧中心螺栓或U形固定螺栓紧固力矩不符合原厂规定,会造成逐片断裂。假若U形紧固螺栓过紧,中心螺栓固定力矩不足,应力集中断面就会集中移至U形螺栓压紧线的断面上,由此而疲劳断裂。若U形螺栓固定过松,而中心螺栓固定力矩过大,应力集中又会移至中心螺栓孔横向轴线的断面上。此断面因中心孔使截面本来就小,因此会引起逐片疲劳断裂。最终导致整架钢板弹簧断裂。

相当多的汽车在维修时,向钢板弹簧片间涂抹石墨润滑脂,来减小钢板弹簧工作层片间的摩擦系数,降低片间的摩擦温度。因钢板弹簧含碳量高,淬火临界冷却速度小。而由于工作时各片的伸长量不一,片间因摩擦若产生高摩擦热,使表面工作温度过高,就很容易产生烧灼淬硬组层,就是可看到的那种硬疤,也会引起应力集中导致断片。

钢板弹簧日常维护作业是检查紧固U形紧固螺栓。紧固力矩必须符合原厂规定,绝非越紧越好。按时向钢板弹簧销加注润滑脂。若发现断片,钢板弹簧固定卡、隔套、卡子螺栓缺少时,应及时进行小修。二级维护时,拆检钢板弹簧,并向片间涂抹石墨润滑脂。钢板弹簧禁止加片。

(2)减振器的耗损与维护。减振器主要的耗损是缺少减振油和减振器失效。行车中可用手摸减振器外壳,如果不发热说明减振器失效。

2. 独立悬架的耗损与维护

独立悬架的结构复杂,其主要耗损是转向节及其支撑、定位杆系的铰销磨损过大,杆系变形、裂纹,悬架弹簧弹力衰退、断裂;减振器失效;橡胶消音垫损坏、润滑不良等。会引起前轮摆动、车轮反向垂直跳动、汽车舒适性变差、转弯时车身倾斜严重、噪声过大等故障。

维护作业一般是加注润滑脂,检查杆系零件与弹簧有无断裂,检查减振消音橡胶零件的磨耗状况或更换,调整各铰接部位及其他配合部位的间隙等。多数情况下与调整前轮定位合并进行。

任务工作单

学习情境二:轮胎磨损异常故障检修 工作任务二:悬架的拆装、检查与维护	班级			
	姓名		学号	
	日期		评分	
一、工作单内容 分组拆装桑塔纳2000轿车的前后悬架,并对悬架的技术状况进行检查和维护操作。 二、准备工作 说明:每位学生应在工作任务实施前独立完成准备工作。 1.指出图示悬架指定部分的名称,填写在相应的序号线内。				

1-_____;2-_____;3-_____;
4-_____;5-_____

2. 悬架由弹性元件、减振元件、传力机构或称导向机构和横向稳定器组成,其中弹性元件起_____作用;减振元件_____作用;传力机构或称导向机构起_____作用;横向稳定器防止车身产生过大_____。

3. 汽车悬架按悬架系统结构不同,分为_____和_____。

4. 汽车上非独立悬架常用的弹性元件包括_____、_____、和_____等。

5. 阐述汽车独立悬架的特点。

6. 指出图示减振器各部分的名称,填写在对应的序号线内。

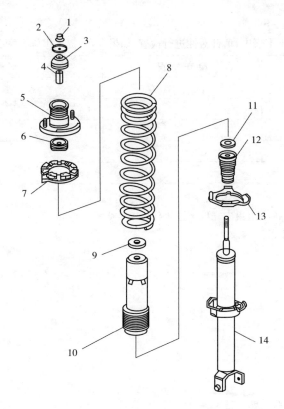

1-_____;2-_____;3-_____;4-_____;
5-_____;6-_____;7-_____;8-_____;
9-_____;10-_____;11-_____;12-_____;
13-_____;14-_____

三、任务实施

桑塔纳轿车采用的是麦弗逊式独立悬架,增设了横向稳定器。按照先拆卸,再检查,后安装的顺序操作。

1. 悬架的拆卸
2. 悬架的检查

主要检查悬架的下摆臂和球头,将检查情况记录表格中。

检查项目	检查内容	检查结果	处理意见
下摆臂	是否有碰撞、敲击痕迹、变形现象		
橡胶衬套	是否有偏差、断裂、老化现象		
球头销	是否有卡滞、助力过大现象		
球头壳与球头销	是否有明显的检修松旷现象		
球头橡胶防护罩	是否有老化、破裂现象		
横向稳定器	是否有裂纹、变形和损伤		
螺旋弹簧	弹力是否符合要求、有无裂纹现象		
减振器	是否失效、漏油等现象		

3. 悬架的安装

与拆卸顺序相反。

4. 悬架故障的检修

独立悬架常见的故障列于下表中,请针对性进行检查,如果存在,提出维修方案。

常 见 故 障	检 查 情 况	维 修 方 案
异响		
车身歪斜		
前轮定位角改变		
轮胎异常磨损		
车辆摆振及行驶不稳		

四、工作小结

通过此工作任务的实施,各小组集中完成下述工作。

1. 分析检查悬架故障产生的原因。

2. 拆装悬架时,要注意哪些问题?

3. 你认为本次实训是否达到预期目的,还有什么好的意见和建议?

工作任务三 轮胎异常磨损故障检修

1.应知应会

通过本工作任务的学习与具体实施,学生应学会下列知识:

(1)熟悉车轮常见故障的故障现象及原因。

(2)熟悉轮胎异常磨损故障的故障现象及原因。

应该掌握下列技能:

(1)会检修汽车车轮常见故障。

(2)会检修汽车轮胎异常磨损故障。

2.学习要求

(1)在每个工作任务的学习过程中,完成相关任务工作单的填写,并通过课程网络及时提交给相关教师。任务工作单提交方法详见课程网站。

(2)在每个学习情境实施阶段的中期或后期,按要求填写检修工作单。学习结束后,按要求填写学生考核记录表,进行自我评价后交小组长,小组长评价后连同检修工作单统一交教师。

(3)每个情境学习到评价环节时,个人进行任务完成情况的评估。教师对小组抽查,被抽查的个人上台进行讲评。

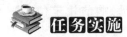

一、车轮常见故障检修

1.故障类型

车轮常见故障为轮毂轴承过松或过紧。

2.故障现象

(1)轮毂轴承过松,会造成车轮摆振及行驶不稳,严重时还能将车轮甩出。

(2)轮毂轴承过紧,会造成汽车行驶跑偏,会使汽车经过一段行驶后,轮毂处温度明显上升,有时甚至使润滑脂溶化而容易甩入制动鼓内,使制动性能下降。全部轮毂轴承过紧时,会使汽车滑行距离明显下降。

3.故障诊断与排除

轮毂轴承过松或过紧必须立即修理,通过调整轮毂轴承的预紧度即可解决。

二、轮胎异常磨损故障检修

1.胎肩或胎面中间磨损

(1)故障现象。轮胎的胎肩和胎面出现了磨损,如图2-49所示。

(2)产生原因。

①集中在胎肩上或胎面中间的磨损,主要是由于未能正确保持充气压力所致。

②如果轮胎充气压力过低,轮胎的中间便会凹入,将载荷转移到胎肩上,使胎肩磨损快

于胎面中间。

③如果充气压力过高，轮胎中间便会凸出，承受较大的载荷，使轮胎中间磨损快于胎肩。

图 2-49　胎肩或胎面的磨损

（3）故障诊断与排除。

①检查是否超载。

②检查充气压力。如果充气过量或充气不足，应调整充气压力。

③调换轮胎位置。

2. 内侧或外侧磨损

（1）故障现象。轮胎的内侧或外侧磨损大于其他一侧，如图 2-50 所示。

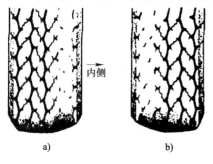

图 2-50　单侧磨损
a）内侧磨损；b）外侧磨损

（2）产生原因。

①在过高的车速下转弯会造成转弯磨损。转弯时轮胎滑动，便产生了斜形磨损。

②悬架部件变形或间隙过大，会影响前轮定位，造成不正常的轮胎磨损。

③外倾角不正确。

（3）故障诊断与排除。

①转弯时降低车速。

②检查悬架部件。如松动，则将其紧固；如变形和磨损，应修理或更换。

③检查外倾角。如不正常，应校正。

④调换轮胎位置。

3. 前束磨损和后束磨

胎面的羽状磨损，主要是由于前束调节不当所致，过量的前束，会迫使轮胎向外滑动，并使胎面的接触面在路面上朝内拖动，造成前束磨损，胎面呈明显的羽毛形。用手指从轮胎的内侧至外侧划过胎面，便可加以辨别，如图 2-51 所示。

另一方面，过量的后束，会将轮胎向内拉动，并使胎面的接触面在路面上朝外拖动，造成后束磨损。

4. 前端和后端磨损

前端和后端磨损是一种局部磨损，常常出现在具有横向花纹和区间花纹的轮胎上，胎面上的区间发生斜向磨损（与鞋跟的磨损方式相同），最终变成锯齿状。如车辆经常在硬路道路上行驶，轮胎便会磨损较快。这是由于轮胎向上转动并离开硬面路时，胎面区间在刹那间打滑所致（由于硬面路很坚硬，当胎面区间试图压向地面时，道路硬而不凹陷），因此最后离开路面的胎面区间部分受到较大的磨损,如图 2-52 所示。

具有纵向花纹的胎面,磨损时会产生波状花纹。

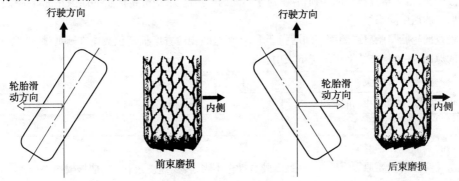

图 2-51　前束磨损和后束磨损

非驱动轮的轮胎只受制动力的影响,而不受驱动力的影响,因此往往会有前后端形式的磨损,如反复使用和放开制动器,便会使轮胎每次发生短距离滑动而磨损,前后端磨损的形式便与这种磨损相似。

另一方面,如果是驱动轮的轮胎,则驱动力所造成的磨损,会在制动力所造成的磨损的相反方向上出现,所以驱动轮轮胎极少出现前后端磨损。大客车和大货车,由于制动时产生了很大的摩擦力,故具有横向花纹的轮胎,便会出现与非驱动轮相似的前后端磨损。

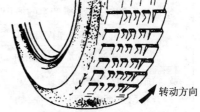

图 2-52　前端和后端磨损

 任务工作单

学习情境二:轮胎磨损异常故障检修 工作任务三:轮胎异常磨损故障检修	班级	
	姓名	学号
	日期	评分

一、工作单内容

检查丰田卡罗拉轿车,驾驶员反映经常出现轮胎磨损异常故障,找出故障的原因和部位,并进行排除。

二、准备工作

说明:每位学生应在工作任务实施前独立完成准备工作。

1. 说明造成车轮轮毂轴承过松或过紧的原因。

2. 阐述轮胎胎肩或胎面中间磨损产生的主要原因和排除方法。

3. 阐述轮胎内侧或外侧磨损产生的主要原因和排除方法。

三、任务实施

顶起故障车,实车检查车轮的磨损情况,对于不同的磨损情况,应分析产生的原因并进行排除。

1. 胎肩或胎面中间磨损

如果检查的轮胎是胎肩或胎面中间磨损严重,还要进一步检查磨损部位集中在哪些地方,从而确定产生故障的原因,并将检查结果记录于下表中。

故 障 现 象	产 生 的 原 因	修 理 方 案
集中在胎肩或胎面中间的磨损		
中间磨损快于胎肩		

2. 轮胎的内侧或外侧磨损

产生这种磨损的主要原因有三个,一是驾驶员操作不当,转变速度过快;二是悬架部件产生变形,影响前轮定位;三是前轮的外倾角不正确。

实车检查,如果发现轮胎胎面的某一侧磨损快于另一侧,则产生的原因应该是:
□ 驾驶员操作不当　　□ 悬架部件产生变形　　□ 前轮外倾角不正确

根据检查的结果,分析产生的原因。

轮胎的外侧磨损大于内侧磨损	□ 具有正的外倾角	□ 驾驶员操作不当
轮胎的内侧磨损大于外侧磨损	□ 具有正的外倾角	□ 具有负的外倾角

3. 轮胎胎面产生羽状磨损

检查轮胎是否产生羽状磨损,如果有,则分析产生的原因,并提出处理方案。

故 障 现 象	产 生 的 原 因	修 理 方 案
前束磨损		
后束磨损		

4. 轮胎斑状磨损(环状槽形磨损)

轮胎出现环状磨损的主要原因是车辆在高速公路上行驶,其特点是在胎面上出现一处或多处的环状凹陷。仔细检查轮胎,是否出现环状磨损现象,如果有,将检查结果记录于下表中,并分析产生故障的原因,提出修理方案。

故 障 现 象	产 生 的 原 因	修 理 方 案
某些特定的点出现斑点		
轮胎沿圆周方向出现斑点		

四、工作小结

通过此工作任务的实施,各小组集中完成下述工作。

1. 轮胎常见的故障主要哪些?原因主要是什么?

2. 对于本次工作任务,你还有哪些好的建议和意见?

学习情境三 汽车转向不灵故障检修

情境概述

本学习情境主要讲授汽车机械转向系统的组成、类型和工作原理,讲授各种转向器的结构、工作原理和零部件的拆装检测方法;转向操纵与传动机构的功用、基本组成、工作原理和零部件的拆装检测方法;机械转向系统常见故障的诊断与排除。根据岗位职业能力的要求,本情境共安排三个真实的工作任务。

一、职业能力分析

通过本情境的学习,期望达到下列目标。

1. 专业能力

(1)会进行机械式转向系统主要零部件的拆装与调整工作。
(2)能检查判断机械转向系统主要零部件的技术状况与性能。
(3)会对机械式转向系常见故障进行检修。

2. 社会能力

(1)通过分组活动,培养团队协作能力。
(2)通过规范文明操作,培养良好的职业道德和安全环保意识。
(3)通过小组讨论、上台演讲评述,培养与客户的沟通能力。

3. 方法能力

(1)通过查阅资料、文献,培养个人自学能力和获取信息能力。
(2)通过情境化的工作任务活动,掌握解决实际问题的能力。
(3)填写任务工作单,制订工作计划,培养工作方法能力。
(4)能独立使用各种媒体完成学习任务。

二、学习情境描述

维修业务接待员接到客户一辆轿车后,递交给学员一个维修任务,要求检查并排除该车转向不灵故障,制订计划,修复此故障。把故障信息和修复情况告知客户,得到客户的确认,提交一份分析报告并归档。

三、教学环境要求

本学习情境要求,在理实一体化专业教室和专业实训室完成。要求配备不同转向器的轿车四辆、汽车举升工位四个、四轮定位仪一台、车轮动平衡仪一台、各种拆装工具四套。同时,提供相关车辆的汽车维修手册、使用说明书;可以用于资料查询的电脑、任务工作单、多媒体教学设备、课件和视频教学资料等。

学生分成四个小组,各组独立完成相关的工作任务,并在教学完成后提交任务工作单。

工作任务一　转向器的拆装、检查与调整

1. 应知应会

通过本工作任务的学习与具体实施,学生应学会下列知识:

(1)熟悉转向器的功用、类型以及基本组成。

(2)熟悉转向器的工作原理。

应该掌握下列技能:

(1)会对转向器进行拆装。

(2)会对转向器进行检查、调整以及检修。

2. 学习要求

(1)在每个工作任务的学习过程中,完成相关任务工作单的填写,并通过课程网络及时提交给相关教师。任务工作单提交方法详见课程网站。

(2)在每个学习情境实施阶段的中期或后期,按要求填写检修工作单。学习结束后,按要求填写学生考核记录表,进行自我评价后交小组长,小组长评价后连同检修工作单统一交教师。

(3)每个情境学习到评价环节时,个人进行任务完成情况的评估。教师对小组抽查,被抽查的个人上台进行讲评。

一、转向系概述

汽车在行驶过程中,经常需要改变行驶方向。汽车上用来改变或恢复其行驶方向的专设机构称为汽车转向系。汽车转向系是将驾驶员的转向意图传递给汽车行驶系的重要输入装置。

1. 转向系的功用

汽车转向系的功用是改变和保持汽车的行驶方向。汽车在行驶过程中,当需要改变汽车的行驶方向(转向)时,驾驶员通过转向系使汽车转向桥(一般是前桥)上的转向轮相对于汽车纵轴线偏转一定的角度,从而使汽车实现转向,直到新的行驶方向符合驾驶员的意图时,再将转向轮恢复到直线行驶位置。

汽车转向系按转向能源的不同分为机械转向系和动力转向系两大类。尽管现代汽车转向系的结构形式多种多样,但都是由转向操纵机构、转向器和转向传动机构三大部分组成的。

2. 机械转向系的基本结构

机械转向系是以驾驶员的体力(手力)作为转向能源的转向系,其中所有传力件都是机械的,如图3-1所示。

汽车转向时,驾驶员转动转向盘1,通过转向轴2、万向节3和转向传动轴4,将转向力矩输入给转向器5。从转向盘1到转向传动轴4这一系列部件和零件属于转向操纵机构。转

向器 5 中有 1~2 级传动副,经转向器减速后的运动和增大后的转矩传递给转向摇臂 6,再通过转向直拉杆 7 传给固定于左转向节 9 上的转向节臂 8,使左转向节及装于其上的左转向轮绕主销偏转。同时,左梯形臂 10 经转向横拉杆 11 和右梯形臂 12 使右转向节 13 与右转向轮绕主销同向偏转相应的角度。转向摇臂 6、转向直拉杆 7、转向节臂 8、梯形臂 10、12 和转向横拉杆 11 称为转向传动机构。梯形臂 10、12 以及转向横拉杆 11 和前轴构成转向梯形机构,其作用是在汽车转向时,使内外转向轮按一定的规律进行偏转,实现汽车的转向。

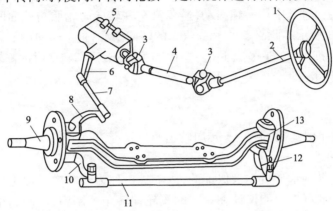

图 3-1　汽车机械转向系

1-转向盘;2-转向轴;3-万向节;4-转向传动轴;5-转向器;6-转向摇臂;7-转向直拉杆;8-转向节臂;9-左转向节;10、12-梯形臂;11-转向横拉杆;13-右转向节

包括我国在内的大多数国家都规定车辆靠右侧通行,相应地将转向盘置于驾驶室左侧。这样,驾驶员左方视野较广阔,有利于车辆安全交会。

3. 动力转向系的基本结构

动力转向系是兼用驾驶员体力和发动机动力作为转向能源的转向系。动力转向系是在机械转向系的基础上加设一套转向加力装置而构成的,如图 3-2 所示。转向加力装置由转向油罐 2、动力转向泵 5、动力转向器总成 13 和高压油管、回油管等组成。

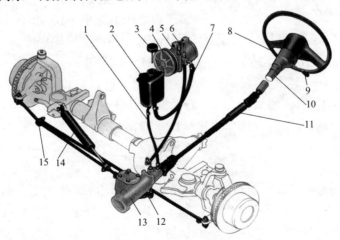

图 3-2　汽车动力转向系

1-回油管;2-转向油罐;3-转向油罐盖;4-动力转向泵皮带轮;5-动力转向泵;6-高压油管;7-油罐至泵的连接油管;8-转向盘;9-综合开关操纵杆;10-转向管柱;11-中间轴总成;12-转向摇臂;13-动力转向器总成;14-转向减振器;15-转向拉杆和横拉杆总成

— 79 —

动力转向泵 5 由发动机驱动,以产生高压油。驾驶员向左转动转向盘时,转向摇臂 12 摆动,通过转向拉杆和横拉杆总成 15 使转向节向左偏转。与此同时,转向器输入轴还带动转向器内部的转向控制阀转动,使转向动力缸产生液压作用力,帮助驾驶员操纵转向。驾驶员操纵动力式转向机构所需转矩比操纵机械式转向机构小得多。

4. 转向轮的运动规律

(1)转向中心和转弯半径。汽车在转弯时,要求各车轮的轴线都应相交于一点,这样才能保证各车轮在转向过程中均做纯滚动,避免汽车在转向时轮胎与地面间产生滑动而加剧轮胎磨损,如图 3-3 所示。此交点 O 称为汽车的转向中心,这个转向中心随前轮转角的变化而变化,因此也称为瞬时转向中心(瞬心)。由图可看出,汽车转向时内侧转向轮偏转角 β 大于外侧转向轮偏转角 α,两者的关系是:

$$\cot\alpha = \cot\beta + \left(\frac{B}{L}\right)$$

式中:B——两侧主销中心距(略小于转向轮轮距);
L——汽车轴距。

这一关系是由转向梯形机构来保证的,故上式也称为转向梯形理论特性关系式。但汽车转向梯形的设计实际上只能保证在一定的车轮偏转角范围内,使两侧车轮偏转角大体上接近以上关系式。

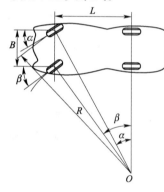

图 3-3 汽车转向示意图

从转向中心 O 到外侧转向轮与地面接触点的距离 R 称为汽车转弯半径。转弯半径 R 越小,则汽车转向所需场地就越小,汽车的机动性也越好。从图 3-3 可以看出,当外侧转向轮偏转角达到最大值 α_{max} 时,转弯半径 R 为最小。

(2)转向系角传动比及对汽车转向的影响。转向盘转角与同侧转向轮偏转角的比值,称为转向系角传动比,用 i_w 表示。转向盘转角与转向摇臂摆角之比称为转向器角传动比 i_1;转向摇臂摆角与同侧的转向轮偏转角之比称为转向传动机构角传动比 i_2。显然,三者之间的关系是:$i_w = i_1 \cdot i_2$。

现代汽车结构中,转向传动机构角传动比 i_2 近似为 1(一般为 0.85~1.1),因此转向系角传动比 i_w 主要取决于转向器角传动比 i_1。

转向系角传动比 i_w 越大,驾驶员操纵转向盘就越省力,但转向操纵不够灵敏,即为了得到一定的转向轮偏转角,需增加转向盘的转动量。所以选取 i_w 时,应适当兼顾转向操纵轻便和灵敏两方面的要求,一般载货汽车的 i_1 为 16~32,轿车的 i_1 为 12~20。

二、转向器

转向器的作用是将驾驶员加在转向盘上的转矩放大、降速并改变力的方向后,传给转向传动机构。

转向器的种类较多,按其啮合传动副的结构形式可分为齿轮齿条式、循环球式和蜗杆曲柄指销式等几种。

转向器按其作用力的传递情况可分为可逆式、不可逆式和半可逆式三种类型。当作用力从转向盘传到转向摇臂时称为正向传动,相应的传动效率称为正传动效率;反之,转向摇臂所受到的道路冲击传到转向盘,称为逆向传动,相应的传动效率称为逆传动效率。正、逆传动效率都很高的转向器称为可逆式转向器;正传动效率很高,但逆传动效率极低甚至为零的转向器称为不可逆式转向器;逆传动效率略大于不可逆传动效率的称为极限可逆式转向器。

可逆式转向器有利于汽车转向结束后,转向轮和转向盘自动回正,但也容易将坏路面对车轮的冲击力传到转向盘,出现"打手"现象。经常在良好路面上行驶的汽车多采用可逆式转向器。不可逆式转向器不会使不平道路对转向轮的冲击载荷传到转向盘上,但转向轮与转向盘无自动回正作用,而且还使驾驶员无法由转向盘来感受地面对转向轮的作用力,即丧失"路感",无法据以调整转向力矩。现代汽车一般不采用不可逆式转向器。极限可逆式转向器使驾驶员有一定的路感,转向轮也可以实现自动回正,而且路面冲击力只有在很大时才能部分地传给转向盘,多用于中型以上越野汽车和自卸汽车。

由于转向系各机件之间都会有一定的装配间隙,这些间隙还会随着机件的磨损而增大,所以在汽车直行时,若转动转向盘,必须在消除这些间隙并克服机件的弹性变形后,车轮才开始偏转,即转向盘有一空转过程。转向盘为消除间隙、克服弹性变形所转过的角度称为转向盘自由行程。转向盘自由行程对于缓和路面冲击及避免驾驶员过度紧张是有利的,但过大的自由行程会影响转向灵敏性。一般规定,转向盘从直行中间位置向左或向右转动的自由行程在10°~15°。当零件磨损使转向盘的自由行程超过25°~30°时,则必须进行调整。通常是通过调整转向器传动副的啮合间隙,来调整转向盘的自由行程。

1. 齿轮齿条式转向器

齿轮齿条式转向器分两端输出式和中间(或单端)输出式两种。

(1)两端输出式齿轮齿条转向器的基本结构。图3-4为两端输出式齿轮齿条式转向器。转向器壳体5用螺栓固定在车身(车架)上。作为传动副主动件的转向齿轮轴11通过轴承12和13安装在转向器壳体5中,其上端通过花键与万向节叉10和转向轴相连。与转向齿轮相啮合的转向齿条4水平布置,两端通过球头座3与转向横拉杆1相连。压紧弹簧7通过压块9将齿条4压靠在转向齿轮上,以保证二者无间隙啮合。弹簧7的预紧力可用调整螺塞6来调整。

转动转向盘时,转向齿轮轴11转动,与转向齿轮相啮合的转向齿条4轴向移动,从而使左右转向横拉杆带动转向节转动,使转向轮偏转,实现汽车转向。

(2)中间输出式齿轮齿条转向器的基本结构。中间输出的齿轮齿条式转向器如图3-5所示,其结构及工作原理与两端输出的齿轮齿条式转向器基本相同,不同之处在于它在转向齿条的中部用螺栓6与左右转向横拉杆7相连。在中间输出的齿轮齿条式转向器上,齿条的一端通过内外托架与转向横拉杆相连。

齿轮齿条式转向器结构简单,传动效率高,操纵轻便,重量轻。由于不需要转向摇臂和转向直拉杆,使转向传动机构得以简化。齿轮齿条式转向器在前轮为独立悬架的轿车和轻型、微型载货汽车上得以广泛应用,如奥迪、桑塔纳等轿车,南京依维柯等轻型载货汽车、天津TJ1010型等微型载货汽车均采用齿轮齿条式转向器。

2. 循环球式转向器

循环球式转向器如图3-6所示,它有两级传动副,第一级传动副是转向螺杆23和转向螺母3。螺母3的下平面加工成齿条,与摇臂轴14内侧的齿扇相啮合,构成齿条齿扇第二级传动副。

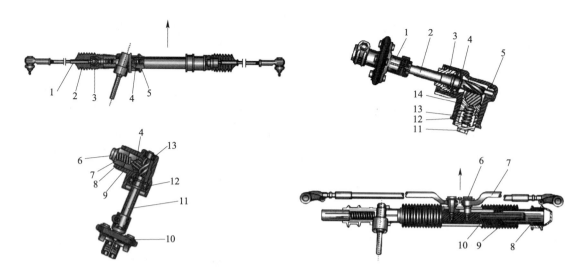

图 3-4 两端输出的齿轮齿条式转向器
1-转向横拉杆;2-防尘套;3-球头座;4-转向齿条;5-转向器壳体;6-调整螺塞;7-压紧弹簧;8-锁紧螺母;9-压块;10-万向节叉;11-转向齿轮轴;12-向心球轴承;13-滚珠轴承

图 3-5 中间输出的齿轮齿条式转向器
1-万向节叉;2-转向齿轮轴;3-调整螺母;4-向心球轴承;5-滚针轴承;6-固定螺栓;7-转向横拉杆;8-转向器壳体;9-防尘套;10-转向齿条;11-调整螺塞;12-锁紧螺母;13-压紧弹簧;14-压块

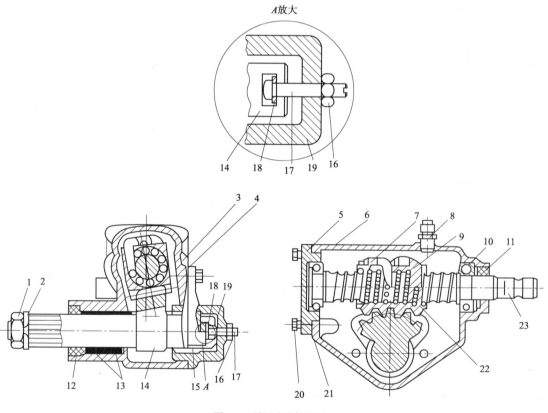

图 3-6 循环球式转向器
1-螺母;2-弹簧垫圈;3-转向螺母;4-转向器壳体垫片;5-转向器壳体底盖;6-转向器壳体;7-导管夹;8-加油螺塞;9-钢球导管;10-球轴承;11、12-油封;13、15-滚针轴承;14-齿扇轴(摇臂轴);16-锁紧螺母;17-调整螺钉;18、21-调整垫片;19-侧盖;20-螺栓;22-钢球;23-转向螺杆

转向螺杆23支承在两个推力球轴承10上，轴承预紧度可用调整垫片21调整。转向螺杆23和螺母3的螺纹不直接接触，而是作为钢球的内外滚道，其间装有许多钢球22，以实现滚动摩擦。螺母侧面有两对通孔，可从此孔将钢球塞入螺旋通道内。螺母外有两根钢球导管9，其两端分别插入螺母侧面的一对通孔中，导管内也装满钢球。这样，两根导管和螺母内的螺旋通道组合成两条各自独立的封闭的钢球"流道"。当转动转向螺杆时，通过钢球将力传给转向螺母，使螺母沿螺杆23轴向移动。同时，所有钢球在螺杆和螺母之间的螺旋通道内滚动，绕行两周后，流出螺母面进入导管的一端，再由导管的另一端流回螺母内。故在转向器工作时，两列钢球只在各自的封闭流道内循环流动，而不会脱出。

转向螺母3下平面加工出的齿条是倾斜的，与之相啮合的是变齿厚齿扇。只要使齿扇轴14相对于齿条做轴向移动，便可调整二者的啮合间隙。调整螺钉17旋装在侧盖19上。齿扇轴14靠近齿扇的端部切有T形槽，螺钉17的圆柱形端头嵌入此切槽中，端头与T形槽的间隙用调整垫圈18来调整。拧入螺钉17，则齿条与齿扇的啮合间隙减小；拧出螺钉则啮合间隙增大。调整好后，用锁紧螺母16锁紧。转向器的第一级传动副（转向螺杆—转向螺母）因结构所限，不能进行啮合间隙的调整，零件磨损严重时，只能更换零件。

循环球式转向器传动效率高（正效率最高可达90%～95%），故操纵轻便，转向结束后自动回正能力强，使用寿命长。但因其逆效率也很高，故容易将路面冲击传给转向盘而产生"打手"现象。不过，对于较轻型的、前轴载荷不大而又经常在好路面上行驶的汽车而言，这个缺点影响不大。因此，循环球式转向器广泛用于各类各级汽车。

3. 蜗杆曲柄指销式转向器

图3-7为东风EQ1090E型汽车的蜗杆曲柄指销式转向器，采用了双指销的结构。它主要由转向器壳体4、转向蜗杆3、转向摇臂轴11、指销13等组成。转向器壳体4固定在车架的转向器支架上。壳体内装有传动副，其主动件是转向蜗杆3，从动件是装在摇臂轴11曲柄端部的指销13。

具有梯形截面螺纹的转向蜗杆3支承在转向器壳体两端的两个向心推力球轴承2和9上。转向器下盖6上装有调整螺塞7，用以调整轴承2、9的预紧度，调整后用螺母8锁紧。蜗杆3与两个锥形的指销13相啮合，两个指销均用双列圆锥滚子轴承14支承在曲柄上，其中靠近指销头部的一列轴承无内圈，滚子直接与指销轴颈接触。因此，这段轴颈可以做得大些，以保证其有足够的强度。指销13装在滚动轴承上，可以减轻蜗杆与指销的磨损，并提高传动效率。螺母15用来调整轴承14的预紧度，应使指销能自由转动而无明显轴向间隙为宜。摇臂轴11用粉末冶金衬套19和20支承在壳体中。指销同蜗杆的啮合间隙用侧盖16上的调整螺钉17调整，调整后用螺母18锁紧。

汽车转向时，驾驶员通过转向盘带动转向蜗杆3（主动件）转动，与其相啮合的指销13（从动件）一边自转，一边以曲柄为半径绕摇臂轴轴线在蜗杆3的螺纹槽内做圆弧运动，带动曲柄，进而带动转向摇臂摆动，实现汽车转向。

蜗杆曲柄指销式转向器传动副中的指销，可以有两个，也可以只有一个。双指销式转向器在中间及其附近位置时，其两个指销均与蜗杆啮合，故单个指销所受载荷比单指销式转向器所受载荷小，因而其工作寿命长。当摇臂轴转角很大时，双指销式中的一个指销与蜗杆虽脱离啮合，但另一个指销仍可保持啮合，因此双指销式的摇臂轴转角范围比单指销式大。

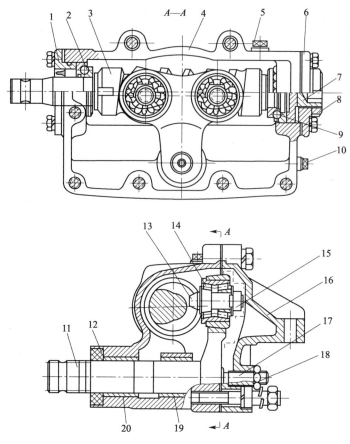

图 3-7　EQ1090E 型汽车转向器

1-上盖；2、9-向心推力轴承；3-转向蜗杆；4-转向器壳体；5-加油螺塞；6-下盖；7-调整螺塞；8-螺母；10-放油螺塞；11-摇臂轴；12-油封；13-指销；14-双列圆锥滚子轴承；15-螺母；16-侧盖；17-调整螺钉；18-螺母；19、20-衬套

一、转向器的拆装

1. 齿轮齿条式转向器的拆装

齿轮齿条式转向器的拆解与安装步骤因车型及转向器型号而异，应根据生产厂家在使用手册中推荐的步骤进行操作。图 3-8 为桑塔纳 2000 型轿车转向系统的布置图，它采用的是中间输出的齿轮齿条式转向器。现在以此为例，说明齿轮齿条转向器的拆卸与安装步骤和要求。

（1）将转向器从汽车上拆下。

①支起车辆，排放转向液压油（ATF 润滑油）。拆下横拉杆的固定螺母，如图 3-9 所示。

②拆卸左前轮罩处的转向器固定螺栓，如图 3-10 所示。

③松开在转向控制阀外壳上的高压油管，如图 3-11 所示。

④拆卸后横板上固定转向器的左边自锁螺母，如图 3-12 所示。

⑤将车辆放下，拆卸紧固齿条与转向横拉杆的螺栓，如图 3-13 所示。

⑥拆卸仪表板侧边下盖、通风管和踏板盖。

⑦拆卸紧固转向小齿轮与下轴的螺栓，并使各轴分开，如图 3-14 所示。

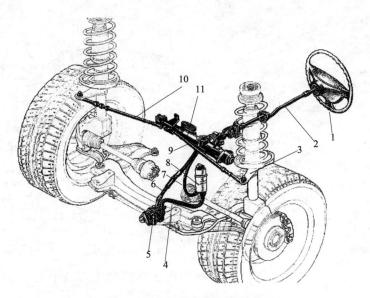

图 3-8 桑塔纳 2000 型轿车转向系统

1-转向盘;2-转向轴;3-转向臂(焊接在前悬架支柱上);4-吸油管;5-叶片泵;6-高压油管;7-低压油管;8-储油罐;9-左横拉杆;10-右横拉杆;11-动力转向器

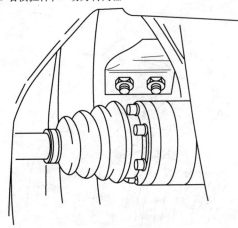

图 3-9 拆卸横拉杆固定螺母图

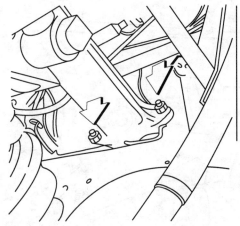

图 3-10 拆卸左前轮罩处的转向器固定螺栓

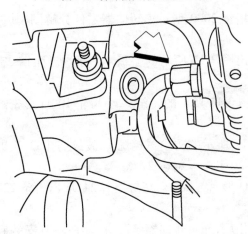

图 3-11 松开高压油管

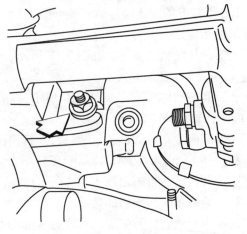

图 3-12 拆卸后横板上固定转向器的左边自锁螺母

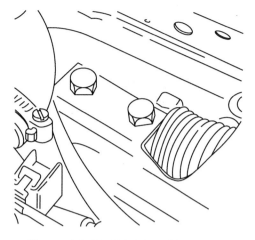
图 3-13 拆卸紧固齿条与转向横拉杆的螺栓

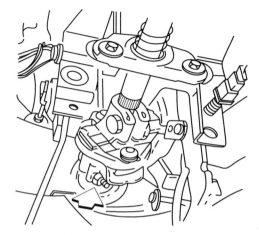
图 3-14 拆卸紧固转向小齿轮与下轴的螺栓

⑧拆卸防尘套。从汽车内部拆卸固定转向控制阀外壳上回油软管的泄放螺栓,如图 3-15 所示。

⑨拆卸后横板上转向器的固定自锁螺母,如图 3-16 所示。

⑩拆下转向器。

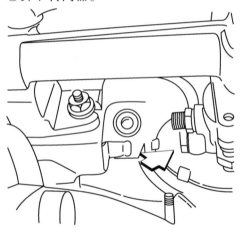
图 3-15 拆卸泄放螺栓

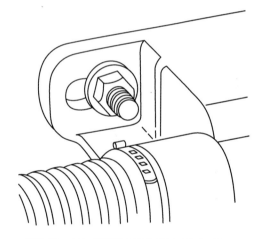
图 3-16 拆卸后横板上转向器的固定自销螺母

(2)齿轮齿条式转向器的分解。图 3-17 为桑塔纳 2000 型轿车转向器零件分解图,其拆卸分解的步骤如下。

①拆卸转向齿条支承。如图 3-18 所示,拆解出图 3-17 所示的盖板 4、O 形密封圈 5、密封座 6、弹簧 7 和压块 8 等。

②拆卸转阀体总成。如图 3-19 所示,拆解出图 3-17 所示的转阀 9、小齿轮 10、O 形密封圈 11、滚针轴承 12 和 O 形密封圈 13 等。

③拆卸防尘罩。如图 3-20 所示,拆解出图 3-17 所示的防尘罩挡圈 1、波纹防尘罩 2、夹箍 3 和挡环 17、齿条油封座 18、环 19、O 形密封圈 20 和支承衬套 21 等。

④拆卸齿条。拆解出图 3-17 所示的缸筒 16、O 形密封圈 23、密封挡盖 24,取出齿条 22。

2. 齿轮齿条式转向器的装配

齿轮齿条式转向器装配的顺序与拆卸的顺序相反,先将转向器装配好,然后将其安装到汽车上。

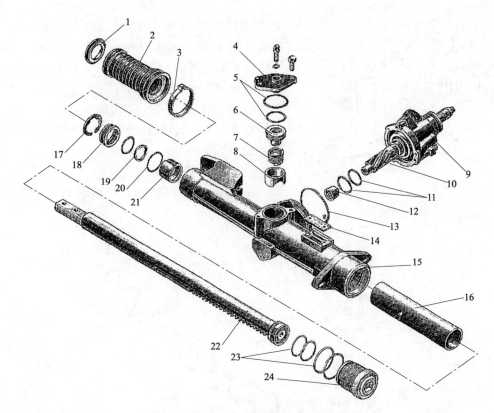

图 3-17 桑塔纳 2000 型轿车转向器零件分解图

1-防尘罩挡圈;2-波纹防尘罩;3-夹箍;4-盖板;5-O 形密封圈;6-密封座;7-弹簧;8-压块;9-转阀;10-小齿轮;11-O 形密封圈;12-滚针轴承;13-O 形密封圈;14-铭牌;15-转向器壳;16-缸筒;17-挡环;18-齿条油封座;19-环;20-O 形密封圈;21-支承衬套;22-齿条;23-O 形密封圈;24-密封挡盖

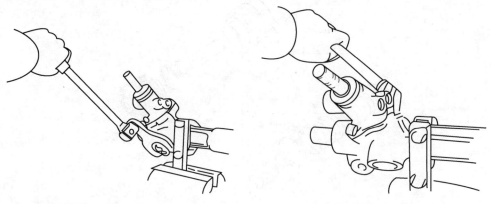

图 3-18 拆卸转向齿条支承　　　　　图 3-19 拆卸转阀体总成

(1)转向器的装配。图 3-21 为桑塔纳 2000 型轿车转向器各零件间的装配关系和技术要求,现就此予以说明装配步骤与要求。

①安装齿条。如图 3-21 所示,将缸筒、O 形密封圈 9、密封挡盖 10 和齿条 11 装入转向器壳 20 内。密封挡盖 10 用 50N·m 力矩拧紧。

②安装转阀体总成。如图 3-21 所示,依次将转向机构主动齿轮 4 和 O 形密封圈装入转阀壳 1 内,再将转阀装入转向器壳 20 内。螺栓 2 用 20N·m 力矩拧紧。

③安装转向齿条支承。如图 3-19 所示,依次将压块 28、弹簧 27、补偿垫片 26、O 形密封圈

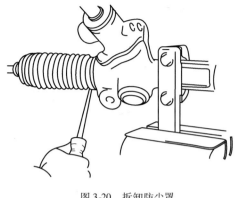

图 3-20 拆卸防尘罩

25 和密封座 22 装入转向器壳 20 内,盖上盖板 24 并用螺栓 23 拧紧。螺栓 23 的拧紧力矩为 20N·m。

④安装齿条防尘罩。如图 3-21 所示,分别将齿条油封座 13、环圈 14、挡环 15、波纹防尘罩 17 和防尘罩挡圈 18 装入齿条 11 上,用夹箍 16 夹紧。

图 3-22 为已装配好的桑塔纳 2000 型轿车转向器总成。

(2)将转向器安装至汽车上。

①安装后横板的转向器,安装自锁螺母,但不必完全拧紧。

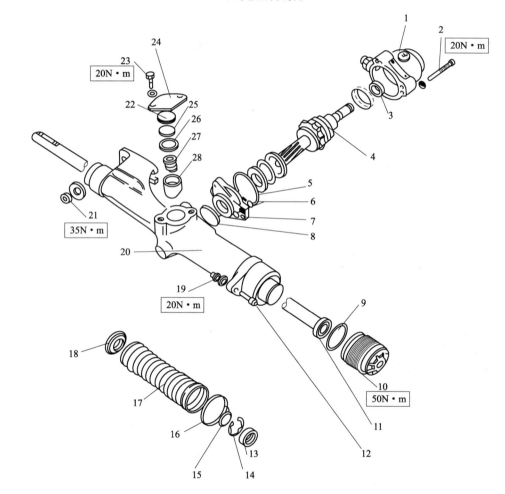

图 3-21 桑塔纳 2000 型轿车转向器零件装配关系

1-转阀壳;2-螺栓;3-密封圈;4-转向机构主动齿轮;5、6、8、9、25-O 形密封圈;7-中间盖;10-密封挡盖;11-齿条;12-圆柱内六角螺栓;13-齿条油封座;14-环圈;15-挡环;16-夹箍;17-波纹防尘罩;18-防尘罩挡圈;19-自锁螺母;20-转向器壳;21-自锁螺母;22-密封座;23-螺栓;24-盖板;26-补偿垫片;27-弹簧;28-压块

②支起车辆。在转向油泵上安装高压油管和回油软管,并用 40N·m 的力矩拧紧螺栓,应使用新的密封圈;安装在左前轮罩上的转向器固定螺栓,并用 20N·m 的力矩拧紧螺母;安装在后横板上转向器固定自锁螺母,并且用 40N·m 的力矩拧紧螺母;把高压管固定在转

向控制阀外壳上。

③将车辆放下。用40N·m的力矩拧紧在后横板上转向器的固定螺母;安装横拉杆支架固定螺栓,并用45N·m的力矩拧紧;从汽车内部把回油软管安装在转向控制阀外壳上;安装防尘套;连接下轴,安装固定螺栓并用25N·m的力矩拧紧;安装踏板盖,通风管和仪表板盖。

④支起车辆。安装固定横拉杆支架的自锁螺母,并用45N·m的力矩拧紧。

图3-22　桑塔纳2000型轿车转向器总成

⑤向储油罐内注入新的ATF油,直至达到标有"Max"处。决不可使用已排出的原ATF油。

⑥转动转向盘数次,以便把系统中存在的空气排出,并补充ATF油,使之达到标有"Max"处。

⑦放下车辆,起动发动机,向左和向右转动转向盘至极限位置,观察液面高度,一直操作到液面稳定在标有"Max"处为止。

3. 循环球式转向器的拆卸

循环球式转向器零件图,如图3-23所示。

(1)拧下放油塞,将转向器中的润滑油放净。从车上拆下转向器总成。

(2)将转向摇臂轴转到中间位置(直线行驶位置,即1/2总圈数),拧下侧盖的四个紧固螺栓,如图3-24所示。用软锤或铜棒轻轻敲击转向摇臂轴端头,取出侧盖和转向摇臂轴总成,如图3-25所示。注意不要划伤油封。

(3)拧下转向器底盖四个紧固螺栓,如图3-26所示。再用铜棒轻轻敲击转向螺杆的一端,取下底盖如图3-27所示。

(4)从壳体中取出转向螺杆与转向螺母总成,如图3-28所示。注意不要使转向螺杆划伤油封。

(5)螺杆与螺母总成如无异常现象,尽量不要解体。如必须解体时,可先拧下三个固定导管夹螺钉,拆下导管夹,如图3-29所示;取出导管,如图3-30所示;同时,缓慢地转动螺杆,排出全部钢球,如图3-31所示。两个循环钢球不要混在一起、不要丢失,每个循环导管内有48个钢球。

4. 循环球式转向器的装配与调整

(1)转向螺杆和螺母总成的装配。将转向螺母套在转向螺杆上,螺母放在螺杆滚道的一端,并使螺母导管孔对准滚道。将钢球从螺母滚道孔中放入,如图3-32所示,边转动螺杆,边放入钢球(两滚道可同时进行),每个滚道先装入36个钢球。将其余24个钢球分装于两个导管里,并将导管两端涂少量润滑脂插入螺母的导管孔中,如图3-33所示,同时用木棒轻击导管,使之落到底。用导管夹把导管压在螺母上,并用螺钉紧固。

装配后的螺杆、螺母总成,其轴向和径向间隙应不大于0.06mm,如果超过此值,应成组更换直径较大的钢球。更换钢球装好总成后,用手转动螺杆,应保证螺母在螺杆滚道全长范围内转动灵活,无发卡现象。当螺杆、螺母总成处于垂直位置时,螺母应能从螺杆上端自由匀速地落下,如图3-34所示。

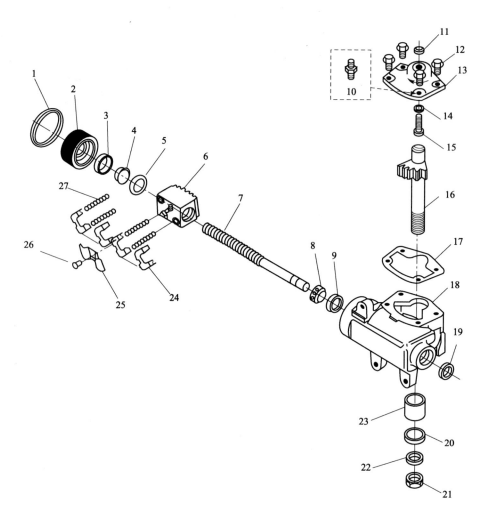

图 3-23 循环球式转向器零件图

1-螺杆轴承调整器锁紧螺母;2-螺杆轴承调整器;3-下螺杆轴承座圈;4-下螺杆轴承;5-下轴承护圈;6-转向螺母;7-螺杆;8-上螺杆轴承;9-上螺杆轴承座圈;10-顶部有螺纹的侧盖螺栓;11-预加载荷调整螺母;12-侧盖螺栓;13-侧盖;14-预加载荷调整垫片;15-预加载荷调整器;16-转向摇臂轴;17-侧盖密封垫;18-壳体;19-螺杆油封;20-转向摇臂轴密封圈;21-转向摇臂螺母;22-弹簧垫圈;23-转向摇臂轴滚针轴承;24-钢球导管;25-钢球导管夹子;26-钢球导管夹子螺钉;27-钢球

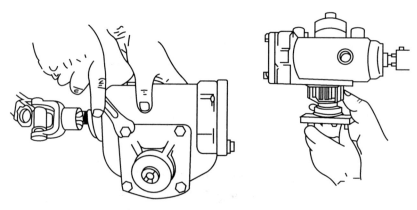

图 3-24　拧下侧盖螺栓　　　　图 3-25　拆下摇臂轴

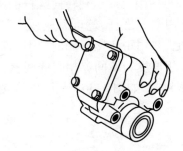 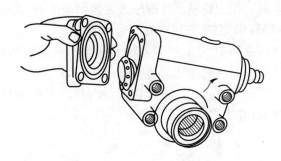

图 3-26　拧下底盖螺栓　　　　　　图 3-27　取下底盖

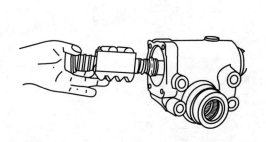 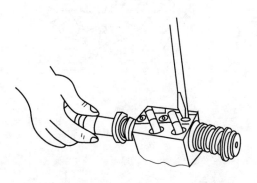

图 3-28　取出转向螺杆与转向螺母总成　　　图 3-29　拆下导管夹

 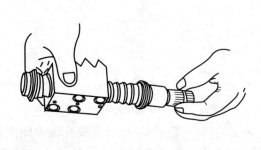

图 3-30　拆下导管　　　　　　图 3-31　排出钢球

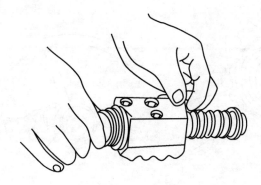

图 3-32　装入钢球

将向心推力球轴承外圈压入底盖和壳体内,同时将轴承内圈总成压到转向螺杆的两端。

(2)转向螺杆、螺母总成与壳体的装配。将装有轴承内圈的螺杆、螺母总成放入装有轴承外圈的壳体中,然后把装有轴承外圈的底盖装到壳体上,并用手压紧。同时,用厚薄规或卡尺测量底盖与壳体之间的间隙,如图 3-35 所示,选择一组厚度与此间隙相同的调整垫片。

取下底盖,在垫片上涂以密封胶,并套上橡胶 O 形密封圈,如图 3-36 所示,再将底盖装到壳体上,并用螺栓紧固。

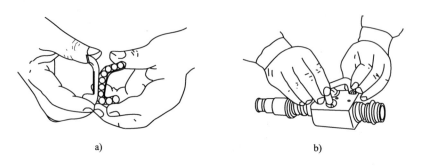

图 3-33 装入钢球和插入导管
a)钢球在导管内的排列;b)导管插入螺母导管孔中

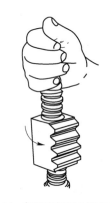 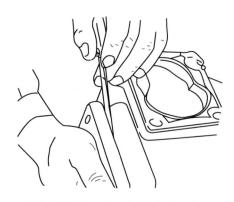

图 3-34 螺母在螺杆上端自由落下　　图 3-35 测量底盖与壳体之间的间隙

装配后,螺杆应转动自如,并没有轴向间隙的感觉。当用扭力扳手或弹簧秤检查时(图3-37),转向螺杆的转动力矩(不带螺杆油封),应为 0.7～1.2N·m,若小于该值或感到有轴向间隙时,应采取减少或减薄垫片进行调整;若过大,则应增加或加厚垫片。

 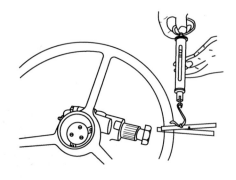

图 3-36 安装密封圈　　图 3-37 检查转向螺杆转动力矩

(3)转向摇臂轴的安装。转向摇臂轴装配前,应先将调整齿扇与齿条啮合间隙的调整螺栓装入。按其结构不同,有两种装入方法。

①将调整螺栓端头放入转向摇臂轴T形槽内,用厚薄规或卡尺测量其间隙,如图3-38所示。根据所测得数值,选择一个与该值差不大于0.2mm的调整垫圈,放在调整螺栓上,并将调整螺栓放入T形槽内,然后将带有滚针轴承的侧盖拧到调整螺栓上。

②在转向摇臂轴端的螺孔内,先装入一个较厚的平垫圈,如图3-39所示。将调整螺母套在调整螺栓上,把调整螺栓拧入摇臂轴一端,间隙不大于0.1mm,再将调整螺母固定,如图3-40所示。

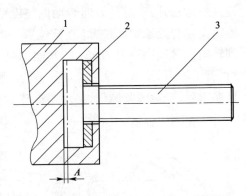

图3-38 调整螺栓端头与转向摇臂轴T形槽间隙的配合示意图
1-转向螺杆;2-调整垫片;3-调整螺钉;A-不大于0.2mm

将装有滚针轴承的侧盖拧到调整螺栓上,再将密封垫装到侧盖上,并将转向摇臂轴装入壳体,如图3-41所示。装入时,需要将转向螺母放在转向螺杆滚道中间,转向摇臂轴扇齿的中间齿对准转向螺母齿条的中间齿沟,如图3-42所示。再把转向摇臂轴推进装有滚针轴承的壳体中,然后用螺栓将侧盖固定在壳体上。

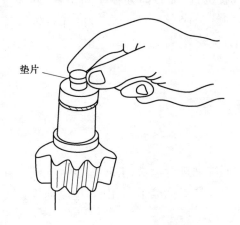

图3-39 装入平垫圈

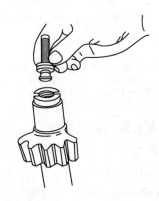

图3-40 把调整螺栓固定于转向摇臂轴上

图3-41 装配转向摇臂轴

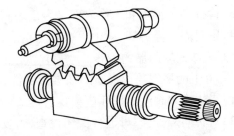

图3-42 转向摇臂轴与轴向螺母装配示意图

用专用工具装入转向螺杆油封和转向摇臂轴油封,如图3-43所示。装入时,应在花键处用铜皮或塑料套保护,以防划伤油封刃口,造成漏油。

(4)转向摇臂轴齿扇与转向螺母齿条的啮合间隙的检查与调整。将侧盖上的调整螺钉锁紧螺母松开,逆时针方向转动调整螺钉,如图 3-44 所示。将转向摇臂装到转向摇臂轴上,使转向摇臂处于中间位置(直行位置),并使之摆动,用百分表检查,由转向摇臂端锥孔中心到转向摇臂轴中心 197mm 处,其摆动量不大于 0.15mm,这时转向螺杆转动力矩(带螺杆油封、臂轴油封)应为 1.9～2.3N·m。否则,用调整螺栓调整齿扇与齿条的啮合间隙,直至符合要求后,拧紧锁紧螺母,将调整螺栓锁住。

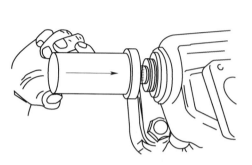

图 3-43　装入转向螺杆油封和转向摇臂轴油封

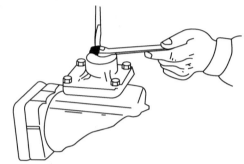

图 3-44　调整齿扇与齿条的啮合间隙

(5)转向摇臂与摇臂轴的安装。在转向摇臂与转向器连接之前,使直拉杆总成的另一端先与转向节上臂安装好。使车轮处于直线行驶位置,即转向处在中间位置(转向盘左右圈数相等)。把转向摇臂三角花键锥孔端面上的标记(5×1×1mm)对准摇臂轴端面上的凹坑装上,拧紧螺母。左右转动转向盘,检查前轮左右最大转向角,应符合要求(均为 38°)。

(6)从加油孔加入润滑油,拧紧螺塞。

二、转向器的检修

1. 齿轮齿条式转向器的检修

转向器拆卸分解后,全部零件都应用规定的清洗剂进行清洗,并压缩空气吹干。在装配前,应对零件进行技术检测。不同厂家或不同车型的技术标准不尽相同,检测前须认真阅读相关资料,这里就一般情况予以说明。

(1)检测齿轮和齿条的齿面有无损坏或磨损是否严重,若是则应予更换。

(2)检测齿条的变形量,如图 3-45 所示。如果齿条的跳动量超过规定值,则应更换。

(3)检查各个轴承和工作表面是否出现划痕、凹坑或磨损过甚,若是则应予以更换。

(4)密封圈一经拆卸,就须更换。

2. 循环球式转向器的检修

所有拆下的零件须用干净的油进行刷洗,并用压缩空气吹干,然后逐项进行检验。

(1)壳体出现裂纹或损坏应更换。

(2)对转向螺杆、螺母进行探伤检查,若发现有裂纹或滚道表面有严重磨损、剥落以及损坏时应更换。

测量转向螺杆轴颈对中心的跳动量,如图 3-46 所示。若大于 0.08mm,应更换总成。

测量转向螺杆的轴向窜动量,如图 3-47 所示。标准规定不得超过 0.1mm。

测量转向螺杆两端轴颈的垂直和水平跳动量,如图 3-48 所示。均不得超过 0.1mm。

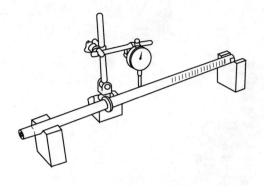
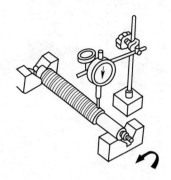

图 3-45　齿条跳动量的测量　　　　图 3-46　螺杆轴颈跳动量的测量

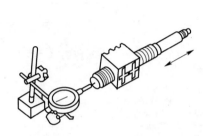
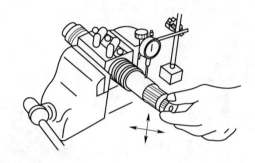

图 3-47　螺杆轴向窜动量的测量　　图 3-48　螺杆两端轴颈垂直和水平跳动量的测量

（3）检查钢球表面，若有剥落及损坏现象，则应根据螺杆与螺母的滚道尺寸，成组地进行更换，以保证各钢球受力均匀。

（4）检查螺母齿条和转向摇臂轴齿扇齿面，若有剥落和严重损伤，应进行更换。

（5）检查转向摇臂轴花键，若有扭曲或损坏，应予更换；若继续使用，应进行磁力探伤，或用类似的方法检查转向摇臂轴是否有裂纹，有裂纹时必须更换。

（6）检查滚针轴承和向心推力轴承及外圈表面情况，如有缺陷，应成套更换。

（7）检查转向摇臂轴油封和转向螺杆油封刃口，若有损坏或橡胶老化现象，应予更换。

 任务工作单

学习情境三：汽车转向不灵故障检修 工作任务一：转向器的拆装、检查与调整	班级		
	姓名	学号	
	日期	评分	
一、工作单内容 　分组拆装三种类型的转向器，并进行检修。 二、准备工作 　说明：每位学生应在工作任务实施前独立完成准备工作。 1. 指出图示指定部分名称，填写在对应序号线内。			

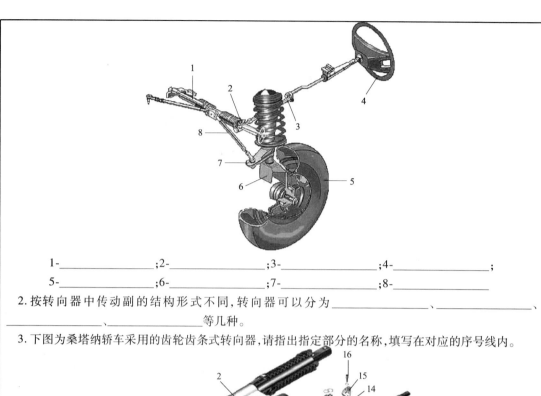

1-_____;2-_____;3-_____;4-_____;
5-_____;6-_____;7-_____;8-_____

2. 按转向器中传动副的结构形式不同,转向器可以分为_____、_____、
_____、_____等几种。

3. 下图为桑塔纳轿车采用的齿轮齿条式转向器,请指出指定部分的名称,填写在对应的序号线内。

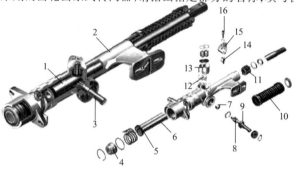

桑塔纳轿车转向器

1-_____;2-_____;3-_____;4-_____;
5-_____;6-_____;7-_____;8-_____;
9-_____;10-_____;11-_____;12-_____;
13-_____;14-_____;15-_____;16-_____

4. 下图为北京切诺基汽车采用的循环球式转向器,请指出指定部分的名称,填写在对应的序号线内。

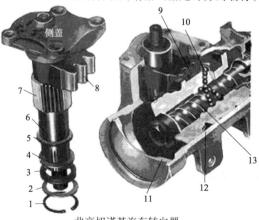

北京切诺基汽车转向器

1-_____;2-_____;3-_____;4-_____;
5-_____;6-_____;7-_____;8-_____;
9-_____;10-_____;11-_____;12-_____;
13-_____

三、任务实施

1. 齿轮齿条式转向器的拆装与检修。

上海大众桑塔纳轿车采用的是齿轮齿条转向器,请按要求对转向器进行拆卸、检查和装配。

(1)拆卸。

①拆卸转向齿条支承。

②拆卸转阀体总成。

③拆卸防尘罩。

④拆卸齿条。

(2)检修。转向器拆卸分解后,全部零件都应用规定的清洗剂进行清洗,并压缩空气吹干。在装配之前,应对零件进行技术检测。若发现问题,按要求进行维修,并将整个结果记录下表中。

检查项目	检查结果	处理方法
齿轮和齿条的齿面有无损坏或磨损		
齿条的变形量如果齿条的跳动量		
各个轴承和工作表面情况		

(3)安装。

①安装齿条,封挡盖用50N·m力矩拧紧。

②安装转阀体总成,螺栓用20N·m力矩拧紧。

③安装转向齿条支承,螺栓的拧紧力矩为20N·m。

④安装齿条防尘罩。

2. 循环球式转向器的拆装与检修。

(1)拆卸。

①拧下放油塞,将转向器中的润滑油放净,从车上拆下转向器总成。

②将转向摇臂轴转到中间位置,拧下侧盖的四个紧固螺栓,取出侧盖和转向摇臂轴总成。

③拧下转向器底盖四个紧固螺栓,取下底盖。

④从壳体中取出转向螺杆与转向螺母总成。

⑤螺杆与螺母总成如无异常现象,尽量不要解体。如必须解体时,可先拧下三个固定导管夹螺钉,拆下导管夹,取出导管。缓慢地转动螺杆,排出全部钢球。

注意:两组循环钢球不要混在一起,不要丢失,每个循环导管内有48个钢球。

(2)检修。所有拆下的零件须用干净的油进行刷洗,并用压缩空气吹干,然后逐项进行检验,发现问题,及时处理,并将结果记录于下表中。

检查项目	检查结果	处理方法
转向器壳体		
转向螺杆、螺母进行探伤检查		
钢球表面情况		
螺母齿条和转向摇臂轴扇齿齿面		
转向摇臂轴		
滚针、向心推力轴承以及外圈表面情况		
转向摇臂轴油封和转向螺杆油封刃口		

(3)装配。与拆卸步骤相反。

3. 蜗杆曲柄指销式转向器的拆装与检修。

(1)拆卸。

①先拆下侧盖的双头螺栓和其他固定螺栓,取下转向器侧盖。

②拔出摇臂轴。

③拆卸转向螺杆下轴承及其附件,取出转向螺杆。

④拆下转向螺杆下轴承盖及其附件,取出转向螺杆。

⑤拆下转向螺杆上轴承组件。

(2)检修。所有拆下的零件须用干净的油进行刷洗,并用压缩空气吹干,然后逐项进行检验,发现问题,及时处理,并将结果记录于下表中。

检 查 项 目	检 查 结 果	处 理 方 法
检查转向螺杆的传动间隙调整能力		
检查转向摇臂轴		
检查主销轴承组件		
摇臂轴衬套配合间隙		

(3)装配。装配步骤与拆卸相反,在装配时,尽可能使用专用工具。

四、工作小结

通过此工作任务的实施,各小组集中完成下述工作。

1. 你认为本次实训是否达到预期目的,还有什么好的意见和建议?

2. 通过本次实训,能否总结出各类转向器中故障频率较高的零部件。

工作任务二　转向操纵、传动机构的拆装、检查与调整

1. 应知应会

通过本工作任务的学习与具体实施,学生应学会下列知识:

(1)熟悉转向操纵、传动机构的功用、类型以及基本组成。

(2)熟悉转向操纵、传动机构的工作原理。

应该掌握下列技能:

(1)会对转向操纵、传动机构进行拆装。

(2)会对转向操纵、传动机构进行检查、调整以及检修。

2. 学习要求

(1)在每个工作任务的学习过程中,完成相关任务工作单的填写,并通过课程网络及时提交给相关教师。任务工作单提交方法详见课程网站。

(2)在每个学习情境实施阶段的中期或后期,按要求填写检修工作单。学习结束后,按要求填写学生考核记录表,进行自我评价后交小组长,小组长评价后连同检修工作单统一交教师。

(3)每个情境学习到评价环节时,个人进行任务完成情况的评估。教师对小组抽查,被抽查的个人上台进行讲评。

一、转向操纵机构

汽车撞车时,车身首先被撞坏(第一次冲击),转向操纵机构被向后推,从而挤压驾驶员,使其受到伤害;随着汽车速度的降低,驾驶员在惯性力的作用下向前冲,再次与转向操纵机构接触(第二次冲击)而受到伤害。

为了驾驶员的安全,同时也为了更加舒适、可靠地操纵转向系统,现代汽车(特别是轿车)通常在转向操纵机构上增设了相应的安全调节装置。这类装置有可分离式安全转向操纵机构和缓冲吸能式转向操纵机构。

1. 转向操纵机构的基本组成

汽车转向操纵机构因车而异,但基本结构如图3-49所示。一般由转向盘、转向管柱(轴)、万向节以及转向传动轴等组成,它的主要作用是操纵转向器和转向传动机构,使转向轮偏转。

转向管柱中部用橡胶垫和转向管柱支架固定在驾驶室前围板上,下端插入转向管柱支座的孔中。支座固定在转向操纵机构支架上。通过轴承支承于转向管柱内的转向轴上端,用螺母与转向盘相连,下端通过万向传动装置与转向器相连。转向盘上装有喇叭按钮。下万向节与转向传动轴用滑动花键相连接。

转向操纵机构中设置万向传动装置有助于转向盘和转向器等部件的通用化和系列化;便于车辆总体结构的合理布置;能够补偿部件的安装误差和安装基体(驾驶室、车架)变形所

造成的不利影响,而且便于拆装维修。

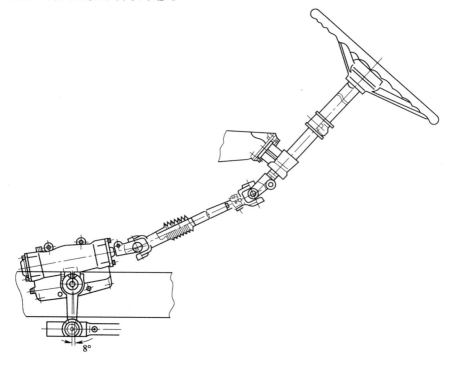

图 3-49　EQ1090 型汽车转向操纵机构及转向器

2. 可分离式安全转向操纵机构

此类转向操纵机构的转向管柱分成上下两段,当发生撞车时,上下两段相互分离或相互滑动,从而有效地防止转向盘对驾驶员的伤害。但这种转向操纵机构本身不包含吸能装置。图 3-50 为桑塔纳 2000 型轿车的可分离式转向操纵机构。正常行驶时,上下转向轴 12 和 9 通过销钉配合来传递转向力矩;当撞车时,上下转向轴及时分开(图 3-51),避免了转向盘随车身后移,从而保证了驾驶员的安全。奥迪 100 轿车、红旗轿车的转向操纵机构与此类似。

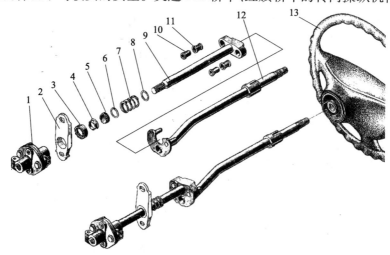

图 3-50　桑塔纳 2000 型轿车的可分离式转向操纵机构

1-挠性联轴器组件;2-支座;3-轴承;4-内环;5-橡胶支承圈;6-垫圈;7-压簧;8-垫圈;9-下转向轴;10-衬套;11-减振橡胶套;12-上转向轴;13-转向盘组件

3. 缓冲吸能式转向操纵机构

缓冲吸能式转向操纵机构在结构上能使转向轴和转向管柱在受到冲击后,轴向收缩并吸收冲击能量,从而有效地降低转向盘对驾驶员的冲击,减轻其受伤害的程度。

图 3-52 为一种钢球滚压变形式能量吸收机构。转向管柱和转向轴均分成上下两段,上转向轴 4 和套在轴 4 上的下转向轴 3 用塑料销钉 5 连成一体。钢球 6 挤压在上转向管柱 2 和下转向管柱 1 之间并使之结合在一起。当汽车撞车时,加在转向管柱上的轴向压力首先使销钉剪断,接着上下管柱轴向移动收缩,这时钢球边转动边在转向管柱壁上挤压出沟槽,使之变形而消耗冲击能量。

图 3-51 转向轴安全装置作用原理简图

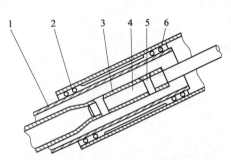

图 3-52 钢球滚压变形式能量吸收机构
1-下转向管柱;2-上转向管柱;3-下转向轴;
4-上转向轴;5-塑料销钉;6-钢球

图 3-53 为波纹管变形吸能式能量吸收机构。上转向轴 3 和下转向轴 1 通过细花键连接并可做轴向伸缩滑动。下转向轴 1 外面装有波纹管 6,在受冲击时可轴向变形并消耗冲击能量。下转向管柱 7 的上端套在上转向管柱 4 里面,并通过管柱压圈和限位块 2 分别对它们进行定位。当汽车撞车时,下转向管柱 7 向上移动,限位块 2 首先被剪断并消耗能量,与此同时转向管柱和转向轴均轴向收缩。当受到第二次冲击时,上转向轴 3 下移,压缩波纹管 6 使之收缩变形并消耗冲击能量。

图 3-54 为网状管柱变形式能量吸收机构。管柱有一段可伸缩的管状金属网格,能承受强大的扭转力。当转向盘或转向管柱受到的轴向冲击力超过允许范围时,网格状部分被压缩,产生塑性变形,吸收冲击能量。

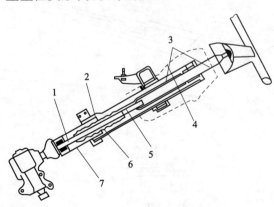

图 3-53 波纹管变形吸能式能量吸收机构
1-下转向轴;2-限位块;3-上转向轴;4-上转向管柱;5-细齿花键;6-波纹管;7-下转向管柱

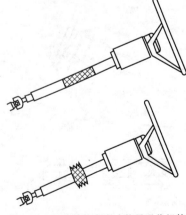

图 3-54 网状管柱变形式能量吸收机构

4. 可调节式转向柱的基本结构

为了适应驾驶员身材的差异和不同的驾驶姿势,一些汽车上的转向柱设计成为可调节式的。可调节式转向柱的基本结构主要有两种形式,一种是转向盘倾斜角度可调节式;另一种为转向盘(转向柱)可伸缩式。

图 3-55 为转向盘倾斜角度可调节式的转向盘倾斜角度的变化情况,它是通过倾斜式转向管柱实现的。当需要调节转向盘的位置时,驾驶员提起在转向柱上的倾斜杠杆臂,同时,将转向盘向上或向下推至合适的位置,然后放开倾斜杠杆臂,在复位弹簧的作用下,内部的棘轮机构将转向管柱锁定在新的位置上。

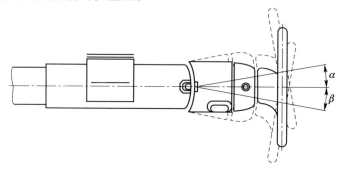

图 3-55 转向盘倾斜角度的变化

图 3-56 为一种伸缩调整机构。当伸缩杠杆 5 处于锁定位置(逆时针转动伸缩杠杆 5)时,伸缩杠杆 5 使锁紧螺栓 1 处于最内端位置,将楔形锁 3 挤压在转向轴 2 内壁的矩形槽内,如图 3-56c)所示,使滑轴 4 不能相对于转向轴 2 转动和轴向移动,轴 4 与轴 2 锁为一体,转向盘不能轴向移动。

若需要轴向调整转向盘的位置,驾驶员可顺时针方向转动伸缩杠杆 5,使伸缩杠杆 5 带动锁紧螺栓 1 向外端移动,将螺栓 1 内端的楔形锁 3 松开,如图 3-56d)所示,使滑轴 4 能够在转向轴 2 内转动并轴向移动。转向盘位置调整好后,再逆时针转动伸缩杠杆,将滑轴的轴向位置锁定。

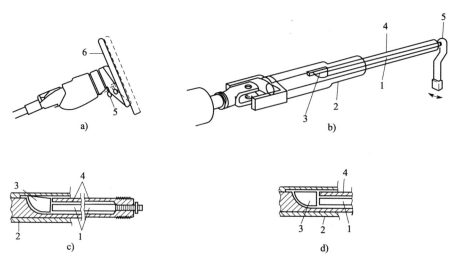

图 3-56 伸缩转向机构
1-锁紧螺栓;2-转向轴;3-楔形锁;4-滑轴;5-伸缩杠杆;6-转向盘

5. 转向操纵机构的装配关系

不同的车型因其转向机构的差异,转向操纵机构的装配关系也有所不同,EQ1090 型汽车转向操纵机构装配关系,如图 3-57 所示。

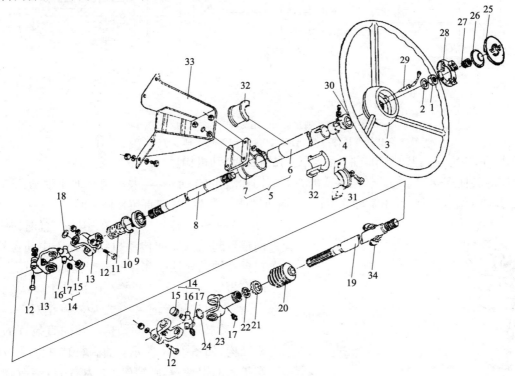

图 3-57　EQ1090 型汽车转向操纵机构装配图

1-扁螺母;2-垫圈;3-转向盘;4-转向轴衬套;5-转向柱管带支座总成;6-转向柱管;7-转向柱管支座;8-转向轴;9-转向轴轴承;10-孔用弹性挡圈;11-转向轴限位弹簧;12-螺栓(紧固万向节叉用);13-万向节叉;14-十字轴带滑脂嘴与滚针轴承;15-滚针轴承;16-十字轴;17-直通滑脂嘴;18-孔用弹性挡圈;19-转向传动轴;20-花键护套;21-万向节滑动叉防尘罩;22-万向节滑动叉油封;23-万向节滑动叉;24-滑动叉塞片;25-电喇叭按钮盖片;26-电喇叭按钮接触罩;27-电喇叭按钮搭铁弹簧;28-搭铁接触板总成;29-电喇叭按钮电刷总成;30-集电环总成;31-转向柱管支架;32-橡胶垫;33-转向传动装置支架总成;34-转向柱孔密封套(固定于驾驶室前围)

二、转向传动机构

转向传动机构的功用是将转向器输出的力和运动传给转向桥两侧的转向节,使两侧转向轮偏转以实现汽车转向。转向传动机构的组成和布置因转向器结构形式、安装位置以及悬架类型而异,可分为与非独立悬架配用的转向传动机构和与独立悬架配用的转向传动机构。

1. 与非独立悬架配用的转向传动机构

与非独立悬架配用的转向传动机构如图 3-58 所示,它一般由转向摇臂 2、转向直拉杆 3、转向节臂 4、两个梯形臂 5 和转向横拉杆 6 等组成。各杆件之间都采用球形铰链连接,并设有防止松脱、缓冲吸振、自动消除磨损后的间隙等结构措施。

当前桥仅为转向桥时,由左右梯形臂 5 和转向横拉杆 6 组成的转向梯形一般布置在前桥之后,如图 3-58a)所示,称为后置式,这种布置简单方便。当发动机位置较低或前桥为转向驱动桥时,为避免运动干涉,往往将转向梯形布置在前桥之前,如图 3-58b)所示,称为前置式。若转向摇臂2是在与路面平行的平面内左右摆动,则可将转向直拉杆3横向布置,并借球头销直接带动转向横拉杆6,从而使左右梯形臂5转动,如图3-58c)所示。

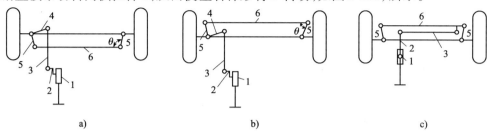

图3-58 与非独立悬架配用的转向传动机构示意图
1-转向器;2-转向摇臂;3-转向直拉杆;4-转向节臂;5-梯形臂;6-转向横拉杆

图3-59为一典型的与非独立悬架配用的转向传动机构。

(1)转向摇臂的结构。转向摇臂的典型结构如图3-60所示,其大端制有细花键锥孔与转向摇臂轴4外端连接,并用螺母固定;其小端通过球头销3与转向直拉杆做空间铰链连接。

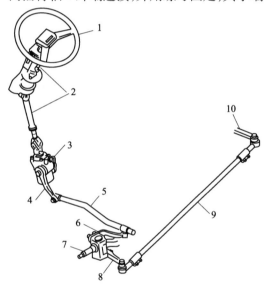

图3-59 与非独立悬架配用的转向传动机构
1-转向盘;2-转向柱;3-转向器;4-转向摇臂;5-直拉杆;6-转向节臂;7-转向节;8、10-梯形臂(横拉杆臂);9-横拉杆

为了保证转向摇臂轴在中间位置时,从转向摇臂起始的转向传动机构也处于中间位置,在摇臂轴的外端面和转向摇臂孔的外端面上刻印有短线,或是在二者的花键部分上都少铣一个齿,作为装配标记,装配时应将标记对齐。

(2)转向直拉杆的结构。转向直拉杆的典型结构,如图3-61所示。直拉杆体2是一段两端扩大的钢管,其后端(图中为右端)装有转向节臂球头销9,球头销的尾端用螺母10固定在转向节臂上。两个球头座6在压缩弹簧5的作用下将球头销的球头夹持住。为保证球头与座的润滑,可从油嘴3注入润滑脂。装配时,供球头出入的孔口用耐油的橡胶防尘垫8封盖。压缩弹簧5能自动消除因球头及球头座磨损而产生的间隙,并可缓和经车轮和转向节传来的路面冲击。弹簧预紧力可用螺塞7调节,调好后用开口销固定。当球头销作用在内球头座上的冲击力超过压缩弹簧预紧力时,弹簧便进一步变形而吸收冲击能量。弹簧变形增量受到弹簧座4自由端的限制,这样可以防止弹簧超载,并保证在弹簧折断的情况下球头销不致从管腔中脱出。直拉杆体前端(图中为左端)嵌装转向摇臂球头销1,这一端的压缩弹簧也装在球头座前方(图中为左方)。这样,两个压缩弹簧可分别在沿轴线的不同方向上起缓冲作用。自转向节臂球头销9传来的向后的冲击力由前压缩弹簧承受;当转向节臂球头销9受到向前的冲击力时,则由后端部压缩弹簧承受。

(3)转向横拉杆的结构。典型转向横拉杆,如图3-62a)所示,转向横拉杆由横拉杆体2和旋装在两端的接头1组成。两端的接头结构相同(但螺纹的旋向相反),如图3-62b)所示。其中,球头销14的尾部与梯形臂(或转向节臂)相连。上下球头座9用聚甲醛制成,有很好的耐磨性。球头座的形状如图3-62c)所示,装配时,两球头座的凹凸部互相嵌合。弹簧

12 保证两球头座与球头紧密接触,在球头和球头座磨损时能自动消除间隙,同时还起缓冲作用,弹簧预紧力由螺塞 11 调整。两接头借螺纹与横拉杆体连接,因其螺纹部分开有轴向切口,故具有弹性。接头旋装到横拉杆体上后,用夹紧螺栓 3 夹紧。横拉杆体两端的螺纹,一为右旋、一为左旋。因此在旋松夹紧螺栓以后,转动横拉杆体,即可改变转向横拉杆的长度,从而调整前轮前束。

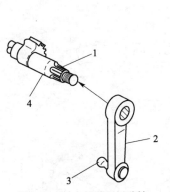

图 3-60 转向摇臂和摇臂轴
1-带锥度的细齿花键;2-转向摇臂;3-球头销;4-摇臂轴

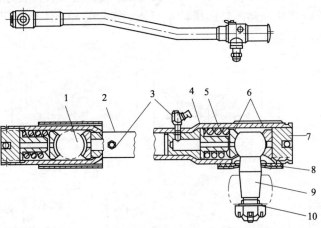

图 3-61 转向直拉杆
1-转向摇臂球头销;2-直拉杆体;3-油嘴;4-弹簧座;5-压缩弹簧;6-球头座;7-螺塞;8-橡胶防尘垫;9-转向节臂球头销;10-螺母

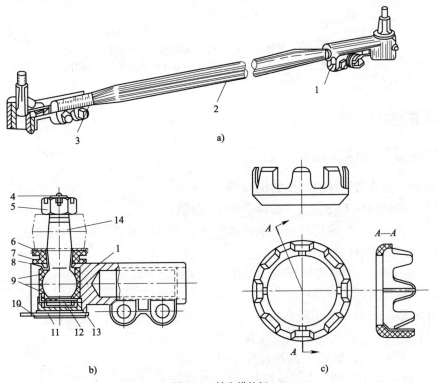

图 3-62 转向横拉杆
a) 转向横拉杆;b) 接头;c) 球头座

1-横拉杆接头;2-横拉杆体;3-夹紧螺栓;4-开口销;5-槽形螺母;6-防尘垫座;7-防尘垫;8-防尘套;9-球头座;10-限位销;11-螺塞;12-弹簧;13-弹簧座;14-球头销

2. 与独立悬架配用的转向传动机构

当转向桥采用独立悬架时,每个转向轮都需要相对于车架(或车身)做独立运动,因而转向桥是断开式的。与此相应,转向传动机构中的转向梯形也必须是断开式的。与独立悬架配用的多数是齿轮齿条式转向器,转向器布置在车身上,转向横拉杆通过球头销与齿条及转向节臂相连。图 3-63 为几种与独立悬架配用的转向传动机构。其中,图 3-63a)、b) 为采用循环球式转向器的转向机构示意图;图 3-63c)、d) 为采用齿轮齿条式转向器的转向机构示意图。

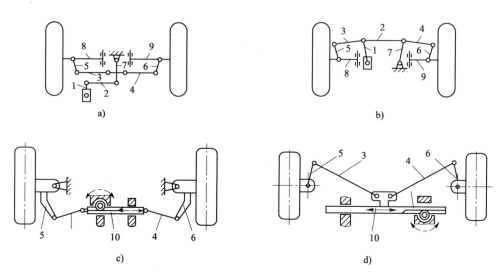

图 3-63 与独立悬架配用的转向传动机构示意图

1-转向摇臂;2-转向直拉杆;3-左转向横拉杆;4-右转向横拉杆;5-左梯形臂;6-右梯形臂;7-摇杆;8-悬架左摆臂;9-悬架右摇臂;10-齿轮齿条式转向器

一、转向操纵机构的拆装

1. 可分离式安全转向操纵机构的拆卸

现代汽车的转向柱上均装有一套组合开关,包括点火开关、刮水器及清洗开关、转向灯开关及远近光变光开关。在拆卸前必须将蓄电池电源线断开,转向指示灯开关放在中间位置,并将车轮处在直线行驶位置。

图 3-64 为桑塔纳 2000 型轿车转向操纵机构零件分解图,下面以此为例,说明可分离式安全转向操纵机构的拆卸步骤。

(1)向下按橡皮边缘,撬出转向盘盖板 1。
(2)取下喇叭盖 2,拆卸喇叭按钮及有关接线。
(3)拆下转向盘紧固螺母 3,用拉器将转向盘取下。
(4)拆下组合开关上的三个平口螺栓,取下组合开关。
(5)拆下转向柱套管的两个螺钉,拆下套管。
(6)将转向柱上段往下压,使上段端部凸缘上的两个驱动销脱离转向柱下端,取出转向柱上段。

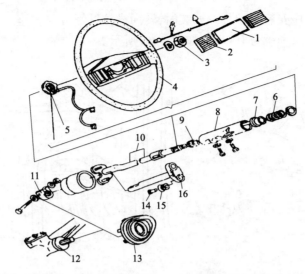

图 3-64 桑塔纳 2000 型轿车转向操纵机构零件分解图

1-转向盘盖板;2-喇叭按钮盖板;3-转向盘与转向柱紧固螺母(M16);4-转向盘;5-接触环;6-压缩弹簧;7-连接圈;8-转向柱套管;9-轴承;10-转向柱上段;11-夹箍;12-动力转向器;13-转向柱防尘橡胶圈;14-转向减振尼龙销;15-转向减振橡胶圈;16-转向柱下段

(7)取下转向柱橡胶圈13,松开夹紧箍的紧固螺栓,拆下转向柱下端16。

(8)旋转卸下弹簧垫圈,卸下左边的内六角螺栓,旋出右边的开口螺栓,拆下转向盘锁套。

拆卸后,应对各零部件进行检查,检查转向柱有无弯曲,安全联轴器有无磨损或损坏,弹簧弹性是否失效,如有则应修理或更换新件。

2. 可分离式安全转向操纵机构的安装

安装顺序基本与拆卸顺序相反,但应注意以下几点:

(1)转向柱与凸缘管应一起安装。

(2)应将凸缘管推至转向机构主动齿轮上,夹紧箍圈口应向外,注意不可用手掰开夹箍。

(3)车轮应处于直线行驶位置,转向灯开关应处在中间位置,才可装转向盘,否则在安装转向盘时,当分离爪齿通过接触环上的簧片时,有可能造成损坏。

(4)应更换所有的自锁螺母和螺栓。转向支柱如有损坏,应予更换,不能焊接修理。

(5)转向盘与转向柱紧固螺母3的拧紧力矩为45N·m。

二、转向传动机构的拆装

1. 与非独立悬架配用的转向传动机构的拆装与调整

(1)转向横拉杆的拆卸与调整。

①先拆下开口销和螺母(图3-62中4、5),用专用拉器将转向横拉杆接头从梯形臂(图3-61中8、10)上拆下,如图3-62所示,取下横拉杆。

②测量横拉杆两端球头销之间的中心距,以便安装时参考(装配时须重调前束)。松开转向横拉杆卡箍夹紧螺栓(图3-67中3),旋出横拉杆杆体,记下旋转的圈数(供装配时参考)。

③正常情况下,在梯形臂上方表面只能看到球头销接头的螺纹,若球头销的加工面露出,则说明磨损严重,或转向横拉杆接头不合适,应予更换,如图3-65所示。

④按照的相反顺序安装横拉杆。安装时,转向横拉杆螺母应拧至厂家规定力矩,开口销应穿过转向横位杆接头和螺母开口处,如图3-66所示。

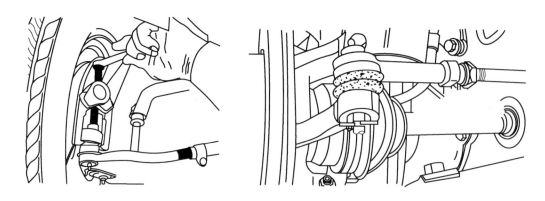

图3-65　拆卸横拉杆接头　　　　　　　图3-66　横拉杆螺母和开口销的安装

⑤松开横拉杆卡箍夹紧螺栓,调整前轮前束,合格后再将卡箍螺栓拧紧至厂家规定力矩。拧紧后的卡箍开口处必须存在间隙,如图3-67所示。

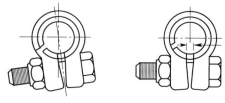

图3-67　卡箍开口处间隙

（2）转向摇臂的拆卸与调整。

①使前轮处于直行位置,从转向摇臂(图3-62中4)的球头销处拆下开口销和螺母。

②用专用拉器从直拉杆(图3-62中5)上拆下转向摇臂球头销。

③松开转向摇臂与转向摇臂轴之间的螺母。

④从转向摇臂轴上拆下螺母、弹簧垫圈和转向摇臂。

⑤检查转向摇臂轴,如果弯曲,或花键损坏,应更换摇臂轴。

⑥检查转向摇臂,如果转向摇臂弯曲,或花键损坏,必须更换。

⑦按照①~④的相反顺序安装摇臂。转向摇臂与转向摇臂轴间的螺母,直拉杆与转向摇臂球头销的螺母均必须拧至厂家规定力矩。确保转向摇臂在转向摇臂轴的花键上的安装位置正确。安装球头处的开口销,开口销不可重复使用,拆卸后须用新件。

（3）转向直拉杆的拆卸与调整。

①使前轮处于直行位置,从转向摇臂的球头销处拆下开口销和螺母,用专用拉器从直拉杆上拆下转向摇臂球头销。

②用上述同样的方法拆下直拉杆与转向节臂(图3-61中6)的开口销和螺母,将直拉杆与转向节臂分离。

③检查直拉杆,如果直拉杆弯曲变形,或任意一端的球头销孔磨损造成球头连接松动,均应更换直拉杆总成。

④按照与①~②的相反顺序安装直拉杆。球头销的螺母均必须拧至厂家规定力矩,再安装新开口销并加注润滑脂。

2. 与独立悬架配用的转向传动机构的调整

采用齿轮齿条式转向器时,若齿轮齿条式转向器为两端输出式,转向器齿条本身就是转向传动机构的一部分,转向横拉杆的内端通过球头销与齿条铰接,外端通过螺纹与连接转向节的球头销总成相连。图 3-68 为与两端输出的齿轮齿条式转向器配用的转向横拉杆,当需要调整前束时,松开锁紧螺母 5,转动横拉杆体 4,达到合理的前束值时,再将锁紧螺母锁紧。

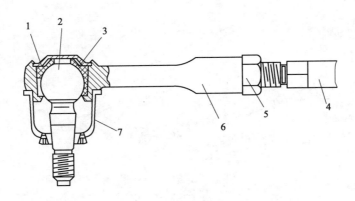

图 3-68 采用两端输出的齿轮齿条式转向器的转向横拉杆
1-堵盖;2-球头销;3-球头销座;4-横拉杆体;5-锁紧螺母;6-横拉杆接头总成;7-防尘套

图 3-69 为采用中间输出的齿轮齿条式转向器的转向传动机构示意图。横拉杆 9 的内端通过托架 2、8 和螺栓 7 与转向器齿条的一端相连,外端通过球头销 4 与转向节铰接。由于横拉杆体 6 不能绕自身轴线转动,为调整前束,在横拉杆体与球头销 4 之间装有双头调节螺栓 3,调节螺栓两端的螺纹旋向相反,并各旋装一个锁紧螺母 5。当需要调前束时,先拧松两端的锁紧螺母,然后转动调节螺栓,达到合理的前束值时,再将锁紧螺母锁紧。

桑塔纳 2000 型轿车转向横拉杆总成零件及装配关系,如图 3-70 所示。

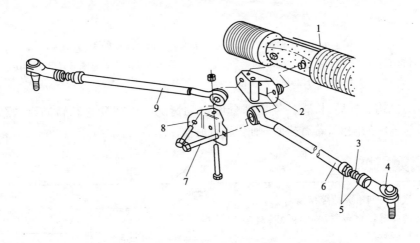

图 3-69 采用中间输出的齿轮齿条式转向器的转向传动机构
1-转向器壳体;2-内托架;3-调节螺栓;4-球头销总成;5-锁紧螺母;6-横拉杆体;7-螺栓;8-外托架;9-横拉杆总成

3. 转向传动机构主要零件的检查与维修

(1)检查转向节臂、转向摇臂、转向横、直拉杆有无弯曲或裂纹,若弯曲则应进行校正或更换;若有裂纹则应更换。

(2)各球头销应转动灵活、不松旷、不卡滞,各部连接可靠,开口销齐全完好,防尘装置完好有效。球头销不得有裂纹,否则应更换。

(3)球头销螺母等紧固件应严格按厂家规定力矩紧固。
(4)开口销、垫片等不得重复使用,一经拆卸,须换新件。

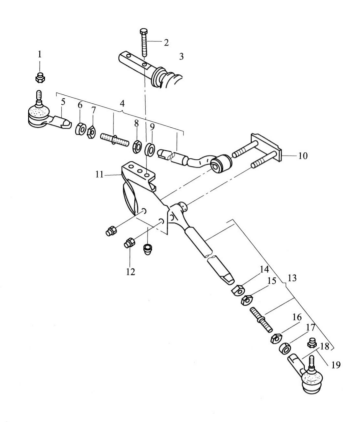

图3-70 桑塔纳2000型轿车转向横拉杆总成零件及装配关系
1、19-球头销螺母;2-螺栓;3-防尘套;4-左转向横拉杆总成;5、18-球形头;6、9、14、17-调整螺母;7、8、15、16-锁紧螺母;10-连接板;11-支架;12-螺母;13-右转向横拉杆总成

转向传动机构装配后,检查各连接部分的松动情况。可往复急转转向盘,察看转向横、直拉杆接头与球座的间隙,若有松旷,则须进行调整。

任务工作单

学习情境三:汽车转向不灵故障检修 工作任务二:转向操纵、传动机构的拆装、检查 与调整	班级		
	姓名		学号
	日期		评分

一、工作单内容
　　分组拆装上海桑塔纳轿车的转向操纵和转向传动机构,并进行检修。
二、准备工作
　　说明:每位学生应在工作任务实施前独立完成准备工作。
1.下图为东风汽车采用的转向操纵机构,请指出指定部分的名称,填写在对应的序号线内。

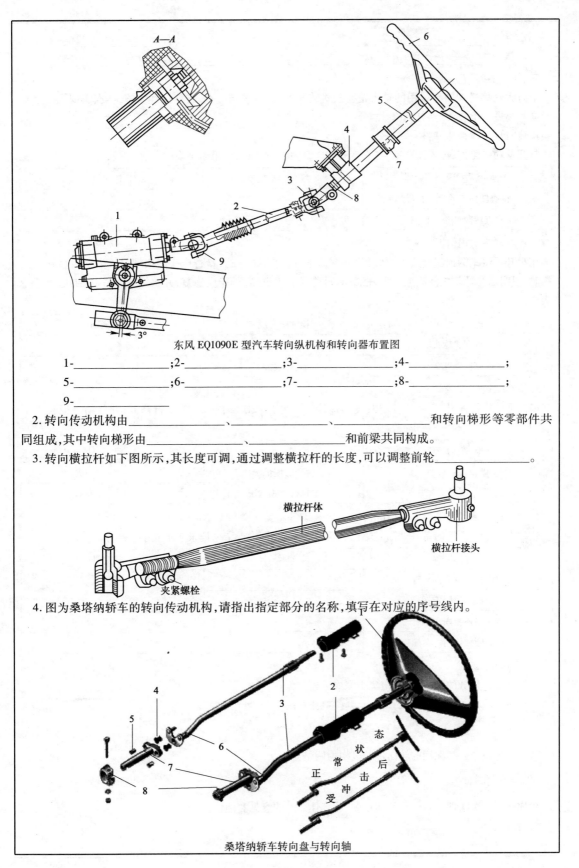

东风 EQ1090E 型汽车转向纵机构和转向器布置图

1-_____；2-_____；3-_____；4-_____；
5-_____；6-_____；7-_____；8-_____；
9-_____

2. 转向传动机构由_____、_____、_____和转向梯形等零部件共同组成，其中转向梯形由_____、_____和前梁共同构成。

3. 转向横拉杆如下图所示，其长度可调，通过调整横拉杆的长度，可以调整前轮_____。

4. 图为桑塔纳轿车的转向传动机构，请指出指定部分的名称，填写在对应的序号线内。

桑塔纳轿车转向盘与转向轴

1-_____;2-_____;3-_____;4-_____;
5-_____;6-_____;7-_____;8-_____

三、任务实施

上海大众桑塔纳轿车采用的是齿轮齿条式转向器,其拆装与检查、维修已经实施,本次实训主要是对转向系统进行检查、调整与维修。

1. 转向盘的检查与调整

打开发动机舱盖,进入驾驶室,左右转动转向盘,将检查结果记录于下表中。

检 查 内 容	检 查 结 果	处 理 意 见
检查转向盘的自由行程		
检查转向盘松旷异响		

2. 检查球头磨损情况

用举升器将车辆顶起到适当位置,并可靠锁止,用力推拉球碗,检查球头磨损情况。如果明显感觉到松旷,说明球与球碗之间间隙过大,根据不同类型的球头,进行相应修复,并将检查、处理结果记录于下表中。

球 头 类 型	检 查 情 况	处 理 意 见
可调式球头	间隙过大	
一次性球头	间隙过大	

3. 检查横拉杆

横向推拉横拉杆,检查横拉杆与其支架连接衬套处是否松旷,如果有,进行修复,并将结果记录于下表中。

检 查 内 容	检 查 结 果	处 理 意 见
横拉杆与衬套之间配合情况	衬套磨损情况	
	横拉杆磨损情况	

4. 检查转向系固定螺栓紧固情况

用扭力扳手检查转向系各处固定螺栓的紧固情况,并将检查结果记录于下表中。

检 查 内 容	检 查 结 果	处 理 意 见
转向横拉杆球头固定螺母		
横拉杆支架固定螺母		
转向器横板固定螺母		
转向器圆柱体内六角螺栓		

四、工作小结

通过此工作任务的实施,各小组集中完成下述工作。

1. 对转向系相关部件进行检查时,有哪些要注意的?

2. 叙述与独立悬架配用的转向传动机构的调整方法。

3. 你认为本次实训是否达到预期目的,还有什么好的意见和建议?

工作任务三　汽车机械转向系故障检修

 **任务概述**

1. 应知应会

通过本工作任务的学习与具体实施,学生应学会下列知识:

(1)熟悉汽车机械转向系常见故障的现象。

(2)熟悉汽车机械转向系常见故障的检修。

应该掌握下列技能:

(1)会对汽车机械转向系故障进行诊断。

(2)会对汽车机械转向系故障进行检查、调整以及检修。

2. 学习要求

(1)在每个工作任务的学习过程中,完成相关任务工作单的填写,并通过课程网络及时提交给相关教师。任务工作单提交方法详见课程网站。

(2)在每个学习情境实施阶段的中期或后期,按要求填写检修工作单。学习结束后,按要求填写学生考核记录表,进行自我评价后交小组长,小组长评价后连同检修工作单统一交教师。

(3)每个情境学习到评价环节时,个人进行任务完成情况的评估。教师对小组抽查,被抽查的个人上台进行讲评。

 相关知识

一、转向不灵故障分析

1. 故障现象

汽车保持直线行驶位置静止不动时,转向盘左右转动的游动角度太大。

2. 故障原因

(1)转向器传动副啮合间隙过大或轴承松旷。

(2)转向轴与转向盘连接部位松动。

(3)转向传动机构各球头销处或连接处松动。

(4)前轮轮毂轴承间隙过大。

(5)转向节主销与衬套磨损松旷。

二、转向沉重故障分析

1. 故障现象

汽车转向时,转动转向盘感到比平时沉重费力,无回正感。

2. 故障原因

由于各部间隙过紧、运动机件变形、缺油以及其他方面的原因,造成机件运动阻力增大甚至运动发卡所致,具体原因如下:

(1)转向器。如传动副啮合间隙过小;转向器各轴承轴向间隙过小或损坏;转向器缺油;

转向轴弯曲或转向管柱凹陷,互相摩擦或卡住等。

(2)转向传动机构。如球头销配合处过紧,或者缺油;转向节推力轴承缺油、损坏或装配过紧;转向节主销与衬套装配过紧或缺油;横、直拉杆或者转向节变形等。

(3)其他方面原因。如轮胎气压过低、前轮定位失准、前轮毂轴承过紧、前桥或者车架变形等。

三、单边转向不足故障分析

1. 故障现象

汽车行驶时,驾驶员必须紧握转向盘,才能保持直线行驶,若稍有放松便自动跑向一边。

2. 故障原因

主要由于汽车左右两边几何尺寸或滚动阻力不相等所致,具体原因如下:

(1)左右两轮气压不等、轮胎磨损不均或规格不等,造成滚动半径不等,汽车自动向滚动半径小的一边跑偏。

(2)两前轮的主销后倾角或车轮外倾角不等。

(3)两前轮轮毂轴承或轮毂油封的松紧程度不一。

(4)有一边车轮制动拖滞。

(5)前轴、车架发生水平平面内的弯曲。

(6)左右两个前钢板弹簧挠度不等、弹力不一或单边松动、断裂。

(7)前束值不准,过大或者过小。

(8)装载不均。

 任务实施

一、转向不灵故障检修

顶起前桥,使前轮悬空,转动转向盘。若感到明显轻便省力,则故障在前轮、前桥或车架。此时,应检查轮胎气压是否过低、前轴有无变形、前钢板弹簧是否良好、前轮定位等。必要时,应对前轮及车架是否变形进行检查。

若转向仍然沉重费力,则将转向摇臂拆下,继续转动转向盘,若明显轻便省力,则故障在转向传动机构。此时,检查各球头销是否装配过紧,检查各拉杆及转向节有无变形,检查转向节主销轴向间隙是否过小等。检查时,通常可用手扳动两车轮左右转动,察看各传动部分,并用两手上下扳动车轮检查轮毂轴承的松紧度。

若仍沉重费力,则故障在转向器。先检查外部转向轴,有无变形凹陷等。再检查啮合间隙是否过小、轴承间隙是否过小、是否缺油、有无异响等。

二、单边转向不足故障检修

(1)首先检查车厢装载是否均匀、两前轮磨损和气压是否一致。

(2)汽车走热后,检查左右两边的制动鼓和轮毂温度是否相等。如果不等,则温度高的一侧车轮有制动拖滞或轮毂轴承、油封过紧情况。

(3)检查钢板弹簧有无松动、断裂,车桥有无歪斜移位,车架有无变形等。

(4)如上述部位均良好,则应对前轮定位、前轴变形、左右轴距等做进一步测量检查。

三、转向自由转动量过大

转向自由转动量过大,主要是由于磨损和松动导致的各部间隙过大所致。检查时,可一人转动转向盘,另一人观察转向摇臂摆动。当摇臂开始摆动时,转向盘自由转动量很大,说明转向盘至转向摇臂各处松旷,应分别对转向轴与转向器的连接情况、转向器的传动副啮合间隙或轴承预紧度、转向摇臂与摇臂轴的连接情况进行检查和调整。

若摇臂开始摆动时,转向盘自由转动量不大,说明转向摇臂至车轮各处松旷,应分别检查转向直拉杆球头销、转向节与主销的配合、转向横拉杆球头销以及轮毂轴承等的松动情况,必要时应进行调整。

四、转向系的检测与故障诊断

1. 转向盘自由行程的检测

转向盘自由行程,是指处于直线行驶位置的前轮不发生偏转的情况下,转向盘所能转过的角度。它是转向系各部件配合间隙的总反映。

将如图 3-71 所示的转向参数测量仪安装于转向盘上。使前轮保持直线位置,将测量仪接好电源,按下"角测"按钮。向一个方向缓慢转动转向盘直至车轮开始摆动,停止转动转向盘,仪器显示出转向盘的自由转动角度。将转向盘回正后,可测出另一个方向的自由转动角度。

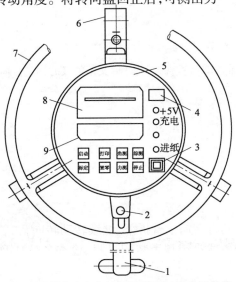

图 3-71 转向盘自由行程检测用转向参数测量仪

1-固定杆;2-固定螺钉;3-电源开关;4-电压表;5-主轴箱;6-连接叉;7-操纵盘;8-打印机;9-显示器

一般新车或大修车的转向盘自由行程不得大于 10°~15°,在用车转向盘自由行程不得大于 30°。否则,应进行调整或检修。

2. 转向盘转动阻力检测

转向盘转动阻力过大,会使转向沉重,增加驾驶员的劳动强度,容易造成行车事故。当转向系各部间隙过小,机件变形造成运动发卡以及齿轮油黏度过大时,转向盘转向阻力增大。转向盘转动阻力可用如图 3-72 所示的弹簧秤拉动转

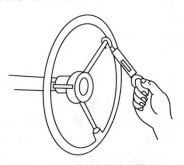

图 3-72 转向盘转向阻力的检查

向盘边缘进行测量。也可用图 3-71 所示的转向参数测量仪进行检查。

任务工作单

学习情境三:汽车转向不灵故障检修 工作任务三:汽车机械转向系故障检修	班级			
	姓名		学号	
	日期		评分	

一、工作单内容
分组检修上海桑塔纳轿车转向系的故障。

二、准备工作
说明:每位学生应在工作任务实施前独立完成准备工作。

1. 在操纵汽车转向盘时,感觉到松旷量很大,需用较大幅度转动转向盘,才能控制汽车行驶方向;汽车在直线行驶时又感到行驶不稳,试分析其产生的原因,提出维修方案。

2. 汽车在行驶中,感到转动转向盘沉重费力,转弯后又不能及时回正方向。分析其产生的原因并予以排除,记录诊断步骤和排除方法。

3. 汽车转弯时,时常出现转向盘左右转动量或车轮转角不等的现象,分析其产生的原因并予以排除。记录诊断和排除方法。

三、任务实施
机械转向系在使用过程中由于维护调整不当、磨损、碰撞变形等原因,会使转向器过紧、转向传动机构和转向操纵机构松旷、变形、发卡等,从而造成转向不灵、转向沉重、行驶跑偏、单边转向不足、低速摆头和高速摆头等故障。

1. 转向不灵故障诊断
(1)体验故障。
①实车操纵转向盘,是否感觉到松旷量很大,需用较大幅度转动转向盘,才能控制汽车行驶方向。
②驾驶汽车,感觉汽车在直线行驶时会不会感到行驶不稳。
(2)检查故障。对故障车进行检查,并将检查结果记录于下表中。

检查内容	检查结果
转向器的啮合间隙	
转向轴与转向盘之间配合情况	
转向传动机构各球头销处配合情况	
前轮轮毂轴承间隙	

(3)排除故障。针对检查出的故障,提出处理意见并进行排除,将排除方法记录于下表中。

检查的故障名称	处理方法
故障1:	
故障2:	
故障3:	

2. 转向沉重故障诊断
(1)体验故障。驾驶汽车,感觉汽车在行驶中,转动转向盘沉重费力,转弯后又不能及时回正方向的现象。如果存在这些现象,说明该车有转向沉重故障。
(2)检查故障。对故障车进行检查,并将检查结果记录于下表中。

检查内容	检查结果
检查转向器的润滑、摇臂与衬套间的配合和啮合间隙情况	
检查转向传动机构各处的润滑情况、转向直拉杆和横拉杆上球销调整情况、转向节主销与衬套配合间隙等情况	
检查前轴是否有变形和扭转情况	
检查轮胎气压情况	
检查前轮轮毂轴承调整情况	
检查车架是否有弯曲、扭转变形	
检查前钢板弹簧或前悬架是否有变形	
检查前轮定位情况	

(3)排除故障。针对检查出的故障,提出处理意见并进行排除,将排除方法记录于下表中。

检查的故障名称	处理方法
故障1:	
故障2:	
故障3:	
故障4:	
故障5:	

3. 单边转向不足故障诊断

(1) 体验故障。驾驶汽车,感觉汽车在转弯时,会不会出现转向盘左右转动量或车轮转角不等这些现象,如果会,说明该车存在单边转向不足的故障。

(2) 检查故障。对故障车进行检查,并将检查结果记录于下表中。

检 查 内 容	检 查 结 果
检查转向摇臂安装位置	
检查转向角限位螺钉调整情况	
检查前钢板弹簧紧固情况	
检查直拉杆是否有弯曲变形	
检查钢板弹簧的安装位置	

(3) 排除故障。针对检查出的故障,提出处理意见并进行排除,将排除方法记录于下表中。

检查的故障名称	处 理 方 法
故障1:	
故障2:	
故障3:	

四、工作小结

通过此工作任务的实施,各小组集中完成下述工作:

1. 简单地总结一下排除转向不灵故障的基本方法。

2. 你认为本次实训是否达到预期目的,还有什么好的意见和建议?

学习情境四　汽车转向沉重故障检修

情境概述

本学习情境主要讲授汽车动力转向系统的结构、组成和工作原理,拆装与性能检测、常见故障的诊断及排除方法。根据岗位职业能力的要求,本情境共安排两个真实的工作任务。

一、职业能力分析

通过本情境的学习,期望达到下列目标。

1. 专业能力

(1)会检查动力转向零部件的技术状况。
(2)能熟练拆装动力转向系统。
(3)能熟练使用仪器设备检测动力转向系统。
(4)会诊断汽车转向沉重故障。

2. 社会能力

(1)通过分组活动,培养团队协作能力。
(2)通过规范文明操作,培养良好的职业道德和安全环保意识。
(3)通过小组讨论、上台演讲评述,培养与客户的沟通能力。

3. 方法能力

(1)通过查阅资料、文献,培养个人自学能力和获取信息能力。
(2)通过情境化的工作任务活动,掌握解决实际问题的能力。
(3)填写任务工作单,制订工作计划,培养工作方法能力。
(4)能独立使用各种媒体完成学习任务。

二、学习情境描述

维修业务接待员接到客户一辆轿车后,递交给学员一个维修任务,要求检查并排除该车汽车转向沉重故障,制订计划,修复此故障。把故障信息和修复情况告知客户,得到客户的确认,提交一份分析报告并归档。

三、教学环境要求

本学习情境要求,在理实一体化专业教室和专业实训室完成。要求配备制动失效故障轿车四辆、汽车举升工位四个、制动试验台一台、各种拆装工具四套。同时,提供相关车辆的汽车维修手册、使用说明书;可以用于资料查询的电脑、任务工作单、多媒体教学设备、课件和视频教学资料等。

学生分成四个小组,各组独立完成相关的工作任务,并在教学完成后提交任务工作单。

工作任务一　汽车动力转向系的拆装、检查

 任务概述

1. 应知应会

通过本工作任务的学习与具体实施,学生应学会下列知识:

(1)熟悉动力转向系统的功能、组成以及类型。

(2)熟悉液压式动力转向系统的构造。

(3)熟悉电控液压动力转向系统的工作原理。

(4)熟悉电控动力转向系统的工作原理。

应该掌握下列技能:

(1)会拆装动力转向系统。

(2)会对动力转向系统进行检查、试验和调整。

2. 学习要求

(1)在每个工作任务的学习过程中,完成相关任务工作单的填写,并通过课程网络及时提交给相关教师。任务工作单提交方法详见课程网站。

(2)在每个学习情境实施阶段的中期或后期,按要求填写检修工作单。学习结束后,按要求填写学生考核记录表,进行自我评价后交小组长,小组长评价后连同检修工作单统一交教师。

(3)每个情境学习到评价环节时,个人进行任务完成情况的评估。教师对小组抽查,被抽查的个人上台进行讲评。

 相关知识

一、动力转向装置的概述

机械转向系很难同时满足转向轻便和转向灵敏两方面的要求。因此,在中型以上的载货汽车和中级以上的轿车转向系中,大部分采用了动力转向装置。动力转向装置是以发动机输出的部分动力为能源来增大驾驶员操纵转向轮转向的力量,从而使转向操纵轻便;同时,转向器的角传动比还较小,故又能满足转向灵敏的要求。

动力转向装置按传能介质的不同,可分为液压式和气压式两种。液压式动力转向装置的部件结构紧凑、尺寸小、工作滞后时间短、工作时无噪声,而且能吸收冲击和振动,故目前广泛应用于各级各类汽车。本节所讨论的动力转向装置只限于液压式。

液压式动力转向装置按液流形式,又可分为常流式和常压式两种。常流式是指汽车不转向时,系统内工作油是低压,分配阀中滑阀在中间位置,油路保持畅通,即从油泵输出的工作油经分配阀回到油罐,一直处于常流状态,这是目前应用较为广泛的一种。常压式是指汽车不转向时,系统内工作油是高压,分配阀总是关闭的。常压式需要储能器,油泵排出的高压油,储存在储能器中,达到一定的压力后,油泵自动卸载空转。

根据机械式转向器、转向动力缸和转向控制阀三者在转向装置中的布置和连接关系的不同,液压动力转向装置分为整体式、组合式和分离式三种结构。

整体式液压动力转向装置的转向控制阀、转向动力缸与机械转向器组合成一个整体,安装在转向轴的下端。这种转向装置结构紧凑,输油管路简单,在汽车上布置容易,但要从汽车上将其拆下修理较为困难。另外,转向传动装置中的所有零件都要承受由转向动力缸增强了的转向力,因此这些零件的结构强度要加大,转向器本身对密封性能的要求也要提高。整体式转向器在轿车上应用广泛,最近重型汽车上也有应用。

组合式液压动力转向装置是将机械转向器、转向动力缸以及转向控制阀三者中的两者组合制成一个整体。常见的有两种类型:一是将转向动力缸与转向控制阀组合成一个整体(称为转向加力器)布置在转向传动机构中,而机械转向器作为独立部件。另一种是将转向控制阀与机械转向器组合成一个部件(称为半整体式动力转向器),转向动力缸则作为独立部件。

分离式液压动力转向装置的转向动力缸、转向控制阀和机械转向器都是单独设置的。这种转向装置在结构紧凑、安装位置狭窄的轻型载货汽车和轿车上有所采用,但应用范围很小。

液压式动力转向装置按转向控制阀阀芯的运动方式,还可分为转阀式和滑阀式两种。

二、动力转向装置的组成与工作原理

1. 动力转向装置的组成

动力转向系是在机械式转向系的基础上增加一套动力辅助装置而构成的,一般由机械转向器、转向控制阀、转向动力缸以及将发动机输出的部分机械能转换为压力能的转向油泵(或空气压缩机)、转向油罐等组成,如图4-1所示。转向油泵2安装在发动机上,由曲轴通过皮带驱动并向外输出液压油。转向储油罐1有进出油管接头,通过油管分别与转向油泵和转向控制阀3连接。转向控制阀用以改变油路。机械转向器动力缸4有左右两个工作腔,它们分别通过油道与转向控制阀3连接。

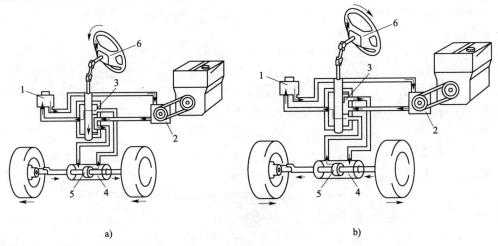

图4-1 液压动力转向系示意图
a)右转向情况;b)左转向情况
1-储油罐;2-转向油泵;3-控制阀;4-动力缸;5-活塞;6-转向盘

2. 动力转向装置的工作原理

当汽车直线行驶时,转向控制阀3将转向油泵2泵出来的工作液与油罐相通,转向油泵处于卸荷状态,动力转向器不起助力作用。当汽车需要向右转向时,驾驶员向右转动转向盘,转向控制阀 3 将转向油泵 2 泵出来的工作液与转向器动力缸 4 的右腔接通,将左腔与油罐接通,在油压的作用下,活塞向左移动,通过传动机构使左右轮向右偏转,从而实现右转向,如图 4-1a)所示。向左转向时,情况与上述相反,如图 4-1b)所示。

三、转阀式动力转向器

桑塔纳 2000 型轿车采用的是转阀式动力转向器,如图 4-2 所示。它主要由液压油泵 3、分配阀 12、限压阀和溢流阀 1 和齿轮齿条式转向器等组成。

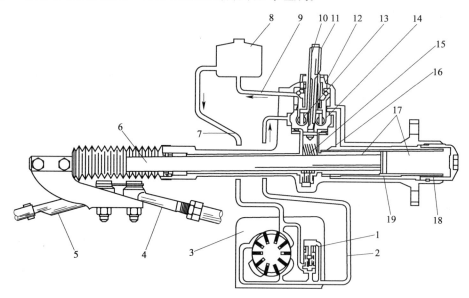

图 4-2 桑塔纳轿车动力转向系

1-限压阀和溢流阀;2-高压油管;3-液压油泵;4-左转向横拉杆;5-右转向横拉杆;6-齿条;7-进油管;8-储油罐;9-回油管;10-转向齿轮;11-扭力杆;12-分配阀;13-右阀芯;14-左阀芯;15-活塞右腔进油管;16-活塞左腔进油管;17-压力腔;18-动力缸;19-活塞

工作时,液压油泵(叶片泵)在发动机驱动下从储油罐 8 中吸进液压油(ATF 润滑油),并将具有压力的液压油输入到动力转向器的分配阀 12 处。分配阀控制液压油的流向,根据转向盘输出的转向大小和方向,分配阀控制液压油时入工作缸的压力腔 17,或返回储油罐。进入工作缸的油压帮助推动齿条移动,即起到助力作用。工作缸另一侧的液压油在转向器活塞 19 的推动下,通过分配阀流回储油罐。

如图 4-3a)和图 4-4a)所示,在直线行驶时,转向盘处于中间位置,阀芯和阀套也处于中间位置,所有控制口接通,液压油毫无阻碍地流经分配阀返回到储油罐。

转向盘转动时,转向轴带动阀芯相对于阀套转动,阀的控制边口位置发生变化,液压油将进入转向器的工作缸内,推动活塞和齿条移动。

如图 4-3b)和图 4-4b)所示,当向右转动转向盘时,转向力矩使得转向齿轮轴转动,这就使得右阀芯下移,进油通道打开或加大;左芯阀上移,关闭进油通道,此时左右阀芯分别打开和关闭各自的回油通道。工作缸左侧的液压油推动转向活塞向右运动,起到助力作用。转向器活塞推力的大小,取决于进油通道的大小,也就取决于右阀芯移动的多少,即取决于转向盘转动的大小。与此同时,工作缸右侧的液压油在活塞的作用下,通过打开的回油环槽返回储油罐中。

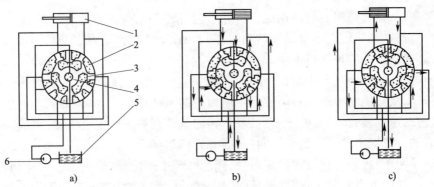

图4-3 桑塔纳轿车动力转向阀工作示意图
a)直线行驶时;b)右转向时;c)左转向时
1-转向器;2-阀套;3-阀芯;4-扭杆;5-储油罐;6-油泵

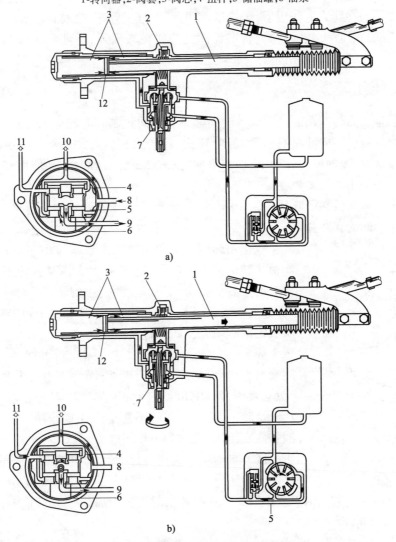

图4-4 桑塔纳轿车动力转向系工作原理
a)直线行驶时;b)向右转向时

1-齿条;2-齿轮;3-动力缸;4-回油节流阀;5-出油节流阀;6-阀芯;7-转向轴;8-进油口;9-回油口;10-通向动力缸左边;
11-通向动力缸右边;12-活塞

向左转向时,情况与向右转向相反,工作原理类似。

当转向盘停在某一位置不再继续转动时,阀芯便不再转动,动力缸左右两腔油压达到新的平衡后,转向轮的偏转角维持不动。

在转向过程中,转向盘转得越快,扭杆的扭转速度就越快,阀芯相对于阀体产生角位移的速度也越快,从而使动力缸左右两腔产生压力差的速度加快,转向轮的偏转速度也相应加快;转向盘转动速度慢,车轮偏转速度也慢;若转向盘转到某一位置上不动,对应的车轮也转到某一相应的位置上不动。这就是转向控制阀的"渐进随动原理"。

转向后需回正时,若驾驶员放松转向盘,阀芯回到中间位置,失去了助力作用,此时车轮在回正力矩的作用下自动复位;若驾驶员同时回转转向盘,动力转向装置帮助车轮回正。

当汽车直线行驶偶遇外界阻力使车轮发生偏转时,阻力矩通过转向传动机构作用在阀体上,使之与阀芯之间产生相对角位移,这样使动力缸左右腔油压不等,产生了与车轮转向相反的助力作用。在此力的作用下,车轮迅速回正,保证了汽车直线行驶的稳定性。

一旦液压助力装置失效,该动力转向器即变为机械转向器,保证汽车转向。不过,这时转向盘的自由行程加大,转向沉重。

四、转向油泵

转向油泵是动力转向系的动力源。转向油泵经转向控制阀向转向动力缸提供一定压力和流量的工作油液。转向油泵有齿轮式、叶片式、转子式和柱塞式几种。其中,叶片式转向油泵具有结构紧凑、输油压力脉动小、输油量均匀、运转平稳、性能稳定、使用寿命长等优点,被现代汽车广泛采用。

叶片式转向油泵按转子叶片每转一周的供油次数和转子轴的受力情况可分为单作用非卸荷式和双作用卸荷式两种。

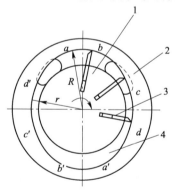

图4-5 双作用叶片泵工作原理图
1-转子;2-定子;3-叶片;4-配油盘

双作用卸荷式转向油泵工作原理,如图4-5所示。双作用卸荷式转向油泵由转子、定子、叶片和配油盘等组成,其转子与定子的中心相重合,定子2的内表面不是圆形而是一个近似的椭圆形,它由两条长半径R(ab、$a'b'$)和两条短半径r(cd、$c'd'$)所决定的圆弧以及四段过渡曲线所组成。当转子旋转,叶片由短半径r向长半径R处运动时,两相邻叶片间油腔的工作容积逐渐增大,形成局部真空而吸油;而叶片由长半径R向短半径r处运动时,两相邻叶片间油腔的工作容积逐渐减小而压油。转子每转一周,叶片在转子切槽内往复运动两次,完成两次吸油和两次压油,故称为双作用叶片泵。由于两个吸油区和两个压油区各自的中心夹角对称,所以作用在转子上的油压作用力相互平衡,故又称为卸荷式叶片泵。为了使转子受到的径向油压力完全平衡,工作油腔数(即叶片数)应当为偶数。由于双作用卸荷式叶片泵对转轴附加载荷小于单作用非卸荷式叶片泵,所以被广泛采用。

北京切诺基采用双作用卸荷式叶片泵,其构造如图4-6所示。左右配油盘23和19以外圆柱面与壳体1的内孔滑动配合,右配油盘与配合面之间装有O形密封圈10,使右配油盘的外侧腔室(和油泵出油道相通的腔——压油腔)与壳体的进油腔31隔开。右配油盘19上开有两个对称的吸油凹槽J,此凹槽与壳体的进油腔31相通,以实现双边进油。左右配油盘上还开有两个对称的压油凹槽 E。其中,左配油盘 23 的压油凹槽没有轴向贯通的孔道。转子工作腔内压出的油液通过此凹槽和定子上的八条轴向通孔 29 进入右配油盘 19 的压油凹槽;右配油盘的压油凹槽经腰形轴向通道及壳体的压油腔与出油道 9 相通。

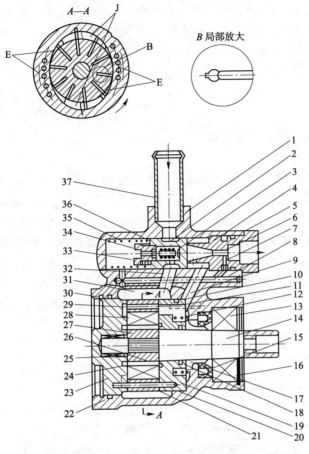

图 4-6　北京切诺基叶片式转向油泵

1-壳体;2-溢流阀;3-安全阀弹簧座;4-出油管接头;5、10、18、22-O 形密封圈;6-节流孔;7-感压小孔;8-横向油道;9-出油道;11、20-定位销;12-配油盘压紧弹簧;13-轴承;14-驱动轴;15-骨架油封;16-卡圈;17-隔套;19-右配油盘;21-定子;23-左配油盘;24、26-环形油槽;25-滚针轴承;27-转子;28-叶片;29-定子轴向通孔;30-弹性挡圈;31-进油腔;32-进油道;33-螺塞;34-钢球;35-溢流阀弹簧;36-安全阀弹簧;37-进油管;J-吸油凹槽;E-压油凹槽

　　定位销 11 用来保证右配油盘和壳体的相互周向定位,从而实现配油盘各配油口以及壳体进出油道之间的正确定位。左右配油盘与定子的接触端面靠弹簧 12 的弹力压紧。壳体端部用密封圈 22 密封。弹性挡圈 30 用以限制左配油盘的轴向移动。定子 21 通过对称的两个定位销 20 与左右配油盘周向定位。

　　转子 27 位于定子 21 的内孔中,它以三角形花键孔与驱动轴 14 的花键轴段相连接。转子沿圆周方向均匀地开有 10 条径向切槽,每一切槽内均装有一片矩形滑动叶片 28,叶片两长边制成圆弧形,以利于与定子内表面的良好接触。为保证叶片与定子接触可靠,除依靠叶片本身的离心力外,还在叶片槽根部引入高压油,如图 4-6 中局部放大图 A—A 所示。在左右配油盘 23、19 与转子叶片槽根部相对应的圆周上分别开有环形油槽 24、26,高压油通过此油槽即可进入叶片槽根部油腔内,其油压随油泵工作负荷的增大而升高,使叶片对定子表面的压紧力相应增大,从而保证油泵可靠的工作。

驱动轴 14 右部通过向心球轴承 13 支承在壳体 1 上,其左端支承于左配油盘无内圈滚针轴承 25 中。轴 14 的左中段制有三角形花键;轴的右端与皮带盘相配合,发动机传出的动力由此输入,通过花键带动转子旋转。

转子和叶片、驱动轴和右配油盘、转子和两配油盘等接触摩擦表面及滚针轴承 25 均利用工作腔的泄漏油液润滑。润滑后,油液返回进油腔,参与再循环。油泵工作时,转子、定子、叶片与配油盘的轴向间隙取决于压紧弹簧 12 的张力和出油腔的油压。

叶片式转向油泵的输出油量随转子转速的升高而增大,为了限制发动机高转速时的输出油量,避免油温过高,油泵装有流量控制阀。转向油泵的输出油量取决于动力转向系统的负荷(流通阻力),为了限制最高输出油压,防止油压过高损坏机件,造成不正常的漏油,转向油泵装有压力控制阀。流量控制阀和压力控制阀位于转向油泵的进出油道之间,统称为溢流阀,起上述双重作用。

随着发动机转速的升高,转向油泵输出油量相应增大,通过节流孔 6 的油液流速亦相应增大,静压力相应降低,此压力经感压小孔 7 和横向油道 8 传到溢流阀 2 的左侧。该阀 2 在此压差作用下压缩弹簧 35 左移,开启进油道 32 和出油道 9 之间的通道,一部分油液返回进油腔,形成小循环,使转向油泵输出油量相应减少,以限制油泵过高的输出油量。输出油压力过高(如油道堵塞等原因造成)时,过高的油压经小孔 7、油道 8 传至阀 2 左侧,迫使钢球 34 通过弹簧座 3 压缩弹簧 36,则高压油就通过带滤网的螺塞 33 的中心孔回流到进油腔 31,从而限制了最高出油压力,起到了安全保护作用。由螺塞 33、弹簧座 3、钢球 34 和弹簧 36 组成的阀件称为安全阀。

五、电子控制转向系统

采用动力转向装置的目的是使转向操纵轻便,提高响应特性。一般来说,在停车状态或车速低时,转向盘的操纵很重,中速时轻快,当车速增高时更轻快。若使停车及低速时的操纵力减小,则当高速行驶时,会因操纵力过小造成汽车操纵稳定性差。反之,若加大高速行驶时的操纵力,则停车及低速行驶时的操纵力就会过大。为了使各种行驶条件下转向盘上所需要的操纵力都是最佳值,即在停车状态时能提供足够的助力,使原地转向容易,而随着车速的增加助力逐渐减小,在高速行驶时则无助力作用或助力很小,以保证驾驶员有足够的"路感",在中高级轿车上采用了电子控制动力转向系统。

电子控制动力转向系统有电子控制液压动力转向系统和电子控制电力动力转向系统两大类。

1. 电子控制液压动力转向系统

电子控制液压动力转向系统有电子液压式和电动液压式等动力转向系统。

(1)电子液压式动力转向系统。典型电子液压式动力转向系统如图 4-7 所示,系统主要由转向控制阀、分流阀、电磁阀、转向动力缸、转向油泵、储液罐、车速传感器(图中未画出)、齿轮齿条式机械转向器以及电控单元等组成。

转向控制阀是在传统的整体式动力转向控制阀的基础上增设油压反力室构成的。扭杆 7 的上端通过锁销 9 与转阀阀杆 10 相连,下端与小齿轮轴 13 用销 24 连接。小齿轮轴上端用销 12 与控制阀阀体 11 相连。转向时,转向盘上的转向力通过扭杆传给小齿轮轴。当转向力增大,扭杆发生扭转变形时,控制阀体和转阀阀杆之间将发生相对转动,于是改变了阀体和阀杆之间的通断关系和工作油液的流动方向,从而实现转向助力作用。

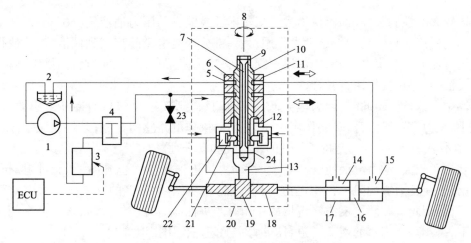

图 4-7 电子液压式动力转向系统

1-转向油泵;2-储液罐;3-电磁阀;4-分流阀;5、6-油孔;7-扭杆;8-转向盘;9-锁销;10-转阀阀杆;11-阀体;12-销;13-小齿轮轴;14-动力缸左腔;15-动力缸右腔;16-动力缸活塞;17-动力缸;18-齿条;19-小齿轮;20-动力转向器;21-柱塞;22-油压反力室;23-阻尼孔;24-销

分流阀把来自转向油泵的油液向控制阀一侧和电磁阀一侧进行分流。按照车速和转向要求,改变控制阀一侧和电磁阀一侧的油压,确保电磁阀一侧有稳定的油液流量。

阻尼孔的作用是把供给转向控制阀的一部分流量分配到油压反力室一侧。

电磁阀由 ECU 根据车速进行控制,其结构如图 4-8 所示。车速低时,电磁线圈控制脉冲的占空比大,因而其平均通电电流大,滑阀升程大,流向储液罐的回流量增加;当车速升高时,占空比小,则滑阀升程小,油液回流量减少。

油压反力室如图 4-9 所示,内有 4 个柱塞,周围充满压力油,中部有随转向扭杆而转动的操纵杆。中高速时,反力室油压升高,转向时扭杆带动操纵杆触动柱塞,强迫柱塞克服油的反作用力而运动,形成较大的阻尼作用,使转向操纵力增大,形成明显的转向路感。低速时,由于反力室油压低,转向时柱塞上基本不起阻尼作用。

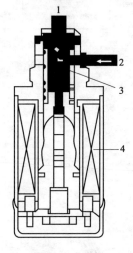

图 4-8 电磁阀
1-回油;2-来自分配阀;3-滑阀;
4-电磁线圈

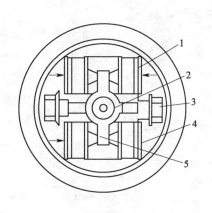

图 4-9 油压反力室
1-柱塞;2-转向阀轴;3-限位螺塞;4-油压反作用力;5-操纵杆

当车辆低速行驶或处于停车状态时,转向 ECU 接收车速是低速的信号,即向电磁阀提

供占空比较大的控制脉冲,回流量增大。从转向油泵输出的压力油液经分配阀后,一部分经转向控制阀再流向转向动力缸起助力作用;另一部分则经电磁阀流回到储液罐,这使得流向反力室的液流大大减少,反力室中油压下降,失去反力阻尼作用,故此时转向操纵力很小,转向轻巧灵活,对停车或低速行驶转向十分有利。

车辆中高速行驶转向时,因为电磁阀从 ECU 只得到随车速增高而逐渐减小的电流,回流量减小,反力室油压上升,转向作用加强,使转向操作的路感明显,有效地克服了高速转向"发飘"和不易掌握的缺陷,提高了行驶的稳定性和安全性。

当转向角较大、动力缸液压升高较大时,动力缸进油管压力也升高,则通过阻尼孔的流量自然增加,使反力室的阻尼作用迅速得到加强。然而增加过多的转向操纵力会对驾驶不利。为此,分配阀应有限制反力室流量的作用。当进油压力升至较高时,推动分配阀下阀体逐渐向下,关小至反力室的液流通道,使反力室的阻尼作用得以抑制。

(2)电动液压式动力转向系统。电动液压式动力转向系统是用由 ECU 控制的电动转向油泵取代传统由发动机驱动的转向油泵工作,因而能根据汽车行驶状态,在需要助力时,才使转向油泵工作;同时,根据车速和转向角的变化,使驾驶员感受到转向力的变化,以增强"路感"。电子控制的电动液压式动力转向系统,如图 4-10 所示。系统由电动转向油泵、动力转向器、信号控制系统(电脑)和功率控制系统等组成。

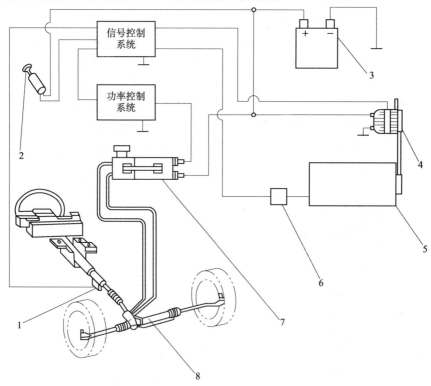

图 4-10 电动液压式动力转向系统

1-转向盘转角传感器;2-点火开关;3-蓄电池;4-交流发电机;5-发动机;6-车速传感器;7-电动转向油泵;8-动力转向器

电动转向油泵类似于电控燃油喷射系统中采用的电动燃油泵。在信号控制系统(电脑)内,已存储有根据试验获得的不同运转条件下的控制方法,根据转角传感器的转角信号、车身传感器的车速信号判定行驶状况,计算出应向电动机提供的驱动电流,并向功率控制系统发出驱动信号,使电动转向油泵提供必要的油压至转向动力缸,以实现汽车动力转向。当控制系统异常时,可向驾驶员发出报警信号,并使安全保障机能发挥作用,确保转向操作处于正常状态。一旦控制系统出现故障,手动转向系统仍能确保转向机能。

功率控制系统接收信号控制系统的指令,调整油泵驱动电动机的供给电流,实现对系统油压的控制。

汽车在工作状态时,应根据各传感器的信号,实现以下功能。

(1)市区道路行驶时,转向盘转向操作轻便自如。

(2)郊区道路行驶时,转向盘转向轻便,以减轻中速行驶的疲劳强度。

(3)转弯或在连续弯道行驶时,转向盘上的"路感"应与路面一致。

(4)高速行驶时,转向盘应沉重,以提高稳定性和安全性。

这种转向系统结构紧凑,电动转向油泵可装在发动机以外的任何部位,但由于油泵伺服电动机的功率较小,所以仅适用于排量不大的轿车。

2. 电子控制电力动力转向系统

电子控制电力动力转向系统不使用液压装置,完全依靠电动机实现动力转向,使结构更加紧凑,图4-11为一种电力动力转向系统示意图。在系统中,齿条导向壳内装有电动机,转向齿条穿过电动机的空心转子,电动机转速由齿轮减速后,使球面螺杆转动。球面螺杆与循环球螺母之间装有很多钢球,由于钢球的循环作用,将球面螺杆的旋转运动通过循环球螺母转换为带动齿条左右移动的推力。这种结构由于传动齿轮与滑动齿轮相啮合,即使电动系统出现故障,驾驶员仍可通过齿轮齿条机构实现转向。

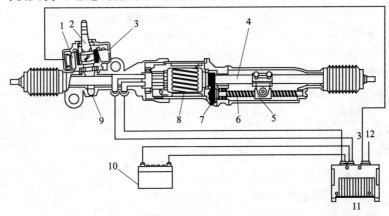

图4-11 电子控制电力动力转向系统

1-接口电路;2-小齿轮轴;3-转矩传感器;4-转向齿条;5-循环球螺母;6-球面螺杆;7-斜圆柱齿轮;8-电动机;9-转向器;10-蓄电池;11-转向ECU;12-车速传感器

该系统利用转向轴扭杆小齿轮部位的转矩传感器,检测转向转矩和转弯速度,再根据汽车车速传感器的信号,由ECU计算出最佳推动力后发出控制指令,控制齿条轴上的电动机工作。电动机的工作电流较大,要借助动力装置中的场效应晶体管,对电动机电流进行数字控制。

图4-12为另一种电子控制电动转向系统。执行部分为电动机、离合器与减速器,三者构成一体并通过橡胶底座安装在车架上。电动机输出的转矩经减速器增矩,由万向节传递给辅助转向器小齿轮,向转向齿条提供助推转矩。系统以转矩传感器、转向角传感器和车速传感器作为助力转矩的信号源。转矩传感器和转向角传感器安装在转向器中,车速传感器安装在仪表板内。

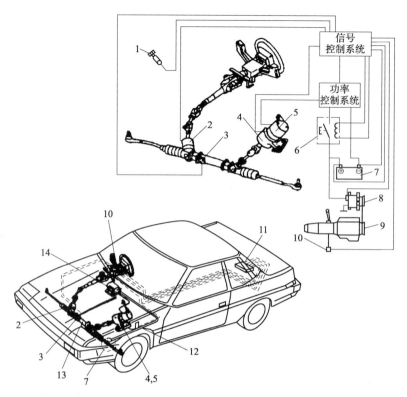

图 4-12 电子控制电动转向系统

1-点火起动开关；2-转矩传感器；3-转向角传感器；4-离合器和减速器；5-电动机；6-继电器；7-蓄电池；8-发电机；9-发动机；10-车速传感器；11-信号控制系统（电脑）；12-电动机继电器；13-转向器；14-功率控制系统

（1）转矩传感器。转矩传感器的功用是测量转向器小齿轮轴上的负载转矩，其测量原理是：当操纵转向盘时，转向轴将产生扭转变形，其变形的扭转角与转矩成正比。因此，只要测定扭转角即可得到转矩。图 4-13 为转矩传感器的工作原理图。用磁性材料制成的定子和转子形成闭合的磁路，线圈 L_1、L_2、L_3、L_4 分别绕在定子极靴上，接成桥式回路，a、b 为电桥的两输入端，c、d 为两输出端。在电桥的 a、b 端加入脉冲电压 U_i，当转向轴上无转矩时，其转角为零，转子与定子之间的相对转角也为零，其纵向对称面与定子 L_1、L_2、L_3、L_4 的对称面重合，每个极靴上的磁通量相同，电桥处于平衡状态，c、d 两端输出为零，即 $U_o = 0$。

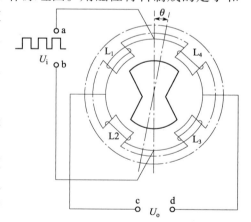

当转动转向盘时，转向盘扭杆产生扭转变形，使转子与定子之间产生角位移，于是 L_1、L_3 之间的磁阻增大，L_2、L_4 的磁阻减小，各线圈磁通产生差异，电桥失去平衡，c、d 间有电压输出。在转角较小的情况下，U_o 与 θ 成正比。

图 4-13 转矩传感器的工作原理图

（2）转向角传感器。转向角传感器有光电式传感器和霍尔式传感器，可根据齿条的位移量和位移方向测出转向角。图 4-14 所示传感器由啮合在齿条上的磁铁和固定在转向器上的磁性探测器组成，齿条移动所引起的磁通密度和极性的变化，由磁性探测的霍尔元件转换为电信号输出。

(3)电磁离合器。电磁离合器用来传递助力转矩,按 ECU 的指令及时接通和断开辅助动力。图 4-15 为单片式电磁离合器工作原理图。主动轮随电动机轴一起转动,来自控制装置的控制电流从滑环输入离合器电磁线圈,于是主动轮上产生电磁吸力,吸引装在花键上的压板移动并压紧主动轮,电动机的动力经主动轮、压板、花键、从动轴传到转向执行机构。

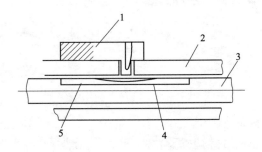
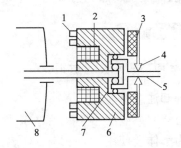

图 4-14 转向角传感器　　　　　　　　　图 4-15 单片式电磁离合器工作原理图
1-磁性敏感元件(霍尔元件);2-转向器;3-齿条;4-磁铁(S极);5-磁铁(N极)　　　　1-滑环;2-线圈;3-压板;4-花键;5-从动轴;6-主动轮;7-滚珠轴承;8-电动机

(4)控制系统。控制系统如图 4-16 所示,它由传感器、输入接口、信号控制系统(ECU)、输出接口、功率控制系统、执行器(助力电动机与电磁离合器)、反馈电路等组成。系统的输入信号,除了转矩、转向角和车速这三个控制助力转矩所必需的参数外,还有电动机电流、驱动装置温度、蓄电池端电压、起动机开关电压和交流发电机电枢端电压等输入信号。

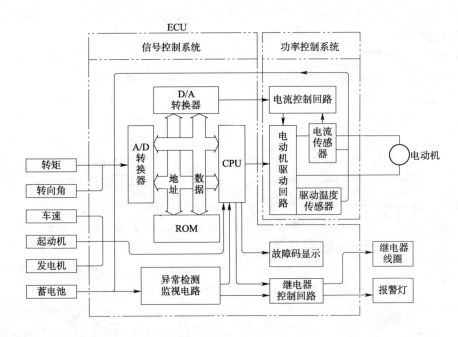

图 4-16 控制系统的组成

系统控制过程一般包括助力转矩控制过程和与安全功能有关的控制过程。

助力转矩的控制过程是,转矩和转向角信号经过 A/D 转换器后输入 ECU,ECU 根据这些信号和车速计算出最优化的助力转矩。信号控制系统将输出的数字量经 D/A 转换器转换为模拟量,再将其输入电流控制电路。电流控制电路把来自计算机的电流指令值同电动机电流实际值进行比较,并产生一个差值信号。该差值信号被送到电动机驱动电路,该电路便向电动机提供控制电流并驱动动力装置。

与安全功能有关的控制过程是,当由蓄电池电压过低检查电路、电源装置短路检查电路、时钟监视电路和其他检查电路(硬件)或由 ECU 检查出一个故障时,仪表板上的故障灯将被点亮,同时也将点亮信号控制系统上的故障代码显示灯。

一、动力转向系的拆卸

1. 拆卸注意事项

动力转向系液压元件都经过精密加工、精细装配与测试,使用维护中一般不应随意拆卸。因为解体会使密封件损坏,对于控制阀这样的精密配合副(重型车滑阀配合间隙为 0.01～0.02mm,轻型车转阀配合间隙仅为 0.01mm),稍不细心就会损伤。若必须解体时,须按各车型手册规定进行拆装。动力转向装置拆装的一般注意要点如下:

(1)控制阀阀芯在拆装时,应防止歪斜,以免碰伤、划伤零件的工作表面。

(2)特别注意保护密封元件,如油封、密封圈、活塞环等。在通过棱角、花键和螺纹时,避免划伤或擦伤其工作表面。必要时,应用工具,如导套进行拆卸和装配。O 形密封圈安装到位后,应无扭曲。

(3)已拆卸的和装配调试后待安装的转向油泵、控制阀与动力缸等液压元件上的油孔,以及拆开的液压管路接头,均应用专用堵塞随时堵住或用塑料薄膜包扎(但绝不可用棉纱堵塞),以免泥沙、灰尘、棉纱等进入元件和系统。

(4)液压元件装配时,应保持零件清洁。橡胶密封件应用液压油或酒精清洗,不可用汽油、煤油清洗。清洗后的零件应用压缩空气吹干,不允许用棉纱擦拭。装配时,零件表面应涂少许液压油。

(5)转向油泵在装配时,必须保持清洁;不得因装配而损伤叶片、转子、定子等精密零件的工作面;零件的装配标记和平衡标记相对应且位置正确;要求严格密封的接合面及其他密封部位,必须在衬垫上涂抹密封胶。

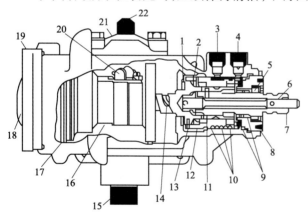

图 4-17 循环球转阀整体式动力转向器
1-推力轴承;2-密封圈;3-燃油口;4-出油口;5-油封;6-扭杆;7-枢轴;8-调整螺塞;9-轴承;10-密封圈;11-滑阀;12-阀体;13-定位销;14-转向螺杆;15-摇臂轴;16-转向齿条活塞;17-齿条活塞密封圈;18-端盖;19-壳体;20-钢球导管;21-侧盖;22-侧盖螺栓

2. 动力转向器的拆卸

以循环球式动力转向器(图 4-17)为例,在拆卸时,先将转向器壳体可靠地夹持在台钳上,拆卸顺序如下。

(1)拆卸摇臂轴。将摇臂轴上的扇形齿置于中间位置,先拆下摇臂轴油封;接着拆下侧盖固定螺栓,将摇臂轴压出约 20mm;然后给摇臂轴支承轴轴颈端套上约 0.1mm 厚的塑料筒,用手抓住侧盖抽出摇臂轴,同时用另一只手从另一端压入塑料筒,以防止轴承滚针散落到壳体内腔,引起拆卸不便,若是滑动轴承(衬套),则不需加塑料筒。

(2)拆前端盖。用冲头冲击前端盖的弹簧挡圈,然后逆时针转动控制阀阀芯的枢轴,取下前盖。

(3)拆卸转向齿条活塞。把有外花键的专用芯轴从前端插入转向齿条活塞的中心孔,直至顶住转向螺杆的端部。然后逆时针转动控制阀阀芯枢轴,将专用芯轴、齿条活塞、钢球作为一个组件整体取出。

(4)拆卸调整螺塞(上端盖)。应先在螺塞和壳体上做对位标记,以便装配时易于保证滑阀的轴向间隙。然后用专用扳手插入螺塞端面上的拆卸孔内,拆下调整螺塞,拆下时防止损坏调整螺塞。

(5)拆下阀体和密封元件。滑阀与阀体都是精密零件,其公差为0.0025mm,并且经过严格的平衡,在拆卸中不得磕碰,以防止损伤零件表面,拆下后应合理地堆放在清洁处。拆下所有的橡胶类密封元件。

3. 动力转向器的装配(图4-18)

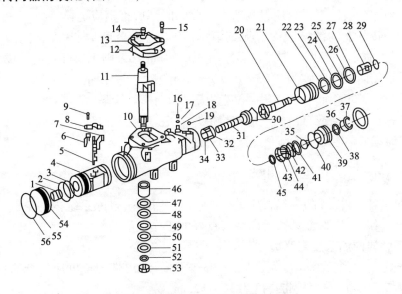

图4-18 循环球式动力转向器的组成

1-活塞熔堵塞;2、23、25、27-聚四氟乙烯密封圈;3-O形密封圈;4-齿条活塞;5-钢球;6、7-侧球导管;8-导管固定夹;9-导管固定夹螺栓;10-转向器壳体;11-摇臂轴;12-侧盖衬垫;13-侧盖;14-锁紧螺母;15-螺栓;16、19-软管接头座;17-单向阀;18-弹簧;20-输入轴总成;21-阀体;22、24、26-密封圈;28-阀芯;29、30、40、54-O形密封圈;31-转向螺杆;32-锥形推力轴承座圈;33、42-推力轴承;34-轴承座圈;35、46-滚针轴承;36-防尘密封圈;37、51-卡环;38-密封油封;39-调整螺塞;41-大推力挡圈;43-小推力轴承;44-隔圈;45、56-卡圈;47、48-密封圈;49、50-支承挡圈;52-垫圈;53-螺母;55-壳体前端盖

装配前,应将各零件清洗干净,并用压缩空气吹干,不得用其他织物擦拭。再按下顺序装配:

(1)将转向螺杆装入齿条活塞4中,然后将黑色间隔钢球和白色承载钢球相间从齿条活塞背上的两个钢球导孔中装入滚道。

(2)将钢球装满钢球导管7,再将导管插入导孔,按规定力矩用导管固定夹8固定好导管。

(3)将专用芯轴从齿条活塞前端装入齿条活塞,直至顶住转向螺杆31。

(4)安装阀体21与螺杆,阀体上的凹槽与螺杆的定位销必须对准。

(5)安装阀芯28、输入轴总成20,并装好推力轴承33,以及所有的橡胶密封圈和聚四氟乙烯密封圈。

(6)把阀体推入转向器壳体10中,把专用芯轴与齿条活塞一并装入壳体,待与螺杆咬合后,顺时针转动输入轴总成20,将齿条活塞拉出壳体后,再取出专用芯轴。

(7)安装调整螺塞39,并调整好调整螺塞的预紧度。

(8)安装摇臂轴组件,注意对正安装记号和按规定力矩紧固侧盖,并注意用适当厚度的垫片调整T形销与销槽之间的间隙,达到控制摇臂轴轴向窜动量的目的。

(9)整摇臂轴扇形齿与齿条活塞的咬合间隙,检验输入轴的转动力矩应符合原厂规定。

二、主要零件的检修

动力转向系各零件的主要耗损是密封件失效、各配合副配合表面磨损、拉伤等。

(1)控制阀的阀芯与阀体等精密配合表面磨损超过规定、定位孔出现裂纹或明显的磨损、阀芯在阀体内发卡时,一般不予修复而整体更换总成和元件。

(2)输入轴配合表面不得有明显的磨痕、划伤和毛刺,否则应更换。

(3)叶片与转子上的滑槽表面应无划痕、烧灼以及疲劳磨损;其配合间隙一般不大于0.035mm;叶片磨损后的高度与厚度不得小于原厂的规定,否则更换叶片或总成。

(4)转子轴径向配合间隙为0.03~0.05mm,间隙过大,应视情况更换轴承。

(5)转子与定子工作面上应光滑,无疲劳磨损和划痕等缺陷。

(6)所有弹簧的弹力或自由长度应符合原厂规定。

(7)大修时,必须更换所有的橡胶类密封元件。

三、动力转向系的试验与调整

动力转向系各部件装配完毕后,应进行油量、油压试验,排除系统内的空气,调整转向油泵皮带松紧度等作业,以保证动力转向系有良好的工作性能。

1. 检查调整转向油泵皮带张力

以原厂规定的压力(约98N),在皮带中部按下皮带,皮带的挠度应符合原厂规定,一般新皮带挠度为7~9mm,在用皮带挠度为10~12mm。

2. 检查转向油罐液压油

发动机怠速运转,反复将转向盘转到底,使液压油的温度升至40~80℃。检查油液,若油液起泡或发白,应换油;转向油罐中油面应在上下限标线(HOT和COLD)之间。若油液不足,在检查各部位无泄漏后,应补足规定牌号的液压油。

若需更换液压油,应先顶起汽车转向桥,松开转向器壳下面的放油螺塞或回油管,把油排放到容器中,同时使发动机怠速运转,一面排液,一面将转向盘反复转到底,直至液压油排净后(约1~2s),再向转向油罐内加注新液压油至规定液面。

3. 动力转向系统中空气的排放

使用中发现系统内进入空气或更换液压油之后,均需排除系统内的空气。否则,将引起转向沉重、前轮摆动、转向油泵产生噪声等故障。

架起转向桥,使发动机怠速运转,同时,反复将转向盘转到底。当转向油罐内的油液没有泡沫和乳化现象时,说明空气已排净。

有放气螺塞的,应通过放气螺塞排气。排气过程中液面会下降,液面过低会再次进入空气,因此应随时添加液压油,维持标准液面高度。

4. 液压测试

液压测试主要是为了判定转向油泵、控制阀以及动力缸的技术状况。检测时,可在油泵与转向器之间安装一个由油压表和截止阀组成的测试器,如图4-19所示。检测步骤如下:

(1)排除系统内的空气并保证液压油面高度,起动发动机并转动转向盘,使液压油达到正常工作温度。

(2)测试转向油泵最大输出油压。使发动机怠速运转,关闭截止阀,测量油压应符合规定。若压力低于规定值,表明转向油泵内部有泄漏。每次关闭截止阀的时间应不超过5s,以防损坏转向油泵。

(3)测试动力转向器的有效油压。发动机怠速运转,完全打开截止阀,将转向盘转至极限位置,此时油压应符合规定(一般不小于7MPa)。若油压过低或油压表指针抖动,说明控制阀或动力缸内部有泄漏。每次在极限位置的时间也不应超过5s。

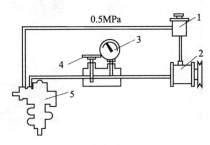

图4-19 液压的测试
1-转向油罐;2-转向油泵;3-油压表;4-截止阀;5-动力转向器

(4)检查动力转向器的回油压力。发动机怠速运转,转向盘居中,截止阀完全打开时油压表读数应符合规定(一般为0.3~0.7MPa)。超过规定,可能是回油管堵塞或压瘪,回油阻力过大。

(5)检验流量控制阀的工作性能。方法有两种:一种方法是检验发动机在怠速范围内急加速时系统内的油压回降情况;另一种方法是检验无负荷时的油压差。

① 检查系统油压降。发动机怠速,用截止阀调整油压表指示油压为3MPa。转向盘不动,在怠速范围内急加速,指示压力应随发动机转速增大而提高。突然放松加速踏板,使发动机恢复稳定怠速工况,若油压表指示油压仍能回复到3MPa,说明流量控制阀性能可靠。否则,表明流量控制阀卡死或堵塞,应进行检修或更换流量控制阀。

② 测量无负荷油压差。转向盘置于中间位置,完全打开截止阀,分别测量发动机转速在1000r/min和3000r/min时的压力,其油压差应小于0.49MPa。否则,表明流量控制阀失效,需检修或更换。

任务工作单

学习情境四:汽车转向沉重故障检修 工作任务一:动力转向系的拆装、检查	班级			
	姓名		学号	
	日期		评分	
一、工作单内容 分组拆装桑塔纳轿车的动力转向系统,并对拆卸零部件进行检查和维修。 二、准备工作 说明:每位学生应在工作任务实施前独立完成准备工作。 1.汽车动力转向装置由_____、_____、_____以及将发动机输出的部分机械能转换为压力能的_____、_____、_____等组成。 2.液压式动力转向装置按液流形式,又可分为_____和_____两种。					

3.下图为桑塔纳轿车采用的动力转向器,请指出指定部分的名称,填写在对应的序号线内。

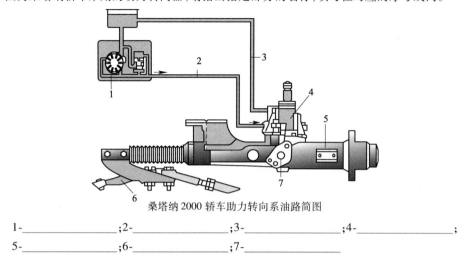

桑塔纳2000轿车助力转向系油路简图

1-_____;2-_____;3-_____;4-_____;
5-_____;6-_____;7-_____

4.下图为POLO轿车电动液压助力转向系统,请指出指定部分的名称,填写在对应序号线内。

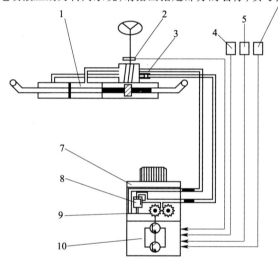

POLO轿车电动液压助力转向系统示意图

1-_____;2-_____;3-_____;4-_____;
5-_____;6-_____;7-_____;8-_____;
9-_____;10-_____

三、任务实施

动力转向系液压元件都经过精密加工、精细装配与测试,使用维护中一般不应随意拆卸。因为解体会使密封件损坏,对于控制阀这样的精密配合副(重型车滑阀配合间隙为 0.01~0.02mm,轻型车转阀配合间隙仅为 0.01mm),稍不细心就会损伤。若必须解体时,须按各车型手册规定进行拆装。

1.拆卸

(1)拆卸步骤。摇臂轴→前端盖→转向齿条活塞→上端盖调整螺栓→阀体→各处密封件。

(2)注意事项。

①应防止歪斜,以免碰伤、划伤零件的工作表面。

②注意保护油封、密封圈、活塞环元件,最好采用专用工具进行拆卸和装配。

③O形密封圈安装到位后应无扭曲。

④对于已拆开的液压管路接头,均应用专用堵塞随时堵住。
⑤装配液压元件时应保持零件清洁。

2. 检查

将拆卸的零件进行检查,并将检查结果记录于下表中。

检 查 部 件	检 查 结 果
滑阀与滑体定位孔	
输入轴的配合表面情况	
橡胶类密封元件性能	
壳体上的球堵、堵盖	

3. 装配

(1)装配顺序。与拆卸步骤相反。

(2)注意事项。

①在装配转向油泵时,必须保持清洁。

②不得因装配而损伤叶片、转子、定子等精密零件的工作面。

③零件的装配标记和平衡标记相对应且位置正确。

④要求密封严格的接合面及其他密封部位,必须在衬垫上涂抹密封胶。

4. 动力转向油泵的检修

先分解转向油泵,再进行检查,发现问题,及时排除,将过程记录于下表中。

检 查 部 件	检 查 结 果	维 修 情 况
油封和密封圈		
叶片与转子上的滑槽		
转子轴径向配合间隙		
转子与凸轮环的配合间隙		
皮带轮		
流量阀弹簧的弹力		

5. 动力转向系统中空气的排放

(1)架起转向桥,使发动机怠速运转,同时,反复将转向盘转到底。当转向油罐内的油液没有泡沫和乳化现象时,说明空气已排净。

(2)有放气螺塞的,应通过放气螺塞排气。排气过程中液面会下降,液面过低会再次进入空气,因此应随时添加液压油,维持标准液面高度。

6. 动力转向系的试验与调整

动力转向系各部件装配完毕后,应进行油量、油压试验,排除系统内的空气,调整转向油泵皮带松紧度等作业,并将试验调整结果记录于下表中。

检 查 部 件	检 查 结 果	维 修 情 况
轮胎气压		
转向系各部件的配合间隙		
转向轮定位		
转向油泵皮带张力		
储油罐液面高度		
排放系统内的空气		
动力转向系统内的油压		
流量阀的工作性能		
调整防过载装置		

四、工作小结
通过此工作任务的实施,各小组集中完成下述工作。
1.简述动力转向系统中空气排放的方法。

2.你认为本次实训是否达到预期目的,还有什么好的意见和建议?

工作任务二　汽车动力转向系故障检修

 **任务概述**

1. 应知应会

通过本工作任务的学习与具体实施,学生应学会下列知识:

(1)熟悉转向沉重故障的故障现象及原因。

(2)熟悉转向异响故障的故障现象及原因。

(3)熟悉左右转向轻重不同故障的故障现象及原因。

应该掌握下列技能:

(1)会检修汽车转向沉重故障。

(2)会检修汽车转向异响故障。

(3)会检修汽车左右转向轻重不同故障。

2. 学习要求

(1)在每个工作任务的学习过程中,完成相关任务工作单的填写,并通过课程网络及时提交给相关教师。任务工作单提交方法详见课程网站。

(2)在每个学习情境实施阶段的中期或后期,按要求填写检修工作单。学习结束后,按要求填写学生考核记录表,进行自我评价后交小组长,小组长评价后连同检修工作单统一交教师。

(3)每个情境学习到评价环节时,个人进行任务完成情况的评估。教师对小组抽查,被抽查的个人上台进行讲评。

 相关知识

一、液压动力转向系常见故障

1. 转向沉重

转向沉重表明动力转向装置不能起助力作用,一般是转向液罐内液面过低、缺油、滤油器堵塞或转向器内部泄漏严重;转向油泵磨损严重,导致油压过低或者油液泄漏;转向油泵皮带打滑及转向控制阀发卡。

2. 左右转向轻重不同

左右转向轻重不同主要是动力缸一侧有空气或控制阀装配调整不当偏向一侧,造成动力缸活塞两侧压力不等所致,也可能滑阀内有脏物,使左右移动时阻力不一样。

3. 行驶中跑偏

行驶中跑偏通常是控制阀有故障,造成动力缸活塞两侧压力差而自动产生助力作用所致。

4. 转向盘回正困难

转向盘回正困难可能是控制阀及动力缸损坏或进入脏物卡滞,使得不能自动复位;控制阀对中弹簧过软或损坏,克服不了转向器逆传动时的摩擦力而不能自动回正;回油软管扭曲阻塞。

5. 转向时有噪声

转向器发出严重的"嘶嘶"声时,是由于控制阀性能不良所致。尤其当转向盘处于极限位置或原地转动转向盘时更为明显。当液面过低时,油泵会在工作时吸进空气而产生噪声。油泵皮带过松,也会使油泵发出"嘶嘶"的皮带声。

6. 前轮摆振

前轮摆振可能是液压系统内有空气,使动力缸在受到外力时缸内空气被压缩,外力消失后又膨胀;控制阀中弹簧弹力减弱或损坏,使滑阀不能保持在中间位置。

二、转向沉重故障诊断

1. 故障现象

装有液压动力转向系统的汽车,在行驶中突然感到转向沉重。

2. 故障原因

一般是液压转向动力系统失效或助力不足所造成的,其根本原因在于油压不足,引起转向系统油压不足的主要原因有:

(1)转向储油罐缺油或液面度低于规定要求。
(2)液压回路中渗入了空气。
(3)油泵驱动皮带过松或打滑。
(4)各油管接头处密封不良,有泄漏现象。
(5)油路堵塞或滤清器污物太多。
(6)油泵磨损、内部泄漏严重。
(7)油泵安全阀、溢流阀泄漏、弹簧弹力减弱或调整不当。
(8)动力缸或转向控制阀密封损坏。
(9)放油或加油方法不当,加油过程中没有将发动机熄火,加入的油液和空气一起被压缩性,使油压下降,助力效果变差。

3. 故障诊断与排除

(1)检查转向油泵驱动部分的情况。
①用手压下转向油泵的驱动皮带,检查皮带的松紧度,若皮带过松,应调整。
②起动发动机,使发动机怠速运转,突然提高发动机的转速,检查转向油泵驱动皮带有无打滑现象,发现问题后,应按规定更换掉性能不良的部件。

(2)检查转向油罐内的油液质量和液面高度,若油液变质则应重新更换规定油液。若只是液面低于规定高度,应加油使油面达到规定位置。

(3)检查转向油罐内的滤清器。
①若发现滤网过脏,说明滤清器堵塞,应清洗。
②若发现滤网破裂,说明滤清器损坏,应更换。

(4)检查油路中是否渗入空气,如果发现油罐中的油液有气泡时,说明油路中有空气渗入,应检查各油管接头和接合面的螺栓是否松动,各密封件是否损坏,有无泄漏现象,油管是否破裂等。对于出现故障的部位,应进行修整和更换,并进行排气操作,最后重新加入油液。

(5)检查各油管接头等处有无泄漏,油路中是否有堵塞,查明故障后按规定力矩拧紧有关接头或清除污物。

(6)对转向油泵进行输出油压检查,如果油泵输出压力不足,说明油泵有故障,此时应分解油泵,检查油泵是否磨损或内部泄漏严重,安全阀、溢流阀是否泄漏或卡滞,弹簧弹力是否减弱或调整不当,各轴承是否烧结或严重磨损等。对于叶片泵,还应检查转子上的密封环或油封是否损坏;对于齿轮泵,应检查齿轮间隙是否过大等,查明故障予以修理,必要时更换油泵。

三、转向异响故障诊断

1. 故障现象

汽车转向时,转向系统有过大的异响,并影响汽车的转向性能。

2. 故障原因

(1)转向储油罐中液面太低,油泵在工作时容易渗入空气。
(2)液压系统中渗入空气。
(3)储油罐滤网堵塞,或液压回路中有过多的沉积物。
(4)油管接头松动或油管破裂。
(5)油泵严重磨损或损坏。
(6)转向控制阀性能不良。

3. 故障诊断与排除

(1)当转向盘处于极限位置或原地慢慢转动转向盘时,转向器发出"嘶嘶"声,如果这种异响严重,则可能为转向控制阀性能不良,应更换转向控制阀。

(2)当转向油泵发出"嘶嘶"声或尖叫声时,应进行以下检查:

①检查储油罐液面高度,液面高度不够时,应查明泄漏部位并修理,然后按规定加足油液。

②检查转向油泵驱动皮带是否打滑,若打滑应查明原因更换皮带或调整皮带张紧度。

③察看油液中有无泡沫,若有泡沫,应查找漏气部位并予以修理,然后排出空气。若无漏气,则说明油路有堵塞处或油泵严重磨损及损坏,应予以修复或更换。

四、左右转向操纵力不同故障诊断

1. 故障现象

汽车行驶时,向左和向右转向操纵力不相等。

2. 故障原因

(1)转向控制阀阀芯(或滑阀)偏离中间位置,或虽然在中间位置但与阀体槽肩的缝隙大小不一致。
(2)控制阀内有污物阻滞,使左右转动阻力不同。
(3)液压系统中动力缸的某一油腔渗入空气。
(4)油路漏损。

3. 故障诊断与排除

这种故障多是油液脏污所致,应按规定更换新油后再进行检查。

(1)如果油质良好或更换新油后故障没有消除,应对液压系统进行排气并检查系统有无油液泄漏,液压系统中出现泄漏时,应更换泄漏部位的零部件。

(2)如果故障仍不能排除,则可能是由于控制阀中工作不良造成的。滑阀式转向控制阀可在动力转向器外部进行排除,通过改变转向控制阀阀体的位置来实现。如果滑阀位置调整后仍不见好转,应拆检滑阀测量其尺寸,若偏差较大,应更换滑阀;对于旋转阀式转向控制阀,必须通过分解检查来排除故障。

五、直线行驶转向盘发飘或跑偏故障诊断

1. 故障现象

汽车直线行驶时,难以保持正前方向而总向一边跑偏。

2. 故障原因

(1)油液脏污、转向控制阀复位弹簧折断或变软,使转向控制阀不能及时复位。

(2)转向控制阀阀芯(或滑阀)偏离中间位置,或虽在中间位置但与阀体槽肩的缝隙大小不一致。

(3)流量控制阀卡滞使油泵流量过大或油压管路布置不合理,造成油压系统管路节流损失过大,使动力缸左右腔压力差过大。

3. 故障诊断与排除

(1)首先检查油液是否脏污。对于新车或大修以后的车辆,如果不认真执行磨合期换油规定,会使油液脏污。

(2)对于使用较久的车辆,则可能是流量控制阀或转向控制阀复位弹簧失效所致,此时可在不起动发动机的情况下转动转向盘,凭手感判断控制阀是否开启且运动自如,若怀疑有故障,一般应拆卸检查。

(3)最后检查转向油泵流量控制阀是否卡滞和油压管路布置是否合理,发现故障予以修理。

六、转向时转向盘发抖故障诊断

1. 故障现象

发动机工作时转向,尤其是在原地转向时滑阀共振,转向盘抖动。

2. 故障原因

(1)储油罐液面低。

(2)油路中渗入空气。

(3)转向油泵驱动皮带打滑。

(4)转向油泵输出压力不足。

(5)转向油泵流量控制阀卡滞。

3. 故障诊断与排除

(1)首先检查油罐液面是否符合规定,否则按要求加注转向油液。

(2)排放油路中渗入的空气。

(3)检查转向油泵驱动皮带是否打滑或其他驱动形式的齿轮传动等有无损坏,发现问题后应按规定调整皮带紧度或更换性能不良的部件。

(4)对转向油泵输出压力进行检查。压力不足时应分解油泵,检查油泵是否磨损或内部泄漏严重、安全阀及流量控制阀是否泄漏或卡滞、弹簧弹力是否减弱或调整不当、各轴承是否烧结或严重磨损等。对于叶片式转向油泵还应检查转子上的密封环或油封是否损坏。对于齿轮式油泵,应检查齿轮间隙过大等。查明故障予以修理。必要时,更换油泵。如果泵轴油封泄漏,也应更换转向油泵。

七、转向盘回正不良故障诊断

1. 故障现象

汽车完成转向后,转向盘不能回到中间行驶位置(直线行驶位置)。

2. 故障原因

(1)转向油泵输出油压低。

(2)液压回路中渗入空气。

(3)回油软管扭曲阻塞。

(4)转向控制阀或转向动力缸发卡。

(5)转向控制阀定中不良。

3. 故障诊断与排除

(1)对液压系统进行排气操作,排气后按规定加足转向油液。

(2)检查转向油泵输出油压,若油压不足应拆检转向油泵,检查油泵是否磨损或内部泄漏严重、安全阀及流量控制阀是否泄漏或卡滞、弹簧弹力是否减弱或调整不当、各轴承是否烧结或严重磨损等。查明故障予以修理。必要时,更换油泵。如果泵轴油封泄漏,也应更换转向油泵。

(3)检查回油软管是否阻塞,如有应更换回油软管。拆检转向控制阀或转向动力缸,查明故障原因,然后视情况进行修复,对于损坏的零件应更换。

(4)拆检转向控制阀或转向动力缸,查明故障原因,然后视情况进行修复,对于损坏的零件应更换。必要时更换转向控制阀或转向动力缸。

八、电动动力转向系的检测、故障诊断与排除

虽然电动动力转向系统具有减少发动机损耗,增大输出功率,节省燃油,避免泄漏,实现系统的小型轻量化等优点,使得在各种行驶条件下转向盘所得到的操纵力都是最佳值。但系统的传感器、执行器、线路等仍会出现故障,所以对系统部件的检查和故障排除是我们应掌握的基本技能。

电子控制动力转向系统一般都具有故障自诊断功能,以监测、诊断系统的工作情况。当系统出现故障时,电子控制单元将其故障信息以代码形式显示出来,以使维修人员快速、准确地判断故障类型及故障部位。然后借助部件和线路检测的知识排除故障。

1. 电动动力转向系部件的检测

以三菱"米尼卡"微型汽车使用的 EPS 为例,说明电动动力转向装置部件技术状况的检测方法。

(1)转向力矩传感器的检查。

①检测转向力矩传感器线圈电阻。从转向器总成上拔开力矩传感器插接器,其端子排列如图 4-20b)所示。测量转向力矩传感器 3 号与 5 号端子之间、8 号与 10 号端子之间的电阻,其标准值应为 $(2.18 \pm 0.66)\,\text{k}\Omega$。若不符合要求,则为转向力矩传感器异常。

②检测转向力矩传感器电压。用万用表直流电压挡测量上述各端子之间的电压,将转向盘置于中间位置,测得电压约 2.5V 为良好、4.7V 以上为断路、0.3V 以下为短路。

(2)电磁离合器的检查。从转向机上断开电磁离合器插接器,其端子排列见图 4-20b)。将蓄电池的正极接到 1 号端子上,蓄电池的负极与 6 号端子相接,在接通与断开 6 号端子的

瞬间,离合器应有工作声音。若没有声音,表明电磁离合器有故障,应更换转向机总成。

(3)直流电动机的检查。从转向机上断开电动机插接器,其端子排列如图4-20a)所示。给电动机加上蓄电池电压时,电动机应有转动声音。若没有声音,应更换转向机总成。

(4)车速传感器的检查。

①检查车速传感器转动情况。从变速器上拆下车速传感器,用手转动车速传感器的转子,检查其能否顺利转动,若有卡滞应予更换。

②检测车速传感器电阻。拔开车速传感器插接器,其端子排列如图4-20c)所示。测量车速传感器插接器1号与2号端子之间、4号与5号端子之间的电阻值,其值等于$(165±20)Ω$为良好。若与上述不符,则必须更换车速传感器。

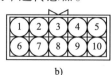

图4-20 EPS各部件插接器端子排列

a)电动机插接器;b)转向力矩传感器与电磁离合器;c)车速传感器

2. 电动动力转向系统的故障诊断

以三菱"米尼卡"微型汽车使用的EPS为例,说明电动动力转向系统故障诊断与排除方法。

(1)EPS警告灯的检查。当点火开关处于ON位置时,EPS警告灯应点亮,发动机起动后警告灯熄灭为正常。警告灯不亮时,应检查灯泡是否损坏,熔断丝和导线是否断路。若发动机起动后,警告灯仍亮时,首先应考虑系统是否处于保险状态(只有常规转向工作,无电动助力),然后进行自诊断操作。

(2)自诊断操作。将指针式万用表直流电压挡的正表笔接在诊断插座的2号端子上,负表笔搭铁,如图4-21a)所示。接通点火开关,通过表针的摆动显示故障码。如果有多个故障码,将以由小到大的顺序显示出来。故障码波形如图4-21b)所示。

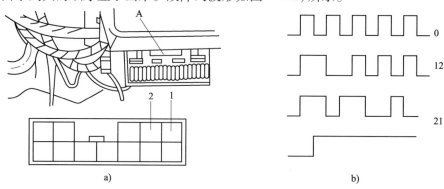

图4-21 自诊断插接器

a)自诊断插接器;b)故障码输出波形

1-多点燃油喷射;2-电动助力转向;A-连接片

3. 故障检查与排除

确知故障代码后,首先把蓄电池负极线拆下30s以上,即清除诊断记忆后,再进行一次自诊断操作,若故障码又重复显示,即证明故障确实存在(永久性故障),需进一步检查。故障码的含义,见表4-1。

故障码的含义　　　　　　　　　　　　　　表 4-1

故障码	检查诊断项目	故障码	检查诊断项目
0	正常	41	直流电动机
11	转向力矩传感器（主）	42	直流电动机电路
12	转向力矩传感器（副）	43	直流电动机过电流
13	转向力矩传感器主副侧电压差过大	44	直流电动机锁止
21	车速传感器（主）	51	电磁离合器
22	车速传感器主副侧电压差过大	54	EPS 控制装置
23	车速传感器（主）电压急减	55	转向力矩传感器 E/F 回路不良
31	交流发电机 L 端子		

(1) 故障码 41 的检查。

①起动发动机，不转动转向盘，观察故障码是否再次出现。再现时，按照故障码含义检查有关部件。不再现时，直接进入第(4)检查。

②拆下电动机导线插接器，检查电动机的两接线端子之间和端子与搭铁（外壳）之间的导通状态。用万用表电阻挡测试电动机两接线端子之间的电阻。正常时，应有一定电阻，若不通，则表明内部断路；电动机接线端子与搭铁之间应不通，否则表明两接线端子与搭铁之间有短路故障。

③若电动机及其接线端子均正常，应检查转向器总成到电子控制单元（ECU）之间的导线是否良好，若导线正常，则表明电子控制单元（ECU）不良。

④检查导线无异常时，再进行行驶试验，若故障码不再出现时，转动转向盘，检查电动机是否工作。

(2) 故障码 42 的检查。

①起动发动机，用 1r/s（弧度/秒）以下的速度转动转向盘观察故障码是否再现，不再现时，按(1)中所述检查导线，无异常时，通过行驶，进行再现试验。

②通过诊断，若故障码 42 再现，而且又发生 11 号、13 号故障码时，可考虑是由转向力矩传感器系统的导线，或者是转向器总成异常所致。

(3) 故障码 43 的检查。

起动发动机，不转动转向盘，检查故障码是否再现。若再现，则表示电子控制单元（ECU）不良。不再现时，试转动转向盘，若此时故障码再现，应检查导线。

(4) 故障码 44 的检查。

起动发动机，不转动转向盘，检查故障码是否再现。再现时，应检查与电动机有关的导线，若导线没有异常，用良好的电子控制单元（ECU）换下原车上的 ECU，进行对比检查判断。若故障码不再现时，将点火开关重复通断 6 次，并使点火开关在 OFF 位时的时间在 5s 以上。如此反复检查，就能把某种故障的部位查清楚。

三菱轿车电动动力转向系统故障码的读取与清除方法：

①点火开关置于 OFF。

②诊断插座如图 4-22 所示，将 12 端子诊断座的管脚 4 与管脚 12 用 LED 灯跨接（或将新的 OBD-Ⅱ诊断座 5 脚与 8 脚跨接）。

③点火开关置于 ON。

④读取 LED 灯闪烁的故障码。
⑤拆开蓄电池负极(搭铁)线 15s 以上再装回,即可清除故障码。

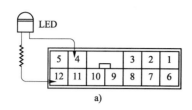
a)

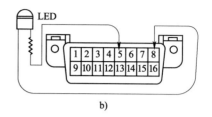
b)

图 4-22 诊断插座

 任务工作单

学习情境四:汽车转向沉重故障检修 工作任务二:汽车动力转向系故障检修	班级			
	姓名		学号	
	日期		评分	

一、工作单内容
分组检查桑塔纳轿车动力转向系统的故障。

二、准备工作
说明:每位学生应在工作任务实施前独立完成准备工作。

1. 装有液压动力转向系统的汽车,在行驶中突然感到转向沉重。请分析其原因并予以排除。

2. 汽车转向时,转向系统有过大的异响,并影响汽车的转向性能,请分析其原因并予以排除。

3. 汽车行驶时,向左和向右转向操纵力不相等,请分析其原因并予以排除。

三、任务实施
1. 转向沉重故障检修
学生逐一操纵汽车,感受汽车是否存在转向沉重的故障。如果存在,分析原因并进行排除,将操作过程记录于下表中。

检查项目	检查结果	处理方法
转向油罐缺油或液面高度		
液压回路密封情况		
油泵驱动皮带		
各油管接头处密封情况		
油路或滤清器的畅通情况		
油泵磨损情况		
油泵安全阀		
溢流阀泄漏		
弹簧弹力		
动力缸或转向控制阀密封情况		

2. 转向异响故障的检修

实车感受故障现象，分析原因并排除，将操作结果记录于下表中。

检查项目	检查结果	处理方法
转向油罐液面高度		
转向油泵驱动皮带		
油路或滤清器的畅通情况		
各油管接头处密封情况		
油泵磨损情况		
油泵控制阀		

3. 左右转向轻重不同故障的检修

实车感受故障现象，分析原因并排除，将操作结果记录于下表中。

检查项目	检查结果	处理方法
转向控制阀阀芯安装位置		
控制阀内是否有污物		
油路或滤清器的畅通情况		
转向控制滑阀磨损情况		
各油管接头处密封情况		

四、工作小结

通过此工作任务的实施，各小组集中完成下述工作。

1. 当转向盘处于极限位置或原地慢慢转动转向盘时，转向器发出"嘶嘶"声，主要是什么原因引起的？

2. 你认为本次实训是否达到预期目的，还有什么好的意见和建议？

学习情境五　汽车制动失效故障检修

情境概述

本学习情境主要讲授汽车常规制动系统的结构、组成和工作原理,拆装与性能检测、常见故障的诊断与排除方法。根据岗位职业能力的要求,本情境共安排五个真实的工作任务。

一、职业能力分析

通过本情境的学习,期望达到下列目标。

1. 专业能力
(1)会检查常规制动系相关零件技术状况以及性能。
(2)能熟练拆装常规制动系。
(3)能对常规制动系进行调整。
(4)会诊断汽车制动失效故障。

2. 社会能力
(1)通过分组活动,培养团队协作能力。
(2)通过规范文明操作,培养良好的职业道德和安全环保意识。
(3)通过小组讨论、上台演讲评述,培养与客户的沟通能力。

3. 方法能力
(1)通过查阅资料、文献,培养个人自学能力和获取信息能力。
(2)通过情境化的工作任务活动,掌握解决实际问题的能力。
(3)填写任务工作单,制订工作计划,培养工作方法能力。
(4)能独立使用各种媒体完成学习任务。

二、学习情境描述

维修业务接待员接到客户一辆轿车后,递交给学员一个维修任务,要求检查并排除该车制动失效故障,制订计划,修复此故障。把故障信息和修复情况告知客户,得到客户的确认,提交一份分析报告并归档。

三、教学环境要求

本学习情境要求,在理实一体化专业教室和专业实训室完成。要求配备制动失效故障轿车四辆、汽车举升工位四个、制动试验台一台、各种拆装工具四套。同时,提供相关车辆的汽车维修手册、使用说明书;可以用于资料查询的电脑、任务工作单、多媒体教学设备、课件和视频教学资料等。

学生分成四个小组,各组独立完成相关的工作任务,并在教学完成后提交任务工作单。

工作任务一　车轮制动器的拆装、检查与调整

 **任务概述**

1. 应知应会

通过本工作任务的学习与具体实施,学生应学会下列知识:

(1)熟悉制动系的功用、类型以及基本组成。

(2)熟悉制动系的工作原理。

(3)熟悉盘式和鼓式车轮制动器的类型、结构和工作原理。

应该掌握下列技能:

(1)会对车轮制动器进行拆装。

(2)会对车轮制动器进行检查、调整以及检修。

2. 学习要求

(1)在每个工作任务的学习过程中,完成相关任务工作单的填写,并通过课程网络及时提交给相关教师。任务工作单提交方法详见课程网站。

(2)在每个学习情境实施阶段的中期或后期,按要求填写检修工作单。学习结束后,按要求填写学生考核记录表,进行自我评价后交小组长,小组长评价后连同检修工作单统一交教师。

(3)每个情境学习到评价环节时,个人进行任务完成情况的评估。教师对小组抽查,被抽查的个人上台进行讲评。

 **相关知识**

一、制动系概述

汽车在行驶过程中需要按驾驶员的意图减速或停车;下坡行驶的汽车需要保持适当的稳定速度;已停使的汽车需要在平路或坡道上保持稳定驻车。汽车中,实现上述功能的专门机构称为汽车制动系。汽车制动系是保证汽车安全行驶、实现稳定驻车的重要装置。

1. 制动系的类型

(1)按制动系统的作用分类。汽车制动系按作用可分为行车制动系统、驻车制动系统、应急制动系统以及辅助制动系统等。用以使行驶中的汽车减速或停车的制动系统称为行车制动系统;用以使已停驶的汽车驻留原地不动的制动系统称为驻车制动系统;在行车制动系统失效的情况下,保证汽车仍能实现减速或停车的制动系统称为应急制动系统;在行车过程中,辅助行车制动系统,降低车速或保持车速稳定的制动系统称为辅助制动系统。上述各制动系统中,行车制动系统和驻车制动系统是每一辆汽车都必须具备的。

(2)按制动能源分类。汽车制动系按制动能源可分为人力制动系统、动力制动系统和伺服制动系统等。以驾驶员的肌体为唯一制动能源的制动系统称为人力制动系统;利用发动机驱动空气压缩机或油泵,将发动机的动力转化为气压或液压形式进行制动的,称为动力制动系统;兼用人力和发动机动力进行制动的,称为伺服制动系统。

(3)按制动能量的传输方式分类。汽车制动系按制动能量的传输方式可分为机械式、液

压式、气压式和电磁式等。同时采用两种以上制动能量传输方式的制动系统称为组合式制动系统。

（4）按制动传动机械的形式分类。汽车制动系按制动传动机构的形式可分为单回路制动系和双回路制动系。采用单回路制动系统，当回路中有一处损坏而漏气、漏油时，整个制动系失效。双回路制动系的传动回路分属两个彼此独立的回路，当一个回路失效时，还能利用另一个回路获得一定的制动力。

2. 制动系的组成

图 5-1 为典型轿车制动系统的组成示意图，制动系统一般由制动操纵机构和制动器两个主要部分组成。

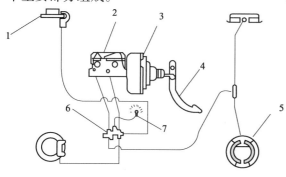

图 5-1　制动系统组成示意图
1-前轮盘式制动器；2-制动主缸；3-真空助力器；4-制动踏板；
5-后轮鼓式制动器；6-制动组合阀；7-制动警示灯

（1）制动操纵机构。制动操纵机构的作用是产生制动动作，控制制动效果并将制动能量传给制动器的各个部件，依次为制动踏板、真空助力器、制动主缸、制动组合阀、制动管路和制动轮缸。

（2）制动器。制动器的作用是产生制动力，以阻碍汽车的运动或运动趋势。汽车上常用的制动器都是利用固定元件与旋转元件工作表面的摩擦而产生制动力矩，称为摩擦式制动器。摩擦式制动器主要包括盘式制动器和鼓式制动器两种。

3. 制动系的基本结构和工作原理

制动系的基本结构和工作原理，可用图 5-2 所示的一种简单液压鼓式制动系来说明。该液压制动装置由鼓式车轮制动器和液压传动机构两部分组成。

（1）基本结构。车轮制动器主要由旋转部分、固定部分、张开机构和调整机构组成。旋转部分是固定在轮毂上与车轮一起旋转的制动鼓 8。固定部分主要包括制动蹄 10 和制动底板 11 等。制动底板 11 固定在转向节凸缘（前轮）或桥壳凸缘（后桥）上。铆有摩擦片的制动蹄 10，下端通过偏心支撑销 12 安装在制动底板 11 上，上端用复位弹簧 13 拉紧，靠在轮缸活塞 7 上，张开机构是制动轮缸 6（气压式为凸轮），通过油管 5 与装在车架上的制动主缸 4 相通。

制动传动机构主要由制动踏板 1、推杆 2、制动主缸 4 等组成。制动鼓 8 与制动蹄 10 摩擦间隙的调整靠偏心支撑销 12 完成。

（2）工作原理。制动系统的一般工作原理是，利用与车身（或车架）相连的非旋转元件和与车轮（或传动轴）相连的旋转元件之间的相互摩擦来阻止车轮的转动或转动的趋势。

不制动时，制动鼓 8 的内圆柱面与制动蹄 10 摩擦片的外圆柱面之间有一定的间隙，使车轮和制动鼓可以自由转动。

制动时，驾驶员踩下制动板，通过推杆 2 推动主缸活塞 3，使主缸内的油液产生一定压力后流入制动轮缸 6，推动轮缸活塞 7 使两侧制动蹄 10 绕支撑销 12 转动，将摩擦片压紧在制动鼓的内圆柱面上。这样，不旋转的制动蹄就对旋转的制动鼓作用一摩擦力矩 M_u，其方向与车轮旋转的方向 n_w 相反。制动鼓将该力矩传给车轮后，由于车轮与路面间的附着作用，车轮即对路面作用一个方向向前的周缘力 F_a。根据力与反作用力的关系，路面对车轮作用一个向后的反作用力 F_b，即车轮制动力。车轮制动力作用的结果是使车轮转速下降，从而使汽车减速或停车。放松制动踏板，在复位弹簧的作用下，制动蹄回到原位，制动解除。

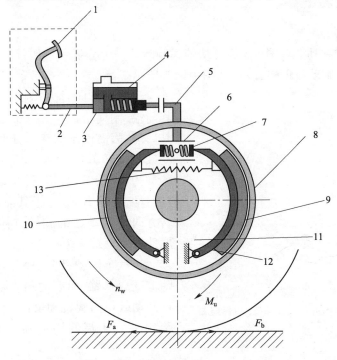

图 5-2　一种简单液压鼓式制动系示意图

1-制动踏板；2-推杆；3-主缸活塞；4-制动主缸；5-油管；6-制动轮缸；7-轮缸活塞；8-制动鼓；9-摩擦片；10-制动蹄；11-制动底板；12-支承销；13-制动蹄复位弹簧

4. 对制动系的要求

汽车制动性能是汽车安全行驶的重要保证，制动时发生的侧滑、跑偏、制动距离过长或下长坡时制动恒定性差等均严重影响汽车行驶安全性。因此，对汽车制动系提出了许多严格的要求。

（1）具有良好的制动效能。制动效能是指汽车在水平良好路面上，以一定初速度制动到停车的制动距离或制动时的汽车减速度。它是评价制动性能的最基本的评价指标。

（2）具有良好的制动效能恒定性。制动效能恒定性是指汽车高速行驶或下长坡连续制动时，制动效能保持的程度。包括抗热衰退性和抗水衰退性。

（3）具有良好的制动方向稳定性。制动方向稳定性是指汽车在制动时，不因发生跑偏、侧滑而失去转向能力的性能。

（4）具有使汽车可靠地在平路或坡道上停驻的能力。

（5）具有良好的可靠性。即制动系各组成部件应可靠工作，任一环节上出现故障，汽车应不丧失制动能力。

（6）制动系的操作应轻便自如。

（7）要求挂车制动作用略早于主车，且脱钩时能应急制动。

二、鼓式车轮制动转器

鼓式制动器有内张型和外束型两种，前者的制动鼓以内圆柱面为工作表面，在汽车上应用广泛;后者制动鼓的工作表面则是外圆柱表面,目前只有极少数汽车上用作驻车制动器。

鼓式制动器按制动蹄张开装置的形式可分为轮缸式制动器、凸轮式制动器和楔式制动器。

1. 轮缸式制动器

(1)领从蹄式制动器。图5-3为领从蹄式制动器受力分析示意图,设汽车前进时制动鼓旋转方向(这称为制动鼓正向旋转)如图中箭头所示。

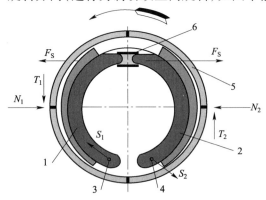

图5-3 领从蹄式制动器受力分析示意图
1-领蹄;2-从蹄;3、4-支承销;5-制动鼓;6-制动轮缸

沿箭头方向看去,制动蹄1的支承点3在其前端,制动轮缸6所施加的促动力F_S作用于其后端,因而该制动蹄张开时的旋转方向与制动鼓的旋转方向相同。具有这种属性的制动蹄称为领蹄。与此相反,制动蹄2的支承点4在后端,促动力F_S加于其前端,其张开时的旋转方向与制动鼓的旋转方向相反。具有这种属性的制动蹄称为从蹄。

当汽车倒驶,即制动鼓反向旋转时,制动蹄1变成从蹄,而制动蹄2则变成领蹄。这种在制动鼓正向旋转和反向旋转时,都有一个领蹄和一个从蹄的制动器即称为领从蹄式制动器。

由领从蹄式制动器受力分析示意图可以看出,制动时两活塞施加的促动力是相等的,均为F_S。前进制动时,领蹄1和从蹄2在促动力F_S的作用下,分别绕各自的支承点3和4旋转到紧压在制动鼓5上。旋转着的制动鼓即对两制动蹄分别作用着法向反力N_1和N_2,以及相应的切向反力T_1和T_2,两蹄上的这些力分别为各自的支点3和4的支点反力S_1和S_2所平衡。

领蹄上的切向合力T_1所造成的绕支点3的力矩与促动力F_S所造成的绕同一支点的力矩是同向的。所以力T_1的作用结果是使领蹄1在制动鼓上压得更紧,即力N_1变得更大,从而力T_1也增大。这表明领蹄具有"增势"作用。与此相反,切向合力T_2所造成的绕支点4的力矩与促动力F_S所造成的绕同一支点的力矩反向,使从蹄2放松制动鼓,即有使N_2和T_2减小的趋势,故从蹄具有"减势"作用。

由上述可见,虽然领蹄和从蹄所受促动力相等,但所受制动鼓法向反力N_1和N_2却不相等,$N_1 > N_2$,相应地$T_1 > T_2$。故两制动蹄对制动鼓所施加的制动力矩不相等。一般来说,领蹄制动力矩为从蹄制动力矩2~2.5倍。

倒车制动时,虽然制动蹄2变成领蹄、蹄1变成从蹄,但整个制动器的制动效能还是同前进制动时一样。在领从式制动器中,由于两制动蹄对制动鼓作用力N'_1(与N_1大小相等,方向相反)和N'_2(与N_2大小相等、方向相反)的大小是不相等的,因此在制动过程中将在制动鼓产生一个附加的径向力。该径向力只能由车轮的轮毂轴承来承受,这将会缩短其使用寿命。

凡制动鼓所受来自两制动蹄的法向力不能互相平衡的制动器,称为非平衡式制动器。领从蹄式制动器属于非平衡式制动器。

(2)单向双领蹄式制动器。在制动鼓正向旋转时,两制动蹄均为领蹄的制动器称为单向双领蹄式制动器,其结构如图5-4所示。

单向双领蹄式制动器与领从蹄式制动器在结构上主要有两点不相同:一是单向双领蹄式制动器的两制动蹄各用一个单活塞式轮缸,而领从蹄式制动器的两制动蹄共用一个双活塞式轮缸;二是单向双领蹄式制动器的两套制动蹄、制动轮缸、支承销在制动底板上的布置是中心对称的,而领从蹄式制动器中的制动蹄、制动轮缸、支承销在制动底板上的布置是轴对称的。

单向双领蹄式制动器在前进制动时,两制动蹄均为领蹄,制动器的效能因而得到提高。但在倒车制动时,则两制动蹄均为从蹄。

(3)双向双领蹄式制动器。可想而知,单向双领蹄式制动器在倒车制动时,如果能使两制动蹄的支承点和促动力作用点互换位置,则可以得到与前进制动时相同的制动效能。人们根据此设想制成了双向双领蹄式制动器,其结构如图5-5所示。双向双领蹄式制动器无论是前进制动还是倒车制动,两制动蹄都是领蹄。

与领从蹄式制动器相比,双向双领蹄式制动器在结构上有三个特点:一是采用两个双活塞式制动轮缸;二是两制动蹄的两端都采用浮式支承,且支点的周向位置也是浮动的;三是制动底板上的所有固定元件,如制动蹄、制动轮缸、复位弹簧等都是成对的,而且既按轴对称,又按中心对称布置。

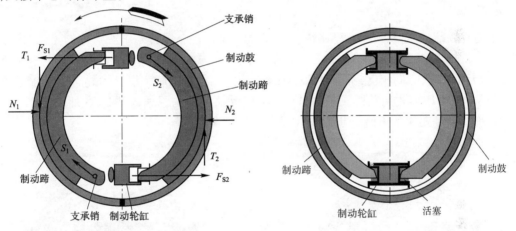

图5-4 单向双领蹄式制动器受力分析示意图　　图5-5 双向双领蹄式制动器结构示意图

图5-6为双向双领蹄式制动器的具体结构。

在前进制动时,所有的轮缸活塞都在液压作用下向外移动,将两制动蹄压靠到制动鼓上。在制动鼓的摩擦力矩作用下,两蹄都绕车轮中心朝箭头所示的车轮旋转方向转动,将两轮缸活塞外端的支座推回,直到顶靠到轮缸端面为止。此时,两轮缸的支座成为制动蹄的支点,制动器的工作情况与图5-4所示的单向双领蹄制动器一样。

倒车制动时,摩擦力矩的方向相反,使两制动蹄绕车轮中心逆箭头方向转过一个角度,将可调支座连同调整螺母一起推回原位,于是两个支座便成为蹄的新支承点。这样,每个制动蹄的支点和促动力作用点的位置都与前进制动时相反,其制动效能同前进制动时完全一样。

(4)双从蹄式制动器。前进制动时,两制动蹄均为从蹄的制动器称为双从蹄式制动器,其结构示意图如图5-7所示。

双从蹄制动器与单向双领蹄式制动器结构类似,二者的差异只在于固定元件与旋转元件的相对运动方向相反。虽然双从蹄式制动器的前进制动效能低于单向双领蹄式和领从蹄式制动器,但其效能对摩擦系数变化的敏感程度较小,即具有良好的制动效能稳定性。

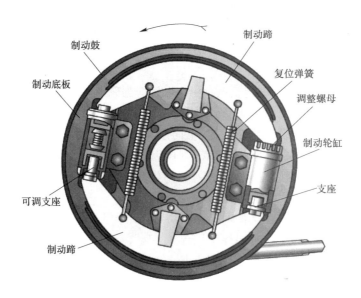

图 5-6 双向双领蹄式制动器结构图

单向双领蹄、双向双领蹄、双从蹄式制动器的固定元件布置都是中心对称的。如果间隙调整正确,两制动蹄对制动鼓作用力 N'_1(与 N_1 大小相等、方向相反)和 N'_2(与 N_2 大小相等、方向相反)的大小相等、方向相反,不会对轮毂轴承造成附加径向载荷,因此都属于平衡式制动器。

(5)单向自增力式制动器。单向自增力式制动器的结构原理,如图 5-8 所示。第一制动蹄 1 和第二制动蹄 4 的下端分别浮支在浮动的顶杆 5 的两端。

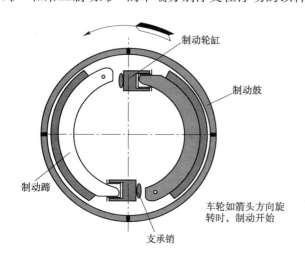
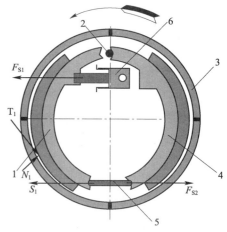

图 5-7 双从蹄式制动器结构示意图　　图 5-8 单向自增力式制动器受力分析示意图
　　　　　　　　　　　　　　　　　　　1-第一制动蹄;2-支承销;3-制动鼓;4-第二
　　　　　　　　　　　　　　　　　　　制动蹄;5-顶杆;6-制动轮缸

汽车前进制动时,单活塞式轮缸 6 将促动力 F_{S1} 加于第一制动蹄,使其上压靠到制动鼓 3 上。第一制动蹄是领蹄,并且在各力作用下处于平衡状态。顶杆 5 是浮动的,将与力 S_1 大小相等、方向相反的促动力 F_{S2} 施于第二制动蹄,则第二制动蹄也是领蹄。作用在第一蹄上的促动力 F_{S1} 和摩擦力通过顶杆传到第二制动蹄上,形成第二制动蹄的促动力 F_{S2}。对第一制动蹄进行受力分析可知，$F_{S2} > F_{S1}$。此外 F_{S2} 对第二制动蹄支承点的力臂也大于力 F_{S1} 对第一制动蹄支承点的力臂。因此，第二制动蹄的制动力矩必然大于第一制动蹄的制动力矩。在制动鼓尺寸和摩擦系数相同的条件下，单向自增力式制动器的前进制动效能不仅高于领从蹄式制动器，而且高于双领蹄式制动器。

倒车制动时，第一制动蹄上端压靠在支承销上不动。此时，第二制动蹄虽然仍是领蹄，而且促动力 F_{S1} 仍可能与前进制动时的相等，但其力臂却大为减小，因而第一制动蹄此时的制动效能比一般领蹄低得多。第二制动蹄则因未受促动力而不起制动作用。故此时整个制动器的制动效能甚至比双从蹄式制动器的效能还低。

(6) 双向自增力式制动器。双向自增力式制动器的结构原理、受力分析示意图，如图 5-9 所示。其特点是制动鼓正向和反向旋转时，均能借蹄鼓间的摩擦起自增力作用。它的结构不同于单向自增力式制动器之处主要是采用双活塞式制动轮缸 4，可向两制动蹄同时施加相等的促动力 F_S。

制动鼓正向旋转时，前制动蹄 1 为第一蹄，后制动蹄 3 为第二蹄；制动鼓反向旋转时则情况相反。由图可见，在制动时，第一蹄只受一个促动力 F_S 而第二蹄则有两个促动力 F_S 和 S，且 $S > F_S$。考虑到汽车前进制动的机会远多于倒车制动，且前进制动时制动器工作负荷也远大于倒车制动，故后制动蹄 3 的摩擦片面积做得较大。

汽车前进制动时，制动轮缸的两活塞向两端顶出，使前后制动蹄离开支承销并压紧到制动鼓上，于是旋转着的制动鼓与两制动蹄之间产生摩擦作用。由于顶杆是浮动的，前后制动蹄及顶杆沿制动鼓的旋转方向转过一个角度，直到后制动蹄的上端再次压到支承销上。此时，制动轮缸促动力进一步增大。由于后制动蹄受顶杆的促动力大于轮缸的促动力，故后制动蹄上端不会离开支承销。汽车倒车制动时，制动器的工作情况与上述相反。

单向自增力式制动器与双向自增力式制动器均为平衡式制动器。

2. 凸轮式制动器

目前，所有国产汽车及部分外国汽车的气压制动系统中，都采用凸轮促动的车轮制动器，而且大多设计成领从蹄式。凸轮促动的双向自增力式制动器只宜用作中央制动器。图 5-10 为领从蹄式凸轮制动器工作原理示意图。

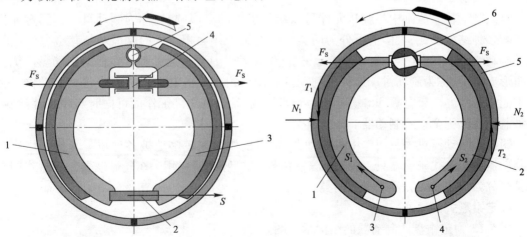

图 5-9 双向自增力式制动器受力分析示意图
1-前制动蹄；2-顶杆；3-后制动蹄；4-制动轮缸；5-支承销

图 5-10 凸轮式制动器受力分析示意图
1-前制动蹄；2-后制动蹄；3、4-前后制动蹄支点；
5-制动鼓；6-凸轮

制动时,前后制动蹄在凸轮的作用下,压向制动鼓,制动鼓对前后制动蹄产生摩擦作用。在摩擦力的作用下,前制动蹄有离开凸轮的趋势,致使凸轮对前制动蹄的压力有所减弱。后制动蹄有压向凸轮的趋势,致使凸轮对后制动蹄的压力有所增强。

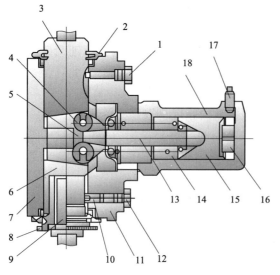

图 5-11　楔形制动器构造图

1-导向销;2-防尘罩;3-柱塞;4-滚轮;5-滚轮隔离架;6-调整柱塞;7-制动底板;8-调整螺母;9-调整螺钉;10-导向棘爪销;11-弹簧;12-螺塞;13-制动楔;14-制动楔复位弹簧;15-轮缸活塞;16-活塞限位块;17-放气螺钉;18-轮缸体

由于前制动蹄有领蹄作用,后制动蹄有从蹄作用,又有凸轮对前制动蹄促动力较小、对后制动蹄促动力较大这一情况,所以前后制动蹄片的制动效果是接近的。凸轮式制动器由于结构不是中心对称,虽然两制动蹄作用于制动鼓的法向力的等效合力大小相等,但却不在一直线上,法向力不平衡,属于非平衡式制动器。

3. 楔形制动器

楔式制动器中,两制动蹄的布置可以是领从蹄式。作为制动蹄促动件的制动楔本身的促动装置可以是机械式、液压式或气压式。楔形制动器的构造,如图 5-11 所示。

两制动蹄端部的圆弧面分别浮支在柱塞 3 和柱塞 6 的外端面直槽底面上。柱塞 3 和 6 的内端面都是斜面,与支于滚轮隔离架 5 两边槽内的滚轮 4 接触。制动时,轮缸活塞 15 在液压作用下推动制动楔 13 向左移动。后者又使两滚轮一面沿柱塞 3 的斜面向左滚动,一面推使两柱塞 3 和 6 在制动底板 7 的孔中外移一定距离,从而使制动蹄压靠到制动鼓上。轮缸液压力一旦撤除,这一系列零件即在制动蹄复位弹簧的作用下各自复位。导向销 1 和 10 用以防止两柱塞转动。

三、盘式车轮制动器

盘式制动器摩擦副中的旋转元件是以端面工作的金属圆盘,称为制动盘。其固定元件则有着多种结构形式,大体上可分为两类。一类是工作面积不大的摩擦块与其金属背板组成的制动块,每个制动器中有 2~4 个。这些制动块及其促动装置都装在横跨制动盘两侧的夹钳形支架中,称为制动钳。这种由制动盘和制动钳组成的制动器称为钳盘式制动器。另一类固定元件的金属背板和摩擦片也呈圆盘形,制动盘的全部工作面可同时与摩擦片接触,这种制动器称为全盘式制动器。

钳盘式制动器过去只用作中央制动器,但目前则越来越多地被各种轿车和货车用作车轮制动器。全盘式制动器只有少数汽车(主要是重型汽车)采用为车轮制动器。钳盘式制动器又可分为定钳盘式和浮钳盘式两类。

1. 定钳盘式制动器

图 5-12 为定钳盘式制动器的结构示意图。

跨置在制动盘 1 上的制动钳体 5 固定安装在车桥 6 上,它不能旋转也不能沿制动盘轴线方向移动,其内的两个活塞 2 分别位于制动盘 1 的两侧。

制动时,制动油液由制动主缸经进油口 4 进入钳体中两个相通的液压腔中,将两侧的摩擦块3压向与车轮固定连接的制动盘1,从而产生制动力矩。

这种制动器存在着以下缺点:

(1)油缸较多,使制动钳结构复杂。

(2)油缸分置于制动盘两侧,必须用跨越制动盘的钳内油道或外部油管来连通,这使得制动钳的尺寸过大,难以安装在现代化轿车的轮辋内。

(3)热负荷大时,油缸和跨越制动盘的油管或油道中的制动液容易受热汽化。

(4)若要兼用于驻车制动,则必须加装一个机械促动的驻车制动钳。

2. 浮钳盘式制动器

图5-13为浮钳盘式制动器示意图。制动钳体2通过导向销6与车桥7相连,可以相对于制动盘1轴向移动。制动钳体只在制动盘的内侧设置油缸,而外侧的制动块则附装在钳体上。

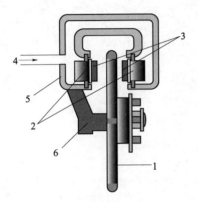
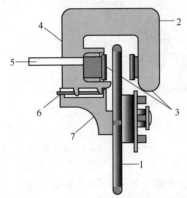

图5-12 定钳盘式制动器示意图
1-制动盘;2-活塞;3-摩擦块;4-进油口;5-制动钳体;6-车桥

图5-13 浮钳盘式制动器示意图
1-制动盘;2-制动钳体;3-摩擦块;4-活塞;5-进油口;6-导向销;7-车桥

制动时,液压油通过进油口5进入制动油缸,推动活塞4及其上的摩擦块向右移动,压到制动盘上,并使得油缸连同制动钳体整体沿销钉向左移动,直到制动盘右侧的摩擦块也压到制动盘上夹住制动盘并使其制动。

与定钳盘式制动器相反,浮钳盘式制动器轴向和径向尺寸较小,而且制动液受热汽化的机会较少。此外,浮钳盘式制动器在兼充行车和驻车制动器的情况下,只需在行车制动钳油缸附近加装一些用以推动油缸活塞的驻车制动机械传动零件即可。故自20世纪70年代以来,浮钳盘式制动器逐渐取代了定钳盘式制动器。

盘式制动器散热能力强、抗热衰退性好、制动效能恒定性好。目前,盘式制动器已广泛应用于轿车,但除了在一些高性能轿车上用于全部车轮以外,大都只用作前轮制动器,而与后轮的鼓式制动器配合,以提高制动时的方向稳定性。在货车上,盘式制动器也有采用,但还不普及。盘式制动器的缺点是制动效能低,兼作驻车制动器时,需要加装的驻车制动传动装置较鼓式复杂。

任务实施

一、鼓式车轮制动器的拆装与检修

鼓式制动器常用作货车前后轮制动器和普通轿车后轮制动器。下面以桑塔纳2000轿车后轮鼓式制动器为例,说明鼓式制动器的检修。

1. 桑塔纳 2000 轿车后轮鼓式制动器的结构

桑塔纳 2000 轿车鼓式制动器结构如图 5-14 所示,主要由制动底板、制动轮缸、制动蹄以及制动鼓等组成。两制动蹄下端插在制动底板下端的相应槽内,上端靠在制动轮缸的活塞上,然后用上下复位弹簧拉紧。制动蹄通过限位弹簧和夹紧销使其靠在制动底板上。制动蹄外表面上铆有摩擦片。

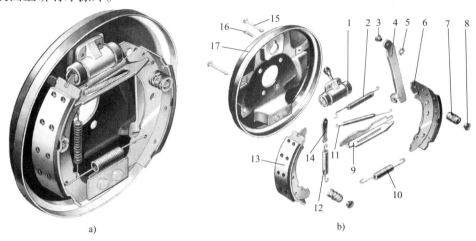

图 5-14 桑塔纳 2000 轿车后轮鼓式制动器结构图
a)鼓式制动器底板总成;b)鼓式制动器的分解
1-后制动轮缸;2-拉力弹簧;3-支承销;4-驻车制动拉杆;5-弹性垫片;6、13-制动蹄;7-限位弹簧;8-弹簧座;9-推杆;10-下复位弹簧;11-上复位弹簧;12-楔形调整板调整拉簧;14-楔形调整板;15-夹紧销;16-内六角螺钉;17-制动底板

制动时,驾驶员踩下制动踏板,制动液进入制动轮缸,迫使制动轮缸内的两个活塞向外移动,推动制动蹄克服上复位弹簧和下复位弹簧的拉力向外张开,压在旋转的制动鼓内圆柱面上,使制动鼓和车轮减速或停止运转。解除制动时,驾驶员松开制动踏板,在上复位弹簧的作用下,制动蹄离开制动鼓回到原位,制动鼓又可以自由转动。

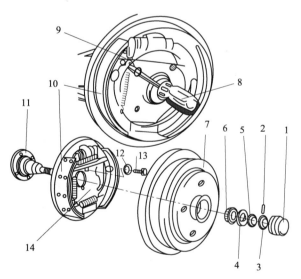

图 5-15 桑塔纳 2000 后车轮制动器的拆卸
1-轮毂盖;2-开口销;3-锁止环;4-推力垫圈;5-螺母;6-外圆锥滚子轴承内圈;7-制动鼓;8-螺丝刀;9-楔形调整板;10-制动蹄;11-短轴;12-碟形垫圈;13-螺栓;14-制动底板总成

制动蹄和制动鼓间的间隙可以通过装在推杆后端槽内的楔形调整板进行自动调整。楔形调整板的下端与固定在制动蹄的楔形调整板调整拉簧相连。如果制动蹄和制动鼓间的间隙大,制动过程中,拉簧拉动楔形调整板下移,楔形调整板上宽下窄,这样使推杆向外移动一点,从而使制动蹄和制动鼓的间隙保持在标准值的范围内。

2. 鼓式制动器的拆装

(1) 制动鼓和制动底板总成的拆卸。如图 5-15 所示,先拆下后车轮,撬下轮毂盖 1,取下开口销 2 和锁止环 3,拧下螺母 5,取下推力垫圈 4 和外圆锥滚子轴承内圈

6。用螺丝刀8插入制动鼓7上的小孔,向上压楔形调整板9使制动蹄10外径缩小后,再取下制动鼓7。然后拧下螺栓13,从后桥体上取下鼓式制动底板总成14和短轴11。

(2)分解鼓式制动器。如图5-14所示,先从驻车制动拉杆4上拆下驻车制动钢索,压下弹簧座8,转动90°后,取下弹簧座8、限位弹簧7和夹紧销15。再从制动底板17上取下制动蹄片总成并夹在台钳上,从其上拆下下复位弹簧10、楔形调整板调整拉簧12和上复位弹簧11,然后将前后制动蹄分开,并从推杆9上拆下定位弹簧2,取下推杆9和楔形调整板14。最后从制动底板17上取下后制动轮缸1。

(3)鼓式制动器的安装。

①制动蹄的组装。如图5-16所示,在推杆11两端涂上润滑脂,夹在台钳9上,并装上拉力弹簧10和前制动蹄片1。在推杆11与前制动蹄1之间插进楔形调整板2。在驻车制动拉杆3与后制动蹄4之间涂上润滑脂后装在推杆11的另一端。然后装上上复位弹簧12,把制动蹄总成的上端抵到制动底板的制动轮缸活塞上,制动蹄总成另一端装到下支承上。装上下复位弹簧6,在前制动蹄1与楔形调整板2之间装上楔形调整板调整拉簧5。从制动底板另一端装入夹紧销13,装上带有弹簧座8的限位弹簧7,压下弹簧座8并转90°,将夹紧销13钩住,即可使制动蹄压靠在制动底板上。

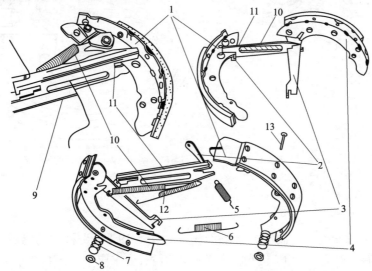

图5-16 制动蹄的组装

1-前制动蹄;2-楔形调整板;3-驻车制动拉杆;4-后制动蹄;5-楔形调整板调整拉簧;6-下复位弹簧;7-限位弹簧;8-弹簧座;9-台钳;10-拉力弹簧;11-推杆;12-上复位弹簧;13-夹紧销

②制动底板的安装。如图5-15所示,将装好制动蹄的制动底板14和短轴11一起装到后桥体上,再装上碟形垫圈12,使其大支承面朝向制动底板14,拧上螺栓13,力矩为60N·m。把驻车制动钢索连接到驻车制动拉杆。装上制动鼓7,若装入困难,可用螺丝刀向上撬动楔形调整板9。装上外圆锥滚子轴承内圈6、推力垫圈4、拧上螺母5。调整轴承的预紧力后,装上锁止环3和开口销2。全部制动系装好后,用力踩一次制动踏板,使后制动蹄摩擦片就位。

3. 制动器的检修

(1)制动蹄摩擦片厚度的检查。如图5-17所示,用卡尺1测量后制动蹄摩擦片2的厚度,标准值为5mm,使用极限为2.5mm,其铆钉头3与摩擦片2表面的深度不得小于1mm,

以免铆钉头刮伤制动鼓内表面。在未拆下车轮时,后制动蹄摩擦片的厚度可从制动底板6的观察孔4中检查。

(2)制动鼓内圆柱表面磨损与尺寸的检查。如图5-18所示,首先检查制动鼓1内圆柱表面有无烧损、刮痕和凹陷,若不能修复则更换新件,若可修复则进行修磨加工。其次检查制动鼓内圆柱表面的尺寸与圆度误差。用卡尺2测量制动鼓内圆柱表面的尺寸,标准值为ϕ180mm,使用极限为ϕ181mm。用圆度误差测量工具3测量制动鼓1内圆柱表面的圆度误差,使用极限为0.03mm,超过极限应更换新件。

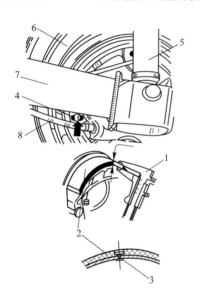
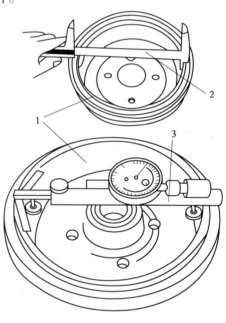

图5-17 制动蹄摩擦片的厚度检查
1-卡尺;2-摩擦片;3-铆钉;4-观察孔;5-减振器;6-制动底板;7-后桥体;8-驻车制动钢索

图5-18 制动鼓内圆柱表面磨损与尺寸的检查
1-制动鼓;2-卡尺;3-圆度误差测量工具

(3)检查制动蹄摩擦片与制动鼓接触面积。如图5-19所示,将制动蹄摩擦片1表面打磨干净后,靠在制动鼓2内壁上,检查二者的接触面积,要求应不小于60%,否则应继续打磨制动蹄摩擦片1的表面或光磨制动鼓内圆柱表面。

(4)制动器定位弹簧与复位弹簧的检查。如图5-20所示,检查后制动器拉力弹簧、上复位弹簧、下复位弹簧和楔形调整板调整拉簧的自由长度,若增长率达到5%,则应更换新弹簧。

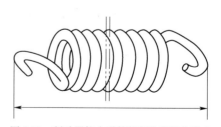

图5-19 制动蹄与制动鼓接触面积的检查
1-制动蹄摩擦片;2-制动鼓

图5-20 制动器拉力弹簧与复位弹簧的检查

4. 鼓式制动器的调整

车轮制动器安装完毕后,为保证制动蹄摩擦片与制动鼓之间具有合适的间隙,应对其进行必要的调整。调整方法有人工调整法和自动调整法。桑塔纳轿车后轮鼓式制动器采用楔形调整板间隙自调装置,其工作情况如图5-21所示。楔形调整板的水平拉力弹簧使楔形调整板与推杆间产生摩擦力,以防止楔形调整板下移。而垂直的调整拉簧则随时力图拉动楔形调整板下移。当制动蹄和制动鼓间隙正常时,楔形调整板静止于相对应位置。当制动蹄与制动鼓间隙大于规定值时,摩擦片张开的行程被加大,垂直的调整拉簧作用力 F_2 增大,$F_2 > F_1$,楔形调整板下移,楔形调整板的下移使得水平拉力弹簧的作用力也被加大,摩擦力 F_1 相应加大,则楔形调整板在新的位置静止。

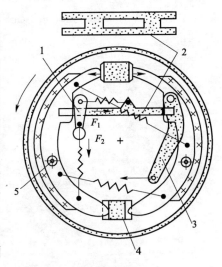

图5-21 楔形调整板间隙自调装置的工作原理
1-楔形调整板;2-推杆;3-驻车制动拉杆;4-浮式支承座;5-限位弹簧;F_1-水平拉力弹簧摩擦力;F_2-楔形调整板调整拉簧力

放松制动后,制动蹄在复位弹簧的作用下收拢。由于推杆已变长,只能被顶靠在新的位置,从而保持规定的制动间隙值。此类自调装置属于一次性调准结构,前进或倒车制动均能自调。

二、盘式制动器的拆装与检修

盘式制动器结构简单,抗热衰退性好,广泛用于轿车前轮制动器以及高级轿车前后轮制动器。下面以桑塔纳2000轿车前轮盘式制动器为例,说明盘式制动器的检修。

1. 桑塔纳2000轿车前轮盘式制动器的结构

如图5-22所示,桑塔纳2000轿车前轮制动器属于浮钳盘式制动器,主要由制动盘、制动钳支架、内外摩擦块、制动钳壳体、制动轮缸等组成。

制动盘和车轮轮毂装在一起,并和车轮一起转动,制动钳安装在制动钳支架上,制动钳支架固定在转向节上。装有制动轮缸的制动钳可以通过固定在制动钳支架孔中的导向销螺栓做轴向移动。制动钳上制动所用的摩擦片与背板,采用粘接法相连。

2. 盘式制动器的拆解

桑塔纳2000轿车前制动器的拆解,如图5-23所示。首先用内六角扳手拆下上下导向销螺栓1和2,从下向上摆动取下制动钳7,取下外侧制动衬片9和内侧制动衬片8。再从制动钳7上取下上内衬套3、上橡胶衬套11、上外衬套12,然后取下下内衬套4、下橡胶衬套5和下外衬套6。

制动衬片弹簧卡箍与制动盘的拆卸,如图5-24所示。在前轮不离地的情况下,拧下钢圈螺栓1,然后支起汽车前部,使前轮离地后拆下车轮,并从前轮轮毂6上取下制动盘7,拆下螺栓2,从转向节4上取下护板3,再取下制动衬片弹簧卡箍5。

3. 盘式制动器的检修

(1)制动盘厚度的检查。制动盘使用过程中的磨损会使其厚度减小,从而降低制动效能,引起制动踏板振动、制动噪声等。如图5-25所示,可用卡尺1检查制动盘2的厚度,测量位置位于制动衬片与制动盘接触面的中心部位。桑塔纳2000前轮制动盘厚度标准值为12mm,使用极限为10mm,超过极限应更换。富康轿车制动盘的标准厚度为10mm（实体型）,使用极限为8mm或制动盘的标准厚度为20.4mm（通风型）,使用极限为18.4mm。

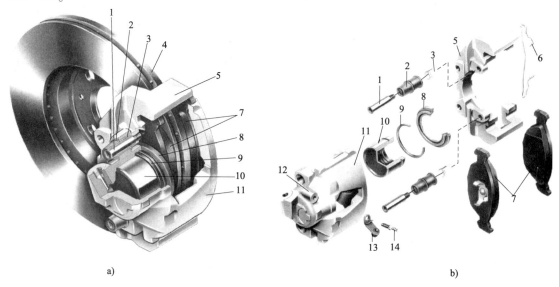

图5-22　桑塔纳2000轿车前轮盘式制动器结构图
a）盘式制动器总成；b）盘式制动器分解
1-导向销螺栓；2-橡胶衬套；3-导向钢套；4-制动盘；5-制动钳支架；6-保持弹簧；7-制动摩擦片；8-活塞防尘罩；9-油封；10-活塞；11-制动钳壳体；12-排气孔座；13-防尘帽；14-排气螺钉

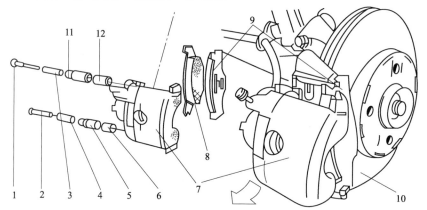

图5-23　桑塔纳2000前车轮制动器拆解
1-上导向销螺栓；2-下导向销螺栓；3-上内衬套；4-下内衬套；5-下橡胶衬套；6-下外衬套；7-制动钳；8-内侧制动衬片；9-外侧制动衬片；10-制动盘；11-上橡胶衬套；12-上外衬套

（2）制动盘端面跳动的检查。过度的制动盘轴向跳动会使制动踏板抖动、制动衬片磨损不均匀。如图5-26所示,可用百分表2检查制动盘1端面跳动量。用磁性表座将百分表支起,百分表头抵到制动盘摩擦端面,百分表调零。缓慢转动制动盘,最大偏差值即为制动盘端面圆跳动量。桑塔纳轿车制动盘端面圆跳动量使用极限为0.08mm,不符合要求的,应进行加工修复或更换。

（3）制动盘的修磨。如图5-27所示,制动盘在允许厚度的范围内可以修磨锈斑、刻痕。使用砂轮打磨制动盘表面时,打磨的痕迹可以是无方向性的,但打磨痕迹应相互垂直。

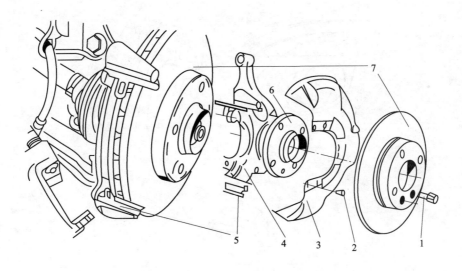

图 5-24 制动衬片弹簧卡箍与制动盘的拆卸
1-钢圈螺栓;2-螺栓;3-护板;4-转向节;5-制动衬片弹簧卡箍;6-前轮轮毂;7-制动盘

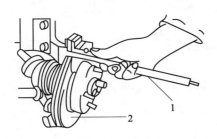

图 5-25 制动盘厚度的检查
1-游标卡尺;2-制动盘

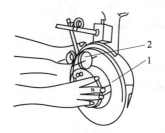

图 5-26 制动盘端面跳动的检查
1-制动盘;2-百分表

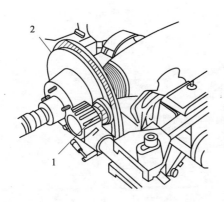

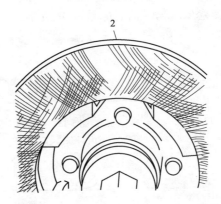

图 5-27 制动盘的修磨
1-砂轮磨盘;2-制动盘

（4）制动衬片厚度的检查。如图 5-28 所示,可用游标卡尺测量制动衬片的厚度。制动衬片的总厚度标准值为 14mm,使用极限为 7mm。制动衬片摩擦片厚度磨损极限的残余厚度应不小于 0.8mm。在未拆下外制动衬片时,可通过轮辐 4 上的孔检查厚度。

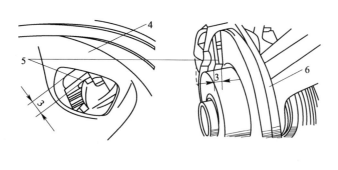

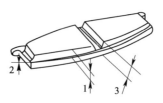

图 5-28 制动衬片厚度的检查

1-制动衬片摩擦片厚度;2-制动衬片摩擦片磨损极限的残余厚度;3-制动衬片的总厚度;4-轮辐;5-外制动衬片;6-制动盘

 任务工作单

学习情境五:汽车制动失效故障检修 工作任务一:车轮制动器的拆装、检查与调整	班级		
	姓名		学号
	日期		评分

一、工作单内容

分组检查桑塔纳轿车的车轮制动器,并进行检查和调整。

二、准备工作

说明:每位学生应在工作任务实施前独立完成准备工作。

1.下图为汽车制动系的组成,请指出指定部分的名称,填写在对应的序号线内。

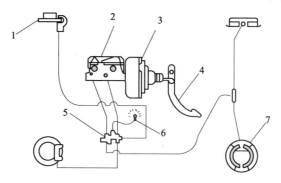

汽车制动系统的组成

1-_____;2-_____;3-_____;4-_____;
5-_____;6-_____;7-_____

2.下图为双向双领蹄式制动器,请指出指定部分的名称,填写在对应的序号线内。

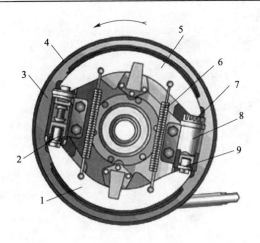

双向双领蹄式制动器

1-_____;2-_____;3-_____;4-_____;
5-_____;6-_____;7-_____;8-_____;
9-_____

3.下图为钳盘式制动器,请指出指定部分的名称,填写在对应的序号线内。

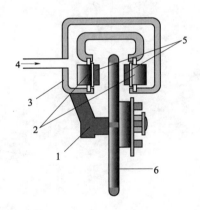

定钳盘式制动器

1-_____;2-_____;3-_____;4-_____;
5-_____;6-_____

三、任务实施

桑塔纳轿车使用的是前盘后鼓式制动器,分组对桑塔纳轿车的前后制动器进行拆装,并对拆卸的部件进行检查。

1.拆装鼓式车轮制动器

(1)拆卸。先拆下后车轮,撬下润滑脂盖1,取下开口销2和锁止环3,拧下螺母5,取下推力垫圈4和外圆锥滚子轴承内圈6。用螺丝刀8插入制动鼓7上的小孔,向上压楔形调整板9使制动蹄10外径缩小后,再取下制动鼓7。然后拧下螺栓13,从后桥体上取下鼓式制动底板总成14和短轴11。

(2)安装。

①组装制动蹄。

②安装制动底板。

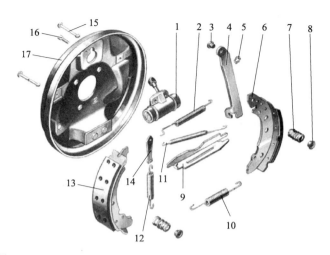

2. 拆装盘式制动器

(1)拆卸。用内六角扳手拆下上、下导向销螺栓 1 和 2,从下向上摆动取下制动钳 7,取下外侧制动衬片 9 和内侧制动衬片 8。再从制动钳 7 上取下上内衬套 3、上橡胶衬套 11、上外衬套 12,然后取下内衬套 4、下橡胶衬套 5 和下外衬套 6。

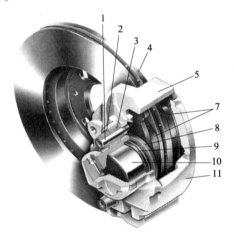

(2)安装。与拆卸步骤相反。

3. 鼓式制动器的检查、调整与维修

(1)检查。按要求对拆卸的制动鼓进行检查,并将检查结果、处理办法记录于下表中。

检查项目	检查结果	处理方法
制动蹄摩擦片厚度		
制动鼓内圆柱表面磨损情况		
制动蹄摩擦片与制动鼓接触面积		
定位弹簧与复位弹簧		

(2)调整。鼓式制动器调整步骤(更换制动蹄衬片)如下所示:

①顶起车轮,边转动车轮边向外转动调整凸轮螺栓,直到制动蹄压紧制动鼓为止。

②向内转动调整凸轮螺栓,直到车轮能自由转动,在制动蹄与制动鼓不接触、不碰擦为止。

③用厚薄规检查制动蹄与制动鼓间隙符合规定为止。

4. 盘式车轮制动器的检修

主要检查制动盘的厚度、端面跳动情况,将检查结果记录于下表中,并视检查结果进行检修。

检 查 项 目	检 查 结 果	标 准 值
制动盘厚度		标准值为12mm 使用极限为10mm
制动盘端面跳动		使用极限为0.08mm
制动衬片厚度		总厚度标准值为14mm 使用极限为7mm

四、工作小结

通过此工作任务的实施,各小组集中完成下述工作。

1. 检查盘式制动器制动盘的厚度通常使用什么工具?如何检测?

2. 检查盘式制动器制动盘的端面跳动通常使用什么工具?如何检测?

3. 检查盘式制动器制动盘制动衬片的厚度通常使用什么工具?如何检测?

4. 你认为本次实训是否达到预期目的,还有什么好的意见和建议?

工作任务二 液压制动系的拆装、检查与调整

任务概述

1. 应知应会

通过本工作任务的学习与具体实施,学生应学会下列知识:

(1)熟悉液压制动系统的组成与工作原理。

(2)熟悉液压制动传动装置的类型。

(3)熟悉液压制动系主要零部件的结构与工作原理。

(4)熟悉真空液压制动传动装置的结构与工作原理。

应该掌握下列技能:

(1)能正确拆装液压制动系统。

(2)会对液压制动系统进行检修。

2. 学习要求

(1)在每个工作任务的学习过程中,完成相关任务工作单的填写,并通过课程网络及时提交给相关教师。任务工作单提交方法详见课程网站。

(2)在每个学习情境实施阶段的中期或后期,按要求填写检修工作单。学习结束后,按要求填写学生考核记录表,进行自我评价后交小组长,小组长评价后连同检修工作单统一交教师。

(3)每个情境学习到评价环节时,个人进行任务完成情况的评估。教师对小组抽查,被抽查的个人上台进行讲评。

相关知识

一、液压制动系概述

液压制动系是利用制动油液,将制动踏板力转换为制动油液压力,通过制动液压管路传至车轮制动器,再将制动油液压力转变为制动器的压紧力,实现制动。液压制动系制动柔和灵敏,结构简单,使用方便,不消耗发动机功率。但操纵较费力,制动力不大,制动液流动性差,高温易产生气泡,如有空气侵入或漏油,则会降低制动效能甚至失效。

二、双回路液压制动系的基本原理和布置形式

液压制动系按制动管路的套数可分为单回路和双回路液压制动系统。考虑到安全性的要求,单回路液压制动系已被淘汰,现代汽车的行车液压制动系均采双回路液压制动系。

1. 双回路液压制动系的基本原理

典型轿车双回路液压制动系的基本组成与回路,如图5-29所示。主要包括制动踏板、推杆、真空助力器、制动主缸、储液罐、制动轮缸、制动管路等。作为制动能源的驾驶员所施加的制动力,通过作为控制装置的制动踏板机构4传到容积式液压传动装置制动主缸1。制动主缸将来自制动踏板的机械能转换成液压能。液压能通过制动管路5被传到前后轮制动器的制动轮缸。制动轮缸再将液压能转换成机械能,推动前后车轮制动器进入制动状态。

2. 双回路液压制动系的布置形式

双回路液压制动系是利用彼引独立的双腔制动主缸,通过两套独立制动回路,分别控制各轮制动器的。双回路液压制动系的布置要求一条管路发生故障时,只引起汽车制动效能的部分降低,而不致制动失效,以提高制动的可靠性。而且要求前后桥制动力分配的比值最好不变,以提高地面附着力的利用率,保证汽车良好的操纵性和稳定性。双回路液压制动系的布置方式因车型而异,主要有以下几种布置形式:

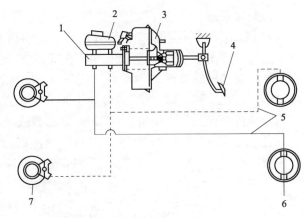

图 5-29 典型轿车双回路液压制动系
1-制动主缸;2-储液罐;3-真空助力器;4-制动踏板;5-制动管路;
6-后轮鼓式制动器;7-前轮盘式制动器

(1)前后桥制动器彼此独立式布置。如图 5-30 所示,这种布置形式的特点是当其中一条管路失效时,另一条管路仍有一定的制动效能。此种布置形式,前后桥制动力分配的比值被破坏,制动效能低于原制动效能的 50%。

(2)一个制动器两个轮缸彼此独立式布置。如图 5-31 所示,这种布置形式的特点是当其中一条管路失效时,另一条管路仍可使前后制动器保持一定的制动效能。此种布置形式,前后桥制动力分配的比值不发生变化,制动效能为原制动效能的 50%。

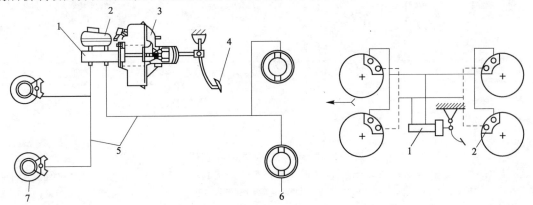

图 5-30 前后桥独立式布置
1-制动主缸;2-储液罐;3-真空助力器;4-制动踏板;5-制动管路;6-后轮鼓式制动器;7-前轮盘式制动器

图 5-31 一个制动器两个轮缸彼此独立布置
1-制动主缸;2-制动轮缸

(3)前后轮制动器对角彼此独立。如图 5-29 所示,这种布置形式的特点是当其中一条管路失效时,另一条管路对角地使用,前后桥制动器均可保持一定的制动效能。此种布置形式,前后桥制动力矩分配比值未变,制动效能为原制动效能的 50%。但这时由于同一车桥左右车轮制动力不相等,汽车存在跑偏现象。为此,多采用加大主销内倾角的办法减少一条管路失效导致的制动跑偏。

三、液压制动系主要部件的构造与工作原理

液压制动系主要部件包括制动主缸、制动轮缸、真空助力器等。

1. 制动主缸

(1) 制动主缸的构造。制动主缸,是液压制动系的核心,作用是将踏板输入的机械力转换成液压力。图5-32为典型轿车常用的串联式双腔制动主缸分解图。串联式双腔制动主缸主要由制动液储液罐3、制动主缸壳体7、第一活塞19、第二活塞13、复位弹簧9、16等组成。第一、第二活塞以及复位弹簧装于制动主缸壳体内,两活塞分别用密封件密封,第二活塞用限位销6保证其正确位置。第一、第二活塞把制动主缸分成两个工作腔,每个工作腔都与通孔、出油孔以及补偿孔相连。制动液储液罐分别与主缸的两个工作腔相通。第一活塞直接由推杆推动,第二活塞靠第一活塞的液力推动。

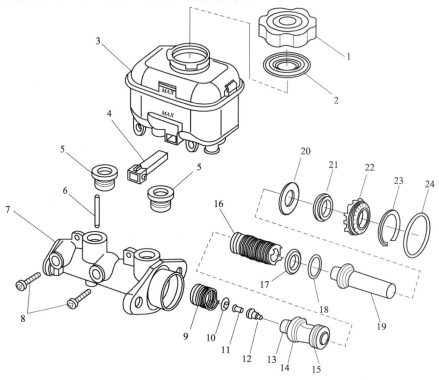

图5-32 典型串联式双腔制动主缸分解图

1-储液罐盖;2-储液罐盖密封件;3-制动液储液罐;4-制动液液位开关;5-密封圈;6-限位销;7-制动主缸壳体;8-储液罐固定螺钉;9-复位弹簧;10-中心阀套;11-中心阀弹簧;12-中心阀柱塞和密封件;13-第二活塞;14-第二恢复型密封件;15- L型第一密封件;16-复位弹簧和夹持器;17-第一恢复型密封件;18-垫圈;19-第一活塞;20-第一活塞支撑垫圈;21-真空密封件;22-第一活塞导向衬套和O形密封圈;23-开口弹簧圈;24- O形密封圈

(2) 制动主缸的工作原理。

①不制动时。如图5-33所示,两活塞在复位弹簧作用下复位,两工作腔与储液罐相通,制动液由储液罐进入主缸的工作腔内。

②正常状态下制动时。如图5-34所示,踩下制动踏板,经推杆推动第一活塞4左移,关闭补偿孔。第一工作腔油压力升高,油液一方面被压入第一制动回路2。另一方面在油压作用下,推第二活塞3左移。第二工作腔油压也随之升高,制动液被压入第二制动回路,于是两制动管路在等压下对汽车实现制动。

③解除制动时。抬起制动踏板,第一、第二活塞在复位弹簧作用下复位,高压油液自制动回路流回制动主缸。此时,如果活塞复位过快,工作腔容积迅速增大,而制动回路中的制动油液由于管路阻力的影响,来不及充分流回工作腔,使工作腔内油压快速下降,形成一定

的真空度。此时,制动主缸内的压力比储液罐中的压力低,储液罐中的油液一部分通过补偿孔进入工作腔,另一部分通过通孔、活塞内孔和皮碗返回工作腔。

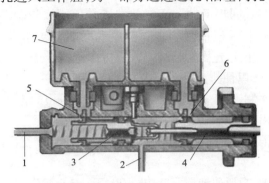

图 5-33 不制动时活塞所处位置
1-第二制动回路出油口;2-第一制动回路出油口;
3-第二活塞;4-第一活塞;5-第二工作腔补偿孔;6-第
一工作腔通孔;7-储液罐

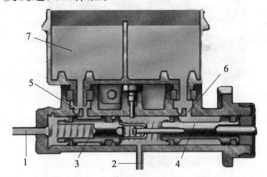

图 5-34 正常制动时两活塞所处位置
1-第二制动回路出油口;2-第一制动回路出油口;
3-第二活塞;4-第一活塞;5-第二工作腔补偿孔;6-第
一工作腔通孔;7-储液罐

④两制动回路独立工作。如图 5-35 所示,假设第二制动回路 1 的油管损坏而漏油,则在踩下制动踏板时只有第一工作腔中能建立油压,第二工作腔中无压力。在压力差的作用下,第二活塞迅速左移直到其前端顶到制动主缸缸体上。此时,第一工作腔中的油压方能随第一活塞的继续左移而升高到制动所需的压力值,第一制动回路 2 正常工作。

如图 5-36 所示,假设第一制动回路 2 的油管损坏而漏油,则在刚踩下制动踏板时,只有第一活塞左移,而不能推动第二活塞,因而第二工作腔油压不能建立。此时,第一活塞迅速左移,直接顶触到第二活塞上,推动其向左移动,使第二工作腔建立起必要的工作油压而制动,第二制动回路 1 正常工作。

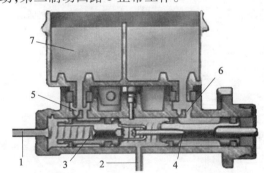

图 5-35 第二制动回路漏油时的制动情况
1-第二制动回路出油口;2-第一制动回路出油口;
3-第二活塞;4-第一活塞;5-第二工作腔补偿孔;6-第
一工作腔通孔;7-储液罐

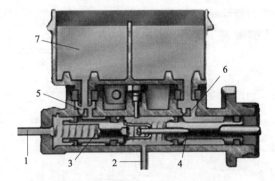

图 5-36 第一制动回路漏油时的制动情况
1-第二制动回路出油口;2-第一制动回路出油口;
3-第二活塞;4-第一活塞;5-第二工作腔补偿孔;6-第
一工作腔通孔;7-储液罐

2. 制动轮缸

制动轮缸,装在制动器中,是车轮制动力的直接来源。其功用是将制动液压力转变成机械力,推动制动蹄(鼓式)张开压紧制动鼓,或将制动摩擦片(盘式)压紧制动盘。制动轮缸主要由缸体、活塞、皮碗、弹簧、防尘罩和放气螺塞组成。常见的制动轮缸有:双活塞式、单活塞式、阶梯式等。

图 5-37 为双活塞式制动轮缸结构示意图。制动轮缸的缸体通常用螺钉固定在制动底

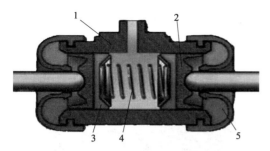

图 5-37 双活塞制动轮缸结构示意图
1-制动轮缸缸体;2-活塞;3-皮碗;4-弹簧;5-防尘罩

板上,位于两制动蹄之间,内装铝合金活塞2,密封皮碗3的刃口方向朝内,并由弹簧压靠在活塞上与其同步运动。活塞外端压有顶块并与制动蹄的上端相抵紧。在缸体的另一端有防尘罩,可防止尘土及泥土的侵入。缸体上方装有放气螺塞,以便排出制动系统中的空气。

制动时,制动轮缸受到制动回路液压作用,顶出活塞,使制动蹄张开。松开制动踏板后,液压消失,靠制动蹄复位弹簧的作用,使活塞复位。

3. 真空加力装置

汽车高速化后,采用人力液压制动的汽车,要求制动油压高达 10~20MPa 方能产生与车速相适应的制动力矩,这靠人力制动是难以实现的。现代汽车普遍在液压制动系统中加装真空加力装置,利用发动机进气管真空度来帮助驾驶员操纵制动踏板,减轻驾驶员施加于制动踏板的力,增加车轮制动力,达到操纵轻便、制动可靠的目的。真空加力装置可分为增压式和助力式两种。增压式是通过增压器将制动主缸的液压进一步增加,增压器装在制动主缸之后,称为真空增压器。助力式是通过助力器来帮助制动踏板对制动主缸产生推力,助力器装在制动踏板和制动主缸之间,称为真空助力器。轿车液压制动系中,广泛采用真空助力器。

(1)真空增压装置。

①真空增压式液压制动系的组成和工作原理。图 5-38 为跃进 NJ1061A 型汽车装用的真空增压式液压制动系统的示意图。它在液压制动系中加装了一套真空增压装置。其中包括:由发动机进气管8、真空单向阀9、真空罐10组成的供能装置;作为控制装置的控制阀6;作为传动装置的真空伺服气室7、辅助缸4和安全缸12。辅助缸、真空伺服气室和控制阀通常装配成一部件,称为真空增压器。

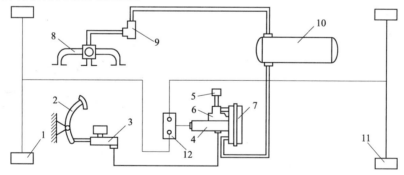

图 5-38 真空增压式液压制动系统示意图
1-前制动轮缸;2-制动踏板;3-制动主缸;4-辅助缸;5-进气滤清器;6-控制阀;7-真空伺服气室;8-发动机进气管;9-真空单向阀;10-真空罐;11-后制动轮缸;12-安全缸

发动机工作时,在进气管8中的真空度作用下,真空罐10中的空气经真空单向阀9被吸入发动机,因而真空罐中产生并积累一定的真空度,作为制动加力的动力来源。

踩下制动踏板时,制动主缸的输出液压首先传入辅助缸4,由此一面作为制动促动压力传入制动轮缸1和11,一面又作为控制压力输入控制阀6。控制阀实质上是一个液压控制的气压继动阀,它使真空伺服气室的工作腔通真空罐或通大气,实现加力或不加力。

双腔安全缸 12 的作用是当前后轮缸制动管路之一损坏漏油时,该管路上的安全缸即自动将该管路封堵,保证另一管路仍能保持其中压力。

②真空增压器结构和工作过程。真空增压器的作用是将发动机产生的真空度转变为机械推力,使从制动主缸输出的液力得到进一步增压后再输出,以增大制动力。

真空增压器的结构:

真空增压器的结构,如图 5-39 所示。主要由辅助缸、控制阀和伺服气室等组成。

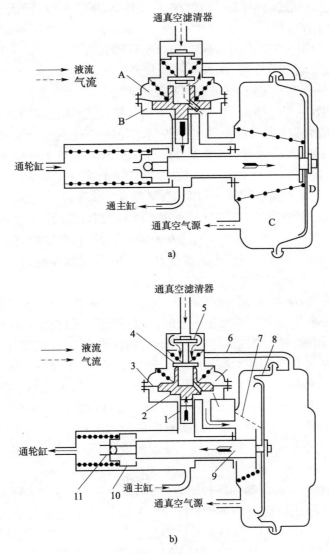

图 5-39 真空增压器的结构与工作过程
a)不制动时;b)制动时

1-控制阀活塞;2-膜片座;3-控制阀膜片;4-真空阀;5-空气阀;6-通气管;7-复位弹簧;8-伺服气室膜片;9-推杆;10-辅助缸活塞;11-球阀;A、B、C、D-气室

A. 辅助缸。辅助缸是将低压制动液变为高压制动液的装置。装有皮圈的辅助缸活塞 10 将辅助缸内腔分隔为两部分,左腔经出油管通向前后制动轮缸,右腔通过油管接头与制动主缸相通。推杆 9 的后端与伺服气室膜片相连,前端嵌装着球阀 11,其球座在辅助缸活塞 10 上。不制动时,推杆 9 前部的球阀与阀座之间保持一定距离,保证辅助缸两腔相通。

B. 控制阀。控制阀是控制伺服气室起作用的随动机构,由真空阀 4 和空气阀 5 组成双重阀门。不制动时,空气阀 5 在其复位弹簧的作用下处于关闭状态;真空阀 4 在其膜片复位弹簧的作用下处于开启状态。膜片座上有孔道使气室 A 与气室 B 相通。因此,不制动时四个气室 A、B、C、D 相通,且具有相等的真空度。

C. 伺服气室。伺服气室是将进气歧管产生的真空度与大气压力的压力差转变为机械推力的总成。伺服气室膜片 8 将伺服气室分成前后两腔,前腔 C 经前壳体端面上的真空管接头通向真空源,后腔 D 通过真空阀 4 与真空阀的上腔 A、下腔 B 以及伺服气室前腔 C 相通。

真空增压器的工作过程:

A. 不制动时。如图 5-39a)所示,不制动时,空气阀 5 关闭,真空阀 4 开启。A、B、C、D 四个气室相通,且具有相等的真空度,推杆 9 在复位弹簧 7 的作用下处于最右端位置,推杆前部的球阀与阀座之间保持一定距离,辅助阀两腔相通。

B. 制动时。如图 5-39b)所示,制动时,踩下制动踏板,制动主缸的制动液输入到辅助缸缸体中,一部分油液经活塞中间的小孔进入各制动轮缸,轮缸液压等于主缸液压。与此同时,液压还作用在控制阀活塞 1 上,当油压力升到一定值时,活塞 1 连同膜片座 2 上移,首先关闭真空阀 4,同时关闭 C、D 腔通道。膜片座 2 继续上移将空气阀 5 打开,于是滤清后的空气经空气阀 5 进入 A 腔并经通气管 6 到 D 腔,D 腔真空度下降。此时,气室 B、C 的真空度仍保持不变,为进气歧管真空度,这样 D、C 两腔产生压力差,推动膜片 8 使推杆 9 左移,球阀 11 关闭辅助缸活塞中孔,制动主缸与辅助缸左腔隔绝。此时,在辅助缸活塞 10 上作用着两个力:主缸液压作用力和伺服气室输出的推杆力。因此,辅助缸左腔与各轮缸的压力高于主缸压力。

C. 保持制动时。保制动时,踏板踩到某一位置不动,制动主缸不再向辅助缸输送制动油液,作用在辅助缸活塞 10 和控制阀活塞 1 上的力为一定值。但随着进入空气室量的增加,A 和 B 气室的压力差加大,对控制阀膜片 3 产生向下的作用力,因而使膜片座 2 及活塞 1 向下移动,空气阀 5、真空阀 4 的开度逐渐减小,直至落座关闭。此时处于"双阀关闭"状态,油压对控制阀活塞 1 向上的压力与气室 A、B 压力差造成的向下的压力相平衡。气室 D、C 压力差作用在膜片上的总推力与控制油压作用在辅助缸活塞右端的总推力之和,与高压油液作用在辅助缸左端的总阻力相平衡,辅助缸活塞即保持相对稳定状态,维持了一定的制动强度。这一稳定值的大小取决于控制阀活塞 1 下面的液压(主缸油压),即取决于踏板力和踏板行程。

D. 松开制动踏板时。松开制动踏板时,控制油压下降,控制阀活塞 1 连同膜片座 2 下移,空气阀 5 仍处于关闭状态,而真空阀 4 打开。于是 D、A 两气室的空气经 B、C 两气室被吸出,从而 A、B、C、D 各气室相通且具有一定的真空度。推杆 9、伺服气室膜片 8 以及辅助缸活塞 10 在弹簧的作用下各自复位,球阀 11 打开,制动轮缸油液经辅助缸活塞的小孔流回,制动解除。

(2)真空助力器。真空助力器可分为单膜片式和串联膜片式两种。图 5-40 为桑塔纳轿车所用的单膜片式真空助力器结构示意图。制动主缸固定在真空助力器上,借真空助力器控制阀推杆与制动踏板连接。伺服气室由前、后壳体组成,其间夹装有膜片和座,它的前腔经单向阀接进气歧管或真空罐;后腔膜片座毂筒中装有控制阀。其中,空气阀座 4 与控制阀推杆 7 固接,橡胶阀门 5 与在膜片座 3 上加工出来的阀座组成真空阀。

①真空助力器不工作时,如图 5-40 所示。弹簧 6 将推杆连同控制阀柱塞 8 推到后极限

位置，真空阀开启。橡胶阀门 5 则被弹簧压紧在空气阀座上 4，空气阀关闭，伺服气室前、后腔经过通道 A、控制阀腔和通道 B 互相连通，并与空气隔绝。在发动机开始工作且真空单向阀被吸开后，伺服气室左右两腔内都产生一定的真空度，伺服气室前后腔压力相等，不助力。

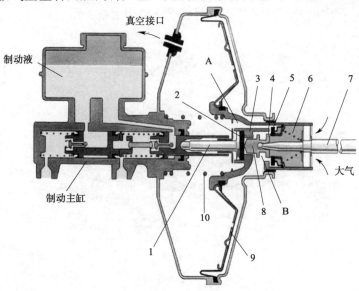

图 5-40　单膜片真空助力器结构工作原理示意图（未工作时）

1-制动主缸推杆；2-橡胶反作用盘；3-膜片座；4-空气阀座；5-橡胶阀门；6-复位弹簧；7-控制阀推杆；8-控制阀柱塞；9-膜片；10-膜片复位弹簧；A、B-通道

②当制动踏板踩下时，如图 5-41 所示。开始时膜片座 3 固定不动，来自踏板机构的操纵力推动控制阀推杆 7 和控制阀柱塞 8 相对于膜片座 3 前移。当柱塞与橡胶反作用盘 2 间的间隙消除后，操纵力便经反作用盘 2 传给制动主缸推杆 1。同时，橡胶阀门 5 随同控制阀柱塞前移，直到与膜片座 3 上的真空阀座接触为止。此时，伺服气室前后腔被隔绝开。

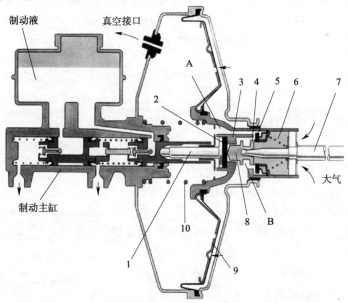

图 5-41　单膜片真空助力器结构工作原理示意图（工作中间阶段）
（图注同图 5-40）

— 175 —

如图 5-42 所示,随着控制阀推杆 7 继续推动控制阀柱塞 8 前移,空气阀座 4 离开橡胶阀门 5,空气阀打开。外界空气经空气阀、通道 B 充入伺服气室后腔,使其真空度降低。前、气伺服气室形成压力差,带动膜片座 3 推动制动主缸推杆 1 向前移动,起到助力作用。在此过程中,伺服气室后腔中的稳定真空度与踏板行程成递增函数关系。

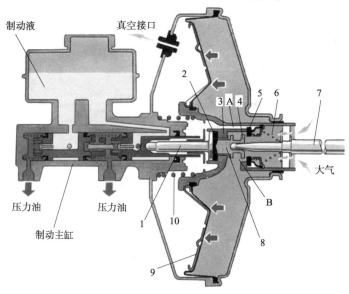

图 5-42 单膜片真空助力器结构工作原理示意图(工作中间阶段)

(图注同图 5-40)

橡胶反作用盘 2 具有类似液体传递压力的作用,制动主缸推杆 1 与橡胶反作用盘 2 的接触面积比控制阀柱塞 8 与橡胶反作用盘 2 的接触面积的大,所以作用于制动主缸推杆 1 的力比作用于控制阀柱塞 8 的大。

③松开制动时,复位弹簧 6 使推杆 7 和空气阀座 4 后移,带动橡胶阀门 5 脱开阀座,空气阀关闭,真空阀打开,前后气室通过通道 A、B 相通,恢复真空状态,前后气室压力差为零,不助力。膜片和膜片座在复位弹簧 10 的作用下复位,主缸即解除制动。

 任务实施

一、液压制动系的拆装

1. 制动主缸的分解

图 5-43 为串联式双腔制动主缸的分解图。制动主缸分解步骤如下:

(1)打开储液罐,吸出所有的制动液。

(2)拆下制动开关等附件。

(3)将制动主缸夹在台钳上,用旋具顶住第一活塞,拆下弹簧挡圈,然后慢慢放松旋具,依次取出第一活塞组件。

(4)旋下限位螺钉,用压缩空气吹出第二活塞后,依次取出第二活塞组件。

(5)用清洗液将解体后的制动主缸内孔及活塞等零件进行清洗。注意主缸零件只能用清洁的制动液、酒精或规定的清洗剂清洗,不用煤油、汽油或其他类似的溶剂清洗。清洗后的零件只能用压缩空气吹干,不能用毛巾擦拭。认真清洗主缸的补偿孔、通孔以及活塞顶端四周的小孔,确保这些小孔畅通。

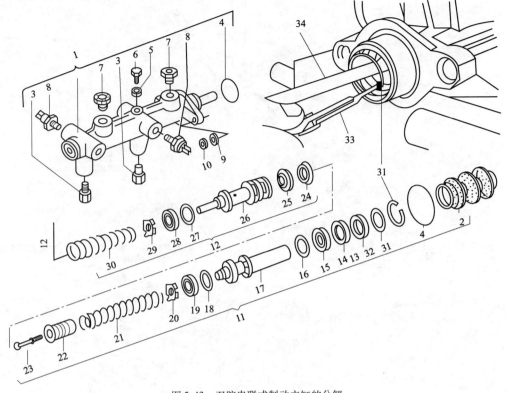

图 5-43 双腔串联式制动主缸的分解

1-制动主缸;2-防尘套;3-油管接头座;4-密封环;5-垫圈;6-限位螺钉;7-密封堵头;8-放气螺塞;9-弹垫;10-螺母;11-第一活塞组件;12-第二活塞组件;13-导向管;14-密封圈;15-封; 16-推力垫圈;17-第一活塞;18-推力垫圈;19-密封圈;20-弹簧下座;21-弹簧;22-弹簧上座;23-螺栓;24-密封圈;25-密封圈;26-第二活塞;27-推力垫圈;28-密封圈;29-弹簧座;30-弹簧;31-挡圈;32-垫圈;33-螺丝刀;34-卡环钳

2. 制动主缸装配

如图 5-44 所示,首先在制动主缸缸体 1 的内孔和第二活塞 8、密封圈 2 上涂上制动液,然后装入第二活塞 8。此时,弹簧 13 的小端要朝向第二活塞 8,各密封圈 2 的刃口方向按图中所示,然后旋入限位螺钉 10。装入第一活塞组件 7 时,密封圈 6 的刃口方向按图中所示,最后装上推力垫圈 3、挡圈 5 和防尘罩 4。

3. 制动轮缸的分解

盘式制动器制动轮缸分解,如图 5-45 所示。取下防护帽 4,用木块 1 顶住活塞 2,以防止损坏活塞,从制动钳缸体 3 上的进油孔处用压缩空气将活塞 2 从制动钳缸体 3 里吹出。用螺丝刀 5 取出制动轮缸的密封圈 4。

4. 盘式制动器制动轮缸的配装

(1)如图 5-46 所示,将防护帽 1 按图示方向装到活塞 2 上,并在活塞 2 涂上制动液。

(2)如图 5-47 所示,把密封圈装到制动轮缸缸体上。在密封圈 1 涂上制动液,用螺丝刀 2 和活塞 4 将密封圈 1 压入制动轮缸缸体 3 的凹槽里。

(3)如图 5-48 所示,在活塞 2 上涂上制动液后,用活塞装配工具 3 把活塞 2 压进制动轮缸缸体 1 内。这时,密封圈 5 应处在制动轮缸缸体 1 的凹槽里,防护帽 4 的外密封唇应弹入活塞 2 的凹槽里。

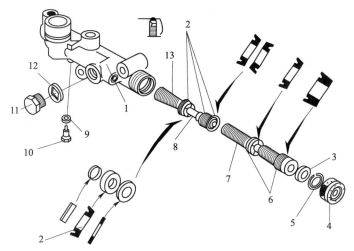

图 5-44 制动主缸的装配

1-制动主缸缸体;2-第二活塞密封圈;3-推力垫圈;4-防尘罩;5-挡圈;6-第一活塞密封圈;7-第一活塞组件;8-第二活塞;9-垫圈;10-限位螺钉;11-螺塞;12-垫圈;13-弹簧

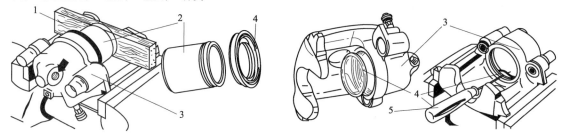

图 5-45 盘式制动器制动轮缸的分解
1-木块;2-活塞;3-制动钳缸体;4-防护帽;5-螺丝刀

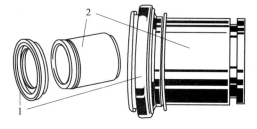

图 5-46 安装制动轮缸活塞防护帽
1-防护帽;2-活塞

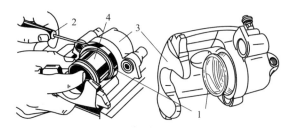

图 5-47 安装制动轮缸缸体密封圈
1-密封圈;2-螺丝刀;3-制动轮缸缸体;4-活塞

二、液压制动系的检修

1. 制动管路的检查

检查液压制动系的管路和接头有无凹瘪、严重锈蚀、裂纹现象,确保连接可靠无渗漏。金属管路用的管夹应固定牢靠,不得与车架及其他部件相碰撞,在行车过程中不得产生较大幅度的振动。制动软管应无折叠,无脱皮、老化、膨胀等缺陷。

2. 放气

液压制动系在使用过程中发现进入空气或在维修后,应进行放气。

放气时,将一根胶管接到制动轮缸放气螺塞上,胶管另一端插入一个玻璃瓶内,如图 5-49 所示。对于带 ABS 的车型,应关闭点火开关,拆下 ABS 执行器插头或蓄电池搭铁线。

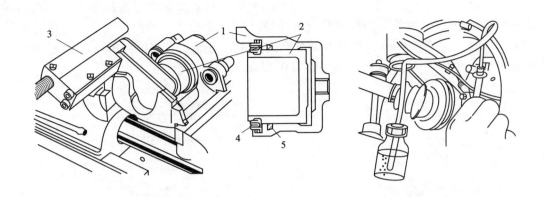

图 5-48 把活塞装入制动轮缸缸体　　　　图 5-49 液压制动系放气
1-制动轮缸缸体;2-活塞;3-活塞装配工具;4-防护帽;5-密封圈

连续踩下制动踏板 4~5 次,在踏板升高后踩下并保持不动。拧松放气螺塞,制动液连同空气一起从胶管流入玻璃瓶内,待没有空气排出后,拧紧放气螺塞。重复以上放气步骤几次,并不时向制动主缸储液罐中添加制动液,保持储液罐中制动液大于总容积的一半,直至将空气完全放出。按由远到近的顺序逐个进行放气,常见轿车(双回路前后轮制动器对角布置)的放气顺序为右后轮—左前轮—左后轮—右前轮。

3. 制动踏板行程的检查与调整

如图 5-50 所示,A 为制动踏板自由行程,H 为制动踏板的自由高度、D 为踏板的踩下高度、C_1 或 C_2 为踏板限位器与制动灯开关和制动开关上的螺纹端之间的间隙,可根据需要进行调整。

调整踏板自由行程时,发动机熄火,踩制动踏板多次,以消除真空助力器内的残余真空。因为有真空度存在时,无法正确检查制动踏板的自由行程。踩下制动踏板,直至感到有阻力为止。测量该行程即为踏板自由行程。如果制动踏板自由行程不符合要求,可通过改变制动主缸推杆的长度来进行调整。拧松推杆的锁紧螺母,转动推杆至符合规定,最后将锁紧螺母拧紧。调整后,应确保松开踏板后制动灯熄灭。

踩下高度 D 是在发动机运转时踏板所能踩下的高度,如果低于规定高度,应检查制动系统是否有泄漏、积气或制动主缸、制动轮缸损坏。

4. 制动主缸的检修

检查储液罐是否破损,若破损应更换。

如图 5-51 所示,检查制动主缸缸体 2 内孔和活塞 4 表面,其表面不得有划伤和腐蚀。用内径百分表 1 测量主缸缸体内孔孔径 B,用千分尺 3 测量活塞的外径 C,并计算出内孔与活塞之间的配合间隙值 A,看是否符合限值要求,若超过极限值应更换。桑塔纳 2000 轿车标准值为 0.04~0.106mm,使用极限为 0.15mm。

检查制动主缸皮碗和密封圈,若存在老化、损坏或磨损严重的情况,则应更换。

5. 制动轮缸的维修

(1) 鼓式制动器双活塞制动轮缸的维修。鼓式制动器双活塞制动轮缸分解,如图 5-52 所示。先从制动轮缸缸体 5 上取下防尘罩 1,用压缩空气吹出活塞 2,取出弹簧 4,再从活塞 2 上拆下密封圈 3。

制动轮缸缸体与活塞的检查如图 5-53 所示,首先应检查后制动轮缸缸体 1 的内孔与活塞 2 外圆表面的烧蚀、刮伤和磨损情况,然后测量制动轮缸缸体 1 的内孔孔径 B 和活塞 2 的外径 C,并计算出活塞 2 与内孔孔径 B 的配合间隙 A,看是否符合限值要求。桑塔纳 2000 轿车的标准值为 $0.04 \sim 0.106$ mm,使用极限为 0.15 mm。

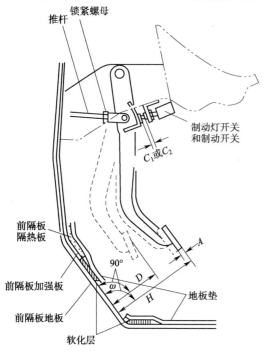

图 5-50 制动踏板的行程检查与调整

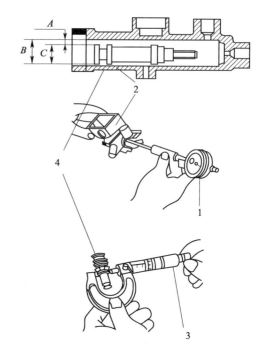

图 5-51 制动主缸缸体与活塞的检查
1-内径百分表;2-制动主缸缸体;3-千分尺;4-主缸活塞;
A-活塞与缸体内孔配合间隙;B-缸体内孔直径;C-活塞外径

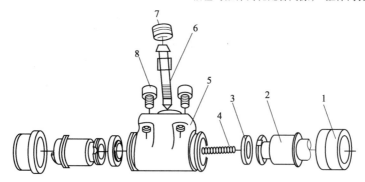

图 5-52 双活塞式制动轮缸的分解与组装
1-防尘罩;2-活塞;3-密封圈;4-弹簧;5-制动轮缸缸体;6-放气阀;7-防尘帽;8-螺栓

制动轮缸的组装如图 5-52 所示,在密封圈 3 涂上制动液,并按密封唇朝向制动轮缸缸体 5 的方向装在活塞 2 上,然后将活塞 2 涂上制动液后装入制动轮缸缸体 5。将组装好的制动轮缸装到制动底板上,拧紧螺栓 8(力矩 10N·m)。

(2)盘式制动器制动轮缸的维修。如图 5-54 所示,可用内径百分表测量制动轮缸内径,用千分尺 3 测量活塞 4 的外径,并可计算出活塞 4 与制动轮缸内孔的配合间隙,看是否符合限值要求。桑塔纳 2000 轿车的标准值为 $0.04 \sim 0.116$ mm,使用极限为 0.16 mm。

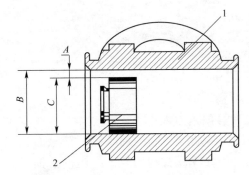
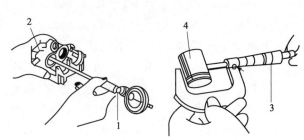

图 5-53　制动轮缸缸体与活塞的检查
1-制动轮缸缸体；2-活塞；A-活塞与缸体间隙；B-缸体内孔直径；C-活塞外径

图 5-54　制动钳体与活塞的检查
1-内径百分表；2-制动轮缸缸体；3-千分尺；4-活塞

三、液压制动系的故障诊断

1. 制动失效

(1) 故障现象。汽车行驶时，踩下制动踏板车辆不减速，即使连续踩下几次制动踏板也无明显减速作用。

(2) 故障原因。现代汽车多大都采用双回路制动系统，因此制动失效的故障比较少见。主要原因有：

①制动踏板至制动主缸的连接松脱。

②制动主缸储液罐中无制动液或严重缺液。

③单回路液压制动系统制动管路断裂漏油或制动主缸皮碗破裂。

(3) 故障诊断与排除。首先踩下制动踏板，根据踩制动踏板时的感觉，相应地检查有关部位。

①若制动踏板与制动主缸无连接感，说明制动踏板至制动主缸的连接松脱，应检查并修复。

②若踩下制动踏板时，感到很轻或稍有阻力感，则应检查制动主缸储液罐内制动液是否充足。若制动主缸储液罐内无液或严重缺液，应添加制动液至规定位置。再次踩下制动踏板时，若仍没有阻力感，则应检查制动主缸至制动轮缸或金属油管有无断裂漏油。

③踩下制动踏板时，虽然感到有一定的阻力，但踏板位置保持不住，明显下沉，则应检查制动主缸的推杆防尘套处是否有制动液泄漏。若有制动液泄漏，说明制动主缸皮碗破裂；若车轮制动鼓边缘有大量制动液，则应检查制动轮缸皮碗是否压翻、磨损是否严重。

2. 制动不灵

(1) 故障现象。

①汽车行驶中制动时，驾驶员感到制动减速度小，制动效果差。

②汽车紧急制动时，制动距离过长。

(2) 故障原因。制动不灵对液压制动系统来说主要是制动介质传递的压力不足，摩擦片与制动鼓或制动盘的摩擦力减小所致。主要原因有：

①制动踏板自由行程太大。

②制动主缸储液罐制动液不足或无制动液。

③制动液变质（变稀或变稠）或管路内壁积垢太厚。

④制动管路内进入空气或制动液气化产生了气阻。

⑤制动主缸、轮缸、管路或管接头漏油。

⑥制动主缸、轮缸的活塞、皮碗或缸壁磨损过度。

⑦制动主缸、轮缸的皮碗老化或磨损引起密封不良。

⑧制动主缸的通孔、补偿孔、活塞前端贯通小孔堵塞。

⑨制动主缸的出油阀、回油阀不密封;活塞复位弹簧预紧力太小。

⑩制动器的制动鼓与制动蹄摩擦片间的间隙不当;制动鼓与制动蹄摩擦片接触面积太小;制动蹄片摩擦质量不佳或沾有油污;制动蹄摩擦片铆钉松动;制动鼓产生沟槽磨损或失圆,制动时变形。

⑪真空增压器或助力器的各真空管路接头松动、脱落,管路有破裂处;膜片破裂或密封圈密封不良;止回阀、控制阀密封不良;辅助缸活塞、皮碗磨损过度;单向球阀不密封。

(3)故障诊断与排除。踩动制动踏板做制动实验,根据踩制动踏板时的感觉,检查相应的部位。

①一次踩下制动踏板,踏板到底且无反力;连续几次踩制动踏板都能踩到底,且感觉阻力很小,则应检查储液罐中的制动液液面高度是否符合要求,若液面低于"MIN"线,说明制动液液面过低,应添加制动液;检查制动踏板连动机构有无松脱。

②连续几次踩制动踏板时,踏板高度仍过低,并且在第一脚制动后,感到主缸活塞未回位,踩下制动踏板即有制动主缸与活塞碰击的响声,则应检查主缸的活塞复位弹簧是否过软;主缸的皮碗是否破裂。

③连续踩几次制动踏板时,踏板高度低而软,则应检查制动主缸的通孔或储液罐的通气孔是否有堵塞。

④一次踩下制动踏板时,踏板高度过低;连续几次踩下制动踏板时,踏板高度稍有增高,并有弹性感,则应检查系统内是否存有气体。

⑤一次踩下制动踏板时,踏板高度较低,连续几次踩下制动踏板时,踏板高度随之增高且制动效能好转,则应检查制动踏板的自由行程及制动器的间隙。

⑥维持制动踏板高度时,若制动踏板缓慢或迅速下降,则应检查制动管路是否破裂,管接头是否密封不良;主缸、轮缸皮碗或皮圈密封是否良好。

⑦安装真空增压器或真空助力器的车辆,踩下制动踏板时,若踏板高度适当但太硬,而且制动不灵,则应检查增压器或助力器的工作情况;检查制动系油管是否有老化、凹瘪,制动液黏度是否太大。

⑧踩制动踏板时,若踏板有向上反弹、顶脚的感觉,而且制动力不足,则应检查增压器的辅助缸活塞磨损是否过度;辅助缸活塞、皮碗是否密封不良;辅助缸单向球阀是否密封不良。

⑨路试车辆时,观察各车轮的制动情况。若个别车轮制动不良,则应检查该车轮的制动软管是否老化;摩擦片与制动鼓之间的间隙是否不当;摩擦片是否有硬化、油污、铆钉外露现象;制动鼓内壁是否磨损成沟槽;摩擦片与制动鼓的接触面积是否过小。

3. 制动跑偏

(1)故障现象。

①汽车行驶制动时,行驶方向发生偏斜。

②紧急制动时,方向急转或车辆甩尾。

(2)故障原因。制动跑偏的根本原因是左右车轮的制动力不等,造成制动跑偏的主要原因有：

①左右车轮轮胎气压、花纹或磨损程度不一致。

②左右车轮轮毂轴承松紧不一致，个别轴承破损。

③左右车轮的制动蹄摩擦衬片材料不一致或新旧程度不一致。

④左右车轮制动蹄摩擦片与制动鼓的接触面积、位置不一样或制动间隙不等。

⑤左右车轮轮缸的技术状况不一致，造成起作用的时间或张力大小不相等。

⑥左右车轮制动鼓的厚度、直径、工作中的变形程度和工作面的粗糙度不一致。

⑦单边制动管路凹瘪、阻塞或漏油；单边制动管路或轮缸内有气阻。

⑧单边制动蹄与支承销配合过紧或锈蚀。

⑨一侧悬架弹簧折断或弹力过低。

⑩一侧减振器漏油或失效。

⑪前轮定位失准。

⑫转向传动机构松旷。

⑬车架、车桥在水平平面内弯曲，车架两边的轴距不等。

⑭感载比例阀故障。

（3）故障诊断与排除。

①若车辆正常行驶时也有跑偏现象，则首先检查左右车轮的轮胎气压、花纹和磨损程度是否一致；检查各减振器是否漏油或失效；检查悬架弹簧是否拆断或弹力是否一致。

②支起车轮，用手转动和轴向推拉车轮轮胎。若一侧车轮有松旷或过紧的感觉，应重新调整轴承的预紧度；若转动车轮有发卡或异响，应检查该轮轮毂轴承是否破损或毁坏。

③对汽车进行路试。制动后，若汽车向一侧跑偏，则为另一侧的车轮制动不良。

A. 首先对该车轮制动器进行放气，若无制动液喷出，说明该轮制动管路堵塞，应予以更换；若放出的制动液中有空气，说明该轮制动管路中混入空气，应予以排放。

B. 观察该轮制动器的间隙，若制动器间隙过大，说明制动蹄摩擦片磨损严重或制动自调装置失效，应更换。

C. 上述检查正常，应拆检该轮制动器。检查制动盘或制动鼓是否磨损过度或有沟槽，若磨损过度，应更换；若有严重沟槽，应车削或镗削。检查制动蹄摩擦片（摩擦衬块）是否有油污或水湿及磨损过度，若摩擦片（衬片）有油污或水湿，应查明原因并清理，若摩擦片磨损过度，应更换。检查制动轮缸或制动钳活塞，若有漏油或发卡现象，应更换。

④若制动时，出现忽左忽右跑偏现象，则应检查前轮定位是否符合要求，若前轮定位不正确，应调整；检查转向传动机构是否松旷，若松旷，应紧固、调整或更换。

⑤若在制动时，车辆出现甩尾现象，应检查感载比例阀是否有故障。

4. 制动拖滞

（1）故障现象。抬起制踏板后，全部或个别车轮的制动作用不能立即完全解除，以致影响了车辆的重新起步、加速行驶或滑行。

（2）故障原因。

①制动踏板无自由行程，制动踏板拉杆系统不能复位。

②制动主缸复位弹簧折断或失效。

③制动主缸回油孔被污物堵塞，密封圈发胀或发黏与泵体卡死。

④通往制动轮缸的油管凹瘪或堵塞。

⑤制动盘摆差过大。
⑥前制动器密封圈损坏,造成活塞不能正常复位。
⑦前后制动器制动轮缸密封圈发胀或发黏与轮缸缸体卡死。
⑧鼓式制动器制动蹄复位弹簧折断或过软。
⑨鼓式制动器制动蹄摩擦片破裂或铆钉松动。
⑩鼓式制动器制动鼓严重失圆。

(3)故障诊断与排除。

①将汽车支起,在未踩制动踏板的情况下,用手转动车轮,若某一车轮转不动,说明该车轮制动器拖滞;若全部车轮转不动,说明全部车轮制动器拖滞。

②若为个别车轮制动器拖滞,首先旋松该轮制动器轮缸的放气螺钉,若制动液急速喷出,随即车轮能旋转自如,说明该轮制动管路堵塞,轮缸未能回油,应更换;若车轮仍转不动,则拆下车轮,解体检查制动器。

对于盘式制动器:

A.检查制动器的轴向跳动量,若误差过大,应磨削或更换。

B.拆检制动轮缸,若轮缸活塞发卡或密封圈损坏,应更换。

对于鼓式制动器:

A.检查制动蹄摩擦片状况,若摩擦片破裂或铆钉松动,应更换摩擦片。

B.检查制动器间隙自调装置,若有损坏,应更换。

C.检查制动鼓状况,若制动鼓圆度误差过大,应镗削或更换,检查制动蹄复位弹簧,若有折断或弹力减弱,应更换。

D.检查制动轮缸,若轮缸活塞发卡或密封圈损坏,应更换。

若全部车轮制动器拖滞,则进行以下检查:

A.检查制动踏板自由行程是否符合要求,若自由行程过小,应调整。

B.检查制动踏板的复位情况,用力将制动踏板踩到底并迅速抬起,若踏板复位缓慢,说明制动踏板复位弹簧失效或踏板轴发卡,应更换或修复。

C.检查制动主缸的工作情况。打开制动液储液罐盖,由一人连续踩制动踏板,另一人观察制动主缸的回油情况。若不回油,说明制动主缸回油孔堵塞,应清洗、疏通;若回油缓慢,说明制动液过脏或变质,应更换。

四、真空助力器和真空增压器常见故障诊断

1. 真空助力器常见故障

(1)制动力不足,制动踏板硬。

①现象:当制动踏板很硬,有踩不下去的感觉,而且制动力不足时,往往是真空助力器不起作用,膜片总成没有移动造成的。

②原因:通向进气管的真空管脱落或者断裂,使膜片两侧均为大气压力;伺服气室的膜片破裂,导致左右腔相通;控制阀处橡胶膜片磨损,导致真空阀关闭不严而漏气,使助力器左右两腔不能密封;弹簧过软或者折断,致使橡胶膜片在制动时不能左移关闭真空阀而使左右两腔不能密封,空气过滤器堵塞。

真空助力器不工作时,驾驶员加于制动踏板上的力还得用来克服膜片复位弹簧的弹力,因而踏板阻力很大,制动踏板很硬。

③故障诊断:检查真空管是否脱落或破裂。若真空管完好,则应将制动踏板踩下,用棉丝放在空气过滤器处,若吸力很小,则说明空气过滤器堵塞,应更换。必要时,拆检真空助力器。

(2)制动拖滞,制动解除缓慢。

主要的原因有:

①膜片总成复位弹簧过软或折断。

②膜片运动发卡,使之与铰接杆之间的间隙过小。

2. 真空增压器常见故障

(1)制动力不足,伴随踏板高、硬。

①原因:各真空管路接头松动、脱落,管路有破裂处;止回阀密封不良;控制阀密封不良;伺服气室膜片破裂或密封圈密封不严。

②故障诊断:检查真空管路有无松动、脱落或破裂之处。若上述良好,则应对控制阀进行检查。

将发动机怠速,放松制动踏板,将一束棉丝置于控制阀进气口前面,若棉丝被吸入,说明空气阀密封不严;若踩下制动踏板时棉丝不被吸入,表明控制阀失效;若一踩下制动踏板便被吸入,说明控制阀的真空阀不密封,或者伺服气室的膜片破裂。

(2)制动力不足,而且伴随制动踏板向上反弹、顶脚。

①原因:辅助缸活塞磨损过度;辅助缸单向球阀密封不严;辅助缸活塞密封圈密封不严。

②故障诊断:产生上述故障时,应将增压器进行拆检。

(3)制动解除缓慢,抬起制动踏板时,制动不能立即解除

①原因:伺服气室的膜片复位弹簧过软;控制阀各复位弹簧过软;控制阀活塞与密封圈密封不良,运动卡滞;空气阀与真空阀间距过大。

②故障诊断:拆下空气阀空气滤清器,起动发动机怠速运转,踏下制动踏板。当抬起制动踏板时,立即用螺丝刀推空气阀,若能推动,而且制动作用也解除,说明控制阀膜片复位弹簧过软或控制阀活塞与复位弹簧工作不良。

若控制阀良好,而且当控制阀移动后,制动作用仍然不能解除,说明故障为伺服气室膜片复位弹簧过软或折断,或真空阀与空气阀之间的间隙过大。

任务工作单

学习情境五:汽车制动失效故障检修 工作任务二:液压制动系的拆装、检查与调整	班级		
	姓名	学号	
	日期	评分	

一、工作单内容

分组拆装、检查与调整桑塔纳轿车液压制动系统。

二、准备工作

说明:每位学生应在工作任务实施前独立完成准备工作。

1. 下图为液压制动系统,请指出指定部分的名称,填写在对应的序号线内。

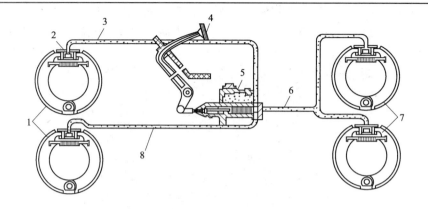

液压制动系统示意图

1-_____;2-_____;3-_____;4-_____;
5-_____;6-_____;7-_____;8-_____。

2. 下图为真空助力制动系统,请指出指定部分的名称,填写在对应的序号线内。

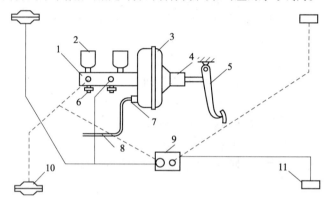

红旗CA7220型轿车真空助力自服制动系统示意图

1-_____;2-_____;3-_____;4-_____;
5-_____;6-_____;7-_____;8-_____;
9-_____;10-_____;11-_____。

3. 什么是前后独立式双管路液压制动传动装置？什么是交叉式双管路液压制动传动装置？

三、任务实施

对桑塔纳轿车液压制动系统进行检查、调整与检修,并将操作步骤和技术要求记录下来。

1. 制动管路的检查

检查项目	检查结果	处理方法
管路接头情况		
金属管路用的管夹		
制动软管		

2. 制动系中空气的排放

操作方法	操作情况
在驾驶室内连续踩制动踏板	
拧松放气螺栓,让空气与一部分制动液排出	
重复上述两个步骤,直到放气螺栓处排出的全部是制动液为止	

3.制动踏板高度的调整

(1)踏板自由高度的调整。

制动踏板的自由高度为解除制动时踏板的高度。

如果检查的结果与标准值不符,则应进行调整。其调整方法如下:

①拆下制动灯导线。

②松开制动灯开关锁紧螺母。

③视情况拧紧或拧松制动灯开关。

(2)制动踏板自由行程的调整。

操作项目	操作方法
释放真空助力器中的残余真空	
检查自由行程	
调整自由行程	

(3)检查制动踏板的剩余高度。塞紧前后轮,松开驻车制动器,起动发动机运转2min,用490N的力踩下制动踏板,此时踏板与地面的距离即为制动踏板的剩余高度。

4.制动主缸与轮缸的检修

将主缸与轮缸分解后,进行检查,并将结果记录于下表中。

检查内容	检查结果	处理方法
检查缸筒表面		
检查主缸圆柱度		
检查主缸与活塞的配合间隙		
检查复位弹簧的弹力		

5.真空助力器的检修(就车检查)

将发动机熄火,首先用力踩几次制动踏板,以消除真空助力器中残余的真空度。用适当的力踩住制动踏板,并保持在一定位置,然后起动发动机,使真空系统重新建立起真空,并观察踏板,若踏板位置有所下降,说明真空助力器正常;若踏板位置保持不动,则说明助力器或真空止回阀损坏。

四、工作小结

通过此工作任务的实施,各小组集中完成下述工作。

1.简述排除制动系中空气的方法。

2.如何检查和调整制动踏板的自由行程?

3.简述检修真空助力器的方法。

4.你认为本次实训是否达到预期目的,还有什么好的意见和建议?

工作任务三　气压制动系的拆装、检查与调整

任务概述

1. 应知应会

通过本工作任务的学习与具体实施,学生应学会下列知识:

(1)熟悉气压制动系的作用与特点。

(2)熟悉双回路气压制动系的组成。

(3)熟悉双回路气压制动系各零部件的结构。

应该掌握下列技能:

(1)会对气压制动系进行一、二级维护。

(2)会对气压制动系各零部件进行检修。

2. 学习要求

(1)在每个工作任务的学习过程中,完成相关任务工作单的填写,并通过课程网络及时提交给相关教师。任务工作单提交方法详见课程网站。

(2)在每个学习情境实施阶段的中期或后期,按要求填写检修工作单。学习结束后,按要求填写学生考核记录表,进行自我评价后交小组长,小组长评价后连同检修工作单统一交教师。

(3)每个情境学习到评价环节时,个人进行任务完成情况的评估。教师对小组抽查,被抽查的个人上台进行讲评。

相关知识

一、气压制动系概述

以发动机的动力驱动空气压缩机作为制动器制动的唯一动力源,而驾驶员的体力仅作为控制能源的制动系统称之为气压制动系统。制动时,驾驶员通过控制制动踏板的行程,来控制制动气压的大小,从而得到不同的制动强度。其特点是:制动操纵省力、制动强度大、踏板行程小;但需要消耗发动机的动力;制动粗暴而且结构比较复杂。因此,一般在重型和部分中型汽车上采用。

二、双回路气压制动系的组成和回路布置

双回路气压制动系是利用一个双腔(或三腔)的制动控制阀,两个或三个储气筒,组成两套彼此独立的回路,分别控制两桥(或三桥)的制动器。双回路气压制动系的组成和布置随车型而异,但总的工作原理是相同。下面以解放 CA1092 型汽车双回路气压制动系为例进行介绍。

1. 双回路气压制动系的构造

图 5-55 为解放 CA1092 型汽车双回路气压制动系的示意图。它由气源和控制装置两部分组成。气源部分包括空气压缩机、调压装置、双针气压表、储气筒、低压报警开关和安全阀等。控制装置包括制动踏板、制动控制阀等。

气压制动系工作时,由发动机驱动的活塞式空气压缩机 1 将压缩空气经止回阀压入

湿储气筒4，筒上装有安全阀5和供其他系统使用的放气阀3。压缩空气在湿储气筒内冷却并进行油水分离，然后进入储气筒8的前后腔。储气筒的前腔与制动控制阀14的上腔相连，以控制后轮制动，同时通过三通管与气压表15与气压调节器16相连。储气筒8后腔与制动控制阀14的下腔相连，以控制前轮制动，并通过三通管与气压表相连。气压表为双指针式，上指针指示储气筒前腔气压，下指针指示储气筒后腔气压。储气筒最高气压为0.8MPa。

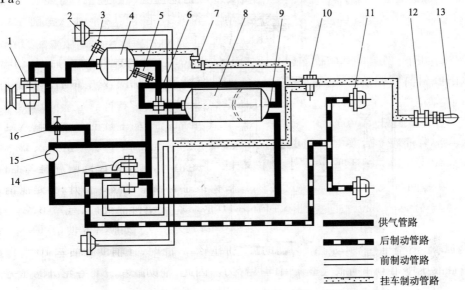

图5-55 解放CA1092型汽车双回路气压制动系示意图

1-空气压缩机；2-前制动气室；3-放气阀；4-湿储气筒；5-安全阀；6-三通管；7-低压警报开关；8-储气筒；9-单向阀；10-挂车制动阀；11-后制动气室；12-分离开关；13-连接头；14-制动控制阀；15-气压表；16-气压调节器

2. 双回路气压制动系的工作原理

当驾驶员踩下制动踏板时，拉杆带动制动控制阀拉臂摆动，使制动控制阀14工作，储气筒前腔的压缩空气经制动控制阀14的上腔进入后制动气室11，使后轮制动；同时，储气筒后腔的压缩空气通过制动控制阀14下腔进入前制动气室2，使前轮制动。当放松制动踏板时，制动控制阀使各制动气室通大气以解除制动。

由此可见，制动气室内建立的气压与制动器产生的制动力矩成正比，而制动气室内建立的气压又与踏板力和行程成正比。制动踏板踩到底时，制动气室内最高气压一般为0.5~0.8MPa，但储气筒中的气压在任何时候都应高于或等于此值。

装于各储气筒进口处的止回阀用于防止压缩空气倒流。安全阀装在湿储气筒的后端。当调压阀出现故障、空气压缩机不能卸荷时，安全阀对储气筒减压。

三、气压制动系主要部件的构造与工作原理

1. 空气压缩机

（1）空气压缩机的构造。空气压缩机一般固定在发动机汽缸的一侧，多由发动机通过皮带或齿轮来驱动，有的采用凸轮轴直接驱动。空气压缩机按缸数可分为单缸（如东风EQ1091E型汽车）和双缸（如解放CA1092型汽车）两种，其工作原理相同。

图5-56为东风EQ1091E型汽车采用的单缸风冷式空气压缩机。它固定在发动机气缸

盖的一侧,由发动机通过皮带驱动,支架上有三道滑槽,可通过调整螺栓移动空气压缩机的位置来调整皮带的松紧度。

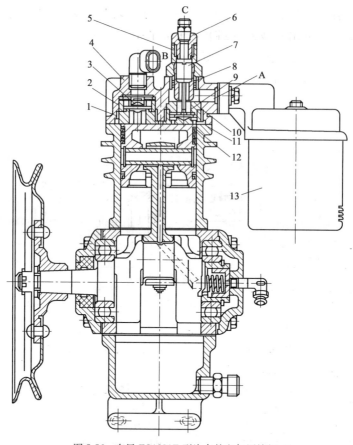

图 5-56　东风 EQ1091E 型汽车的空气压缩机

1-排气阀座;2-排气阀门导向座;3-排气阀;4-缸盖;5-卸荷装置壳体;6-定位塞;7-卸荷柱塞;8-柱塞弹簧;9-进气阀;10-进气阀座;11-进气阀弹簧;12-进气阀门导向座;13-空气滤清器;A-进气口

空气压缩机具有与发动机类似的曲柄连杆机构。铸铁制成的汽缸体下端用螺栓与曲轴箱连接,缸体外铸有散热片。铝制汽缸盖 4 用螺栓紧固于气缸体上端面,其间装有密封缸垫。缸盖上的进排气室都装有一个方向相反的弹簧压紧于阀座的片状阀门,进气阀 9 经进气口 A 与空气滤清器 13 相通,排气阀门 3 经排气口 B 与湿储气筒相通。在空气压缩机进气阀 9 的上方设置有卸荷装置,它是由调压阀进行控制的,卸荷装置壳体 5 内镶嵌着套筒,其中装有卸荷柱塞 7 和柱塞弹簧 8。曲轴用球轴承支撑在曲轴箱座孔内,前端伸出与驱动皮带轮连接。润滑油由发动机主油道自空气压缩机曲轴后端中心的圆孔进入,通过曲轴和连杆上的油道润滑连杆轴承和活塞销,其他摩擦部位为飞溅润滑。在圆孔内装有弹簧及杯形油堵,油堵右端面有润滑油节流孔。弹簧两端轴向伸出部分插入曲轴内孔和杯形油堵相应的小孔中,带动油堵随曲轴一起旋转。弹簧又使油堵端起油封作用,防止润滑油大量泄入曲轴箱影响发动机与空气压缩机的正常油压。从摩擦表面流下来的润滑油通过回油管接头流回发动机的油底壳。

(2)空气压缩机的工作原理。空气压缩机工作时,活塞下行,进气阀 9 开启,外界的空气即经空气滤清器 13 自进气口 A 和进气阀 9 被吸入气缸。活塞上行时,进气阀 9 关闭,缸内空气即被压缩,压力升高。顶开排气阀 3 经排气口 B 充入湿储气筒。当储气筒内的气压达到规定值(0.7~0.74MPa)后,调节机构使卸荷阀压开进气阀,使空气压缩机与大气相通,不再泵气。

2. 调压阀

(1)调压阀的构造。调压阀的作用是调节储气筒中的压缩空气的压力,使之保持在规定的压力范围内,同时使空气压缩机卸荷空转,减少发动机的功率损失。东风EQ1091E型汽车调压阀结构,如图5-57所示。

调压阀壳体10上装有两个带滤芯的管接头7和9,分别与空气压缩机上的卸荷装置和储气筒相通。盖1与壳体10上装有膜5和调压弹簧4。膜片中心用螺纹固连着空心管6,空心管可以在壳体的中央孔内滑动,其间有密封圈,空心管的中心孔经上部的径向孔与膜片的下腔相通,调压阀下部装有与大气相通的排气阀8。调压弹簧4上通过弹簧座3支撑于调压螺钉2上旋转调压螺钉2,可改变调压弹簧4的预紧力。

(2)调压阀的工作原理。当储气筒内气压未达到规定值时,膜片5下腔气压较低,不足以克服调压弹簧4的预紧力,膜片连同空心管与排气阀被调压弹簧压到下极限位置,空心管下端面紧压着排气阀8,并将它推离阀座,此时由储气筒至卸荷室外的通路被隔断,卸荷室与大气相通,卸荷阀装置不起作用,空气压缩机对储气筒正常充气。

当储气筒气压升高到0.7~0.74MPa时,膜片5下方气压作用力即克服调压弹簧4的预紧力而推动膜片向上拱曲,使空心管6和排气阀8随之上移,直到排气阀8压靠阀座而关闭,切断卸荷室与大气通路,并且空心管下端面也离开排气阀,出现一相应的间隙,如图5-58所示。于是储气筒中的压缩空气便沿图中箭头所标明的路线充入空气压缩机的卸荷室,迫使卸荷柱塞下移,使进气阀门开启。这时汽缸与大气相通,空气压缩机卸荷空转,湿储气筒内气体压力也不再升高。

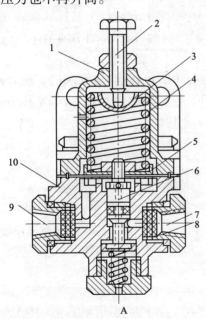

图5-57 东风EQ1091E型汽车调压阀结构图
1-调压阀盖;2-调压螺钉;3-弹簧座;4-调压弹簧;5-膜片;6-空气管;7-接卸荷室管接头;8-排气阀;9-接储气筒管接头;10-壳体;A-排气口

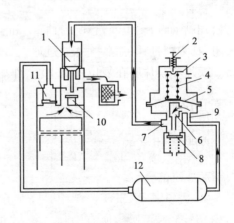

图5-58 空气压缩机卸荷装置与调压阀工作原理示意图
1-卸压柱塞;2-调压螺钉;3-弹簧座;4-调压弹簧;5-膜片;6-空气管;7-接卸荷室管接头;8-调压阀的排气阀;9-接储气筒管接头;10-压缩机进气阀;11-压缩机排气阀;12-储气筒

随着储气筒内的压缩空气不断消耗,调压阀膜片5下方气压降低,膜片和空心管即在调压弹簧的作用下相应下移,当气压降至关闭气压 0.56～0.6MPa 时,空气管下端将调压阀排气阀8打开。卸荷室与储气筒的通路被切断,而与大气相通,卸荷室的压缩空气即排入大气。卸荷柱塞1在其弹簧的作用下升高,空气压缩机的进气阀10又恢复正常,空气压缩机恢复对储气筒充气。

3. 制动控制阀

制动控制阀的作用是控制由储气筒充入制动气室或挂车制动控制阀的压缩空气量,从而控制制动气室中的工作气压,并有渐进变化的随动作用,即保证制动气室的气压与踏板行程有一定的比例关系。制动控制阀主要有双腔串联活塞式和双腔并联膜片式两种。

(1) 双腔串联活塞式制动控制阀。图 5-59 为解放 CA1092 型汽车双腔串联活塞式制动控制阀。它由上盖6、上壳体7、中壳体10 和下壳体14 组成,并用螺钉连接在一起,其间装有密封垫。中壳体上的进气口 D 接后桥储气筒,出气口 A 接后桥制动气室;下壳体上的进气口 E 接前桥储气筒,出气口 B 接前桥制动气室。此外,上盖6上滑动地装有挺杆5,其上端面与滚轮压靠在一起,外套有橡胶防尘罩。上下活塞与壳体间装有密封圈。下活塞由大小两个活塞套装在一起,小活塞13 对大活塞2能进行单向分离。上阀门 11 滑动地套装在心管上,其外圆有密封隔套。下阀门15 滑动地套在有密封圈的下壳体14 中心孔中,中空的心管和小活塞13 制成一体。

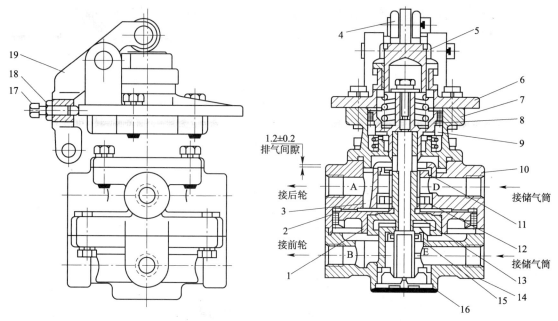

图 5-59 解放 CA1092 型汽车双腔串联活塞式制动控制阀

1-小活塞回位弹簧;2-大活塞;3-通气孔;4-滚轮;5-挺杆;6-上盖;7-上壳体;8-上活塞总成;9-上活塞回位弹簧;10-中壳体;11-上阀门;12-卡环;13-小活塞总成;14-下壳体;15-下阀门;16-排气阀;17-调整螺钉;18-锁紧螺母;19-拉臂;A、B-出气口;D、E-进气口

双腔串联活塞式制动控制阀工作情况,如图 5-60 所示。

制动时,驾驶员踩下制动踏板,拉臂通过滚轮、挺杆3使平衡弹簧4以及上活塞5向下移动,消除排气间隙(上活塞5至上阀门7之间)而推开上阀门7。此时,从储气筒前腔来的压缩空气经阀门7与中壳体阀座之间的进气间隙进入 G 腔,并经出气口 A 进入后制动气室,使后轮制动。与此同时,进入 G 腔的压缩空气通过通气孔 F 进入大活塞 2 与小活塞 8 的上方,使其下移推开下阀门 9,此时从储气筒后腔来的压缩空气经下阀门 9 与下壳体阀座之间的进气间隙进入 H 腔,并经出气口 B 充入前制动气室,使前轮制动。

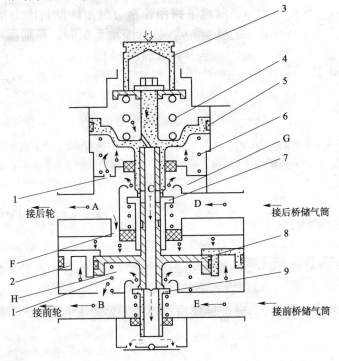

图 5-60　双腔串联活塞式制动控制阀的工作情况(制动时)

1-小活塞复位弹簧;2-大活塞;3-挺杆;4-平衡弹簧;5-上活塞总成;6-上活塞复位弹簧;7-上阀门;8-小活塞总成;9-下阀门;A、B-出气口;D、E-进气口;C-排气口;F、I-通气孔;G、H-气腔

当制动踏板保持在某一位置,即维持制动状态时,压缩空气在进入 G 腔的同时由通气孔 I 进入上活塞 5 的下方,并推动上活塞 5 上移,使 G 腔中的气压作用力与复位弹簧 6 的张力之和与平衡弹簧 4 的压紧力相平衡。与此同时,H 腔中的气压作用力与复位弹簧 1 的张力之和与下腔活塞上方的气压作用力相平衡,此时上阀门 7 和下阀门 9 均关闭,G 和 H 腔中的气压保持稳定状态,即为制动阀的平衡位置。

放松制动踏板时,作用在挺杆上的力消失,在复位弹簧作用下,芯管下移,平衡弹簧恢复到原来装配长度,上活塞 5 上移到使下端与上阀门 7 之间形成排气间隙。后制动气室的压缩空气经 G 腔排气间隙和其下面的排气口 C 排入大气。与此同时,大活塞 2 与小活塞 8 受复位弹簧 1 张力的作用而上升,使下阀门 9 与下壳体阀座接触,从而关闭储气筒与前制动气室的通路。另一方面,由于大活塞 2 与小活塞 8 的上移,使小活塞的下端与下阀门 9 之间也形成排气间隙,前制动气室的压缩空气经 H 腔排气间隙以及下阀门 9 和排气口 C 排入大气中,制动解除。

若前桥回路失效,控制阀的上腔室仍能按上述方式工作,因此后桥制动回路照常工作。当后桥回路失效时,由于下腔室的下活塞上方建立不起控制气压而无法移动,上腔平衡弹簧将通过上活塞 5 推动小活塞 8 以及芯管使小活塞与大活塞单向地分离而下移,推开下阀门 9 使前桥制动回路建立制动气压,并利用小活塞和平衡弹簧的张力相互平衡起随动作用。

为了消除上活塞5与上阀门7的排气间隙(图5-62所示,1.2mm±0.2mm)所踩下的踏板行程,称为制动踏板自由行程。通过调整排气间隙即可调整制动踏板的自由行程。

(2)双腔并联膜片式制动控制阀。图5-61为东风EQ1091E型汽车双腔并联膜片式制动控制阀。它由彼此独立的前腔制动阀和后腔制动阀,两阀共用的平衡臂组、平衡弹簧组、拉臂以及上体等部分组成。独立的左腔室与后桥储气筒和后桥控制回路连接;独立的右腔室与前桥储气筒和前桥控制回路连接。膜片组件的驱动形式是通过叉形拉臂1、推压平衡弹簧3、推杆8、平衡臂9同步控制两腔的膜片芯管。平衡弹簧无预紧力,膜片室制成挠曲型。

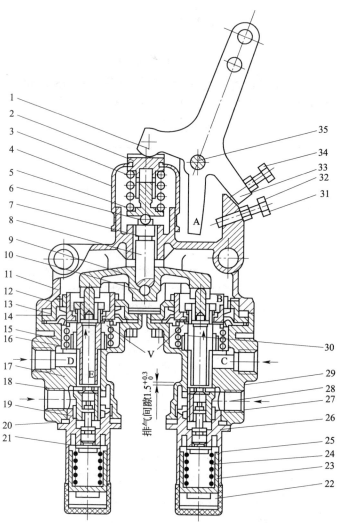

图5-61 东风EQ1091E型汽车双腔并膜片式制动控制阀

1-拉臂;2-平衡弹簧上座;3-平衡弹簧;4-防尘罩;5-平衡弹簧下座;6-钢球;7-密封圈;8-推杆;9-平衡臂;10-钢球;11-上壳体;12-膜片压紧圈;13-密封垫;14-钢球;15-膜片复位弹簧;16-膜片心管;17-下壳体;18-两用阀总成;19-阀门复位弹簧;20-密封垫;21-柱塞泵;22-塑料罩;23-锁紧螺母;24-调整螺母;25-滞后弹簧;26、27-密封圈;28-密封柱塞;29-推杆;30-紧固螺钉;31-锁紧螺母;32-调整螺钉;33-锁紧螺母;34-调整螺钉;35-拉臂轴;A-拉臂限位块;B-排气口;C-节流孔;D-进气阀口;E-排气阀口;V-平衡气室

前桥腔室中有滞后机构,两腔室制动时,有时间差和气压差,而且能调整其大小,使得前后桥制动能协调一致。滞后机构总成,包括推杆29、密封柱塞28、可调的滞后弹簧25、调整

螺母 24 等机件,其壳体用螺纹装于阀体下端的螺纹孔内,并用密封圈密封。其上端作为两用阀门导向座与阀门弹簧支座,其中心孔与密封柱塞 28 滑动配合,并用密封圈 26 密封,下端螺纹孔装有调整螺母 24,并用螺母 23 锁紧。转动调整螺母 24,即可调整滞后弹簧 25 的预紧力。在滞后弹簧的张力作用下,经密封柱塞 28 使位于芯管中心孔的推杆 29 上端支撑着芯管,芯管下端面与进气阀上端面保持 1.5mm 左右的排气间隙。后桥腔室的下部,也装有和前桥腔室滞后机构相同的机件和相同的排气间隙,只是少了推杆,使其滞后机构不起作用。这种对称布置,有利于配件的生产和更换。

双腔并联膜片式制动控制阀的工作情况,如图 5-62 所示。

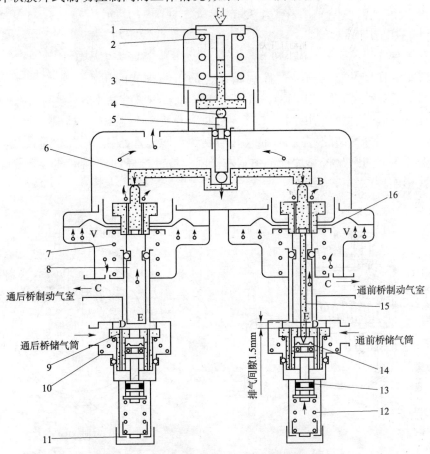

图 5-62 双腔并联膜片式制动控制阀的工作情况(不制动时)

1-平衡弹簧上座;2-平衡弹簧;3-平衡弹簧下座;4-钢球;5-推杆;6-平衡臂;7-膜片复位弹簧;8-膜片芯管;9-两用阀总成;10-阀门复位弹簧;11-塑料罩;12-滞后弹簧;13-密封圈;14-密封柱塞;15-推杆;16-膜片总成;B-排气口;C-节流孔;D-进气阀口;E-排气阀口;V-平衡气室

制动时,拉臂将平衡弹簧 2 和平衡臂 6 压下,推压两腔室的膜片和芯管。由于后桥腔室中无推杆和滞后弹簧的作用力,因此芯管 8 首先将排气阀口 E 关闭,继而打开进气口 D 压缩空气便经进气阀口充入后桥控制回路。此后,由于后桥腔室外中平衡气室 V 不断充气(经节流孔 C 进入),以及随着膜片和芯管下移各复位弹簧的变形量增加,反抗平衡臂下移的作用力将相应增大。与此同时,平衡臂 6 对前桥腔室膜片芯管组的压力也随之增大,当足以克服前桥膜片芯管下移的阻力时,平衡臂右端也开始下移,并推开前桥腔室的进气阀,使前桥控制回路也充气。

压缩空气在充入前后制动气室的同时,还经节流孔 C 进入膜片室的下腔,推动两腔的芯管 8 上移,促使平衡臂等零件向上压缩平衡弹簧,此时两用阀 9 将进气阀口 D 和排气阀口 E 同时关闭,制动阀处于平衡状态,制动气室中的压缩空气不再增加也不减少,即维持制动。当需增加制动强度,可继续踩下制动踏板到某一位置,制动气室进气量增加,气压升高,当气压升高到进排气阀口又同时关闭时,制动阀又处于新的平衡状态。

放松制动踏板,两腔室的膜片芯管上移,排气阀口 E 被打开。由于气压差的关系,排气将按后桥、前桥的顺序依次将压缩空气经芯管和上体的排气口 B 进入大气。

如图 5-61 所示,通过调整螺钉 34,可使芯管上下移动,使排气间隙达到规定值,从而保证制动踏板自由行程。通过调整螺钉 32 可限定摆臂的最大摆动位置,从而限制最大工作气压。

4. 制动气室

制动气室的作用是储气筒经过控制阀送来的压缩空气的压力转变为转动凸轮的机械力。解放 CA1092 型汽车和东风 EQ1091E 型汽车都采用膜片式制动气室。图 5-63 为解放 CA1092 型汽车制动气室。它由两个卡箍 7 将冲压的外壳 3、盖 2 和橡胶膜片 1 紧固在一起。膜片 1 将制动气室分为两腔,左腔有通气孔与制动阀输出管路相连,右腔通大气。弹簧 4 通过焊接在推杆 5 上的圆盘将膜片推至图示左极限位置。推杆的外端借连接叉 6 与制动器的制动调整臂相连。

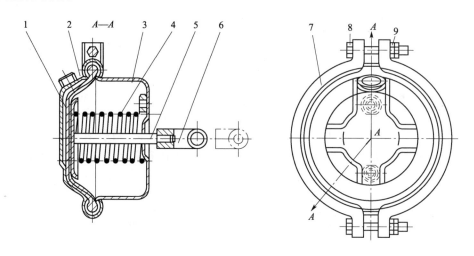

图 5-63 解放 CA1092 型汽车制动气室
1-橡胶膜片;2-盖;3-外壳;4-复位弹簧;5-推杆;6-连接叉;7-卡箍;8-螺栓;9-螺母

当踩下制动踏板时,压缩空气自制动阀充入制动气室左腔,膜片 1 向右拱曲,将推杆 5 推出,使制动调整臂和制动凸轮转动而实现制动。放松制动踏板,左腔压缩空气经制动阀的排气口通入大气,膜片与推杆都在复位弹簧作用下复位而解除制动。

5. 快放阀

对于轴距较长的载货汽车,制动阀距制动气室较远,如果制动气室的放气经过制动阀,将使制动的解除过于迟缓,不利于汽车制动后的及时加速。因此,不少汽车在制动阀与制动气室之间装有快放阀,使制动气室的气压更快撤除。

东风 EQ1091E 型汽车的膜片式快放阀的结构与工作原理如图 5-64 所示,它装在制动阀与制动气室的管路中,并靠近制动气室处。

制动时,由制动阀来的压缩空气进入 A 口后(图 5-64b),推动膜片 2 将排气口 D 切断,同时压下膜片四周使之弯曲,压缩空气沿下壳体 5 的径向沟槽,经 B、C 口分别通往左右制动气室。解除制动时,制动气室的压缩空气经 B、C 口流回(图 5-64c),将膜片 2 顶起,关闭进气口 A,打开排气口 D,压缩空气直接从排气口 D 排入大气,不需迂回流经制动阀。

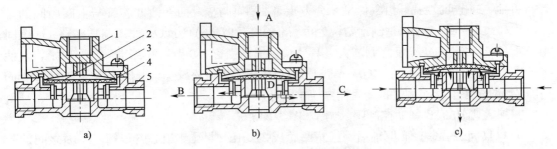

图 5-64 快放阀的工作状态
a)行驶状态;b)制动进气状态;c)解除制动排气状态
1-上壳体;2-膜片;3-紧固螺钉;4-密封垫;5-下壳体;A-接气源;B、C-接制动气室;D-排气口

一、气压制动系的检修

1. 气压制动系的维护

一级维护时,检查制动管路和各部件接头应连接可靠,不漏气,各部支架螺栓、螺母紧固可靠,各制动拉杆的连接销安全、锁止可靠,各软管无老化漏气现象。

二级维护时,应检查制动阀、储气筒、制动气室、管路以及接头等部位是否漏气;制动软管应无老化;制动控制阀应进气迅速、排气畅通;制动气室推杆行程应符合规定。

气压制动系各部的连接软管经长期使用后,会老化变质而漏气。因此,必须每年或每行驶 50000km 更换一次。

2. 空气压缩机的检修

空气压缩机工作时,不应有大量润滑油窜入储气筒中,经连续工作 24h 后,储气筒中的润滑油达到 10~15mL 时,应检查活塞与活塞环的磨损、后盖与油堵的密封、回油管是否畅通以及连杆大端与曲轴的轴向间隙等,根据发现的问题进行维修。

3. 储气筒的检修

储气筒内部应清洁,在 1274~1470kPa 压力下做水压试验,储气筒应无渗漏现象,否则应更换。

4. 制动控制阀的检修与调整

(1)主要零件的检修。各类制动控制阀的主要失效是膜片破裂和变形,以及进排气阀磨损或老化、弹簧弹力减退等。

①膜片变形或破裂,应予以更换。
②各弹簧的长度和弹力应符合标准,否则应更换,维护时也可加垫片进行调整。
③排气阀的阀门有较深的擦伤或沟槽密封不严时,可用研磨法修复或更换。
④壳体有裂纹或各接合面不平时应更换。

(2)装配与调整。现代汽车控制阀各零件间的装配关系,一般都由其尺寸确定,按相互位置关系装配即可。少数平衡弹簧有预紧度要求的,应按规定预紧度预紧。另外,各滑动配合表面和安装橡胶圈的槽中应涂适量的锂基润滑脂。

①解放 CA1092 制动控制阀的调整(图 5-59)。调整主要是通过拉臂上的调整螺钉调整拉臂的极限复位位置,同时调整排气间隙和踏板自由行程。在上下排气间隙中,下阀门至心管间的排气间隙(1.7mm)由零件尺寸公差保证,无须调整。而上活塞芯管与上阀门间的排气间隙(1.2mm ± 0.2mm)是制动踏板处由行程(10 ~ 15mm)的反映,拧进调整螺钉 17,该间隙及踏板自由行程减小;反之则增大。具体调整方法为:在 D 腔接压缩空气,拉动拉臂 19 使滚轮 4 压动挺杆 5 下移至刚好能从 A 腔开始进气,再慢慢放松拉臂至挺杆回升(1.2 ± 0.2)mm时,转动调整螺钉 17 至刚好抵住壳体再锁止即可。

②东风 EQ1091E 制动控制阀的调整(图 5-61)

A. 排气间隙调整。拆下前后腔柱塞座总成 21,用深度尺测量心管至阀座平面之间的距离,应为 $1.5^{+0.3}_{0}$ mm。若该间隙不符合要求,应用拉臂上的调整螺钉 34 进行调整。拧紧螺钉排气间隙变小;反之排气间隙变大,调整后将调整螺母 33 锁紧。此间隙反映到踏板上,即为制动踏板的自由行程,其标准为 10 ~ 15mm。

B. 最大制动气压调整。将制动踏板踩到底,调整螺钉 32 应与拉臂上的限位块 A 接触,这时最大制动气压应为 539 ~ 589kPa。最大制动气压不符合规定应用调整螺钉 32 进行调整。

C. 前后腔的压力差调整。在制动控制阀的前、后腔上各接一个气压表。踩下制动踏板至任一位置不动,旋转后腔滞后弹簧下的调整螺母 24。拧紧时,可使弹簧弹力增大,从而降低后腔的输出气压,应使后腔的输出气压较前腔低 9.8 ~ 39.2kPa。再踩踏板检查一次,符合要求后将锁紧螺母 23 拧紧。

(3)密封性检查。控制阀装配调整后要进行密封性检查。解放 CA1092 的制动控制阀检查方法如下(图 5-59)。

①在制动控制阀上下腔进气口与储气筒之间各串入一个 1L 的容器和气压表,并用一个阀门控制气路的通断。

②通入压力为 784kPa 的压缩空气后再关闭阀门,检查进气口 D、E 腔的密封性,5min 后,气压降低不得大于 24.5kPa。

③拉动拉臂至极限位置不动,用同样的方法检查排气口 A、B 的密封性,5min 后压力降低不得大于 49kPa。

制动控制阀的密封性可随车进行检查,停车后,若不踩制动踏板,在排气口处有漏气现象,说明进气阀处不密封;若踩下制动踏板,在排气口有漏气现象,说明排气阀处或膜片不密封。有上述情况,应拆开进行检查,如损坏应更换。

(4)制动气室检查。制动气室弹簧断裂、变形或弹力减弱时应更换;膜片有裂纹、变形或老化等应更换;外壳有裂纹、凹陷、变形或推杆磨损过大应更换。

装配制动气室,应分两次拧紧盖上的固定螺母,以防膜片变形。装合后,推杆应运动灵活;当制动气室气压达到 784 ~ 882kPa 时,应不漏气;当压力解除时,推杆应立即回到原位;当充入规定气压时,推杆行程应符合要求。

二、气压制动系的就车检查

国家标准规定,在储气筒内的气压达到 600kPa 时,在不制动的情况下,发动机熄火 3min

后其气压降低不得大于10kPa。在气压为600kPa的情况下,将制动踏板踩到底,待气压稳定后保持3min,单车气压下降不得超过20kPa;带挂车时,不得超过30kPa。

当发动机在中等转整下,4min(列车为6min,城市铰接公共汽车和无轨电车为8min)内气压表的指示气压应从零升至起步气压(未标有起步气压者按400kPa计)。储气筒在不继续充气的情况下,连续5次全制动后气压应不低于起步气压。

达不到上述要求时,应查明原因,并予以排除。

三、气压制动系的故障诊断

1. 制动不灵

(1)故障现象。与液压制动系的"制动不灵"相同。

(2)故障原因。制动不灵的实质,一是压缩空气压力不足;二是由于各种原因造成摩擦片与制动鼓之间摩擦力矩下降,可依此分析故障的原因。

①储气筒内气压不足或空气压缩机至储气筒管路不畅通。

②制动控制阀进气阀开度过小、排气阀关闭不严、膜片破裂。

③制动管路凹瘪、不畅通、堵塞或漏气。

④制动气室膜片破裂、推杆行程太小或太大。

⑤制动踏板自由行程过大。

⑥制动蹄摩擦片与制动鼓(盘)的接触面积太小,或制动器间隙调整不当。

⑦制动蹄摩擦片质量欠佳或使用中表面硬化、烧焦、油污或铆钉头外露。

⑧制动鼓磨损过度或制动时变形严重。

⑨制动蹄与支承销或制动凸轮轴与凸轮轴支架锈蚀或卡滞。

(3)故障诊断与排除。

①首先检查制动蹄踏板自由行程。

②在不制动且发动机长时间运转的情况下观察气压表。如气压不足392kPa,而且长时间行驶也不上升,应查明故障是在空气压缩机还是管路。若气压上升缓慢或长时间不上升,发动机熄火后,气压也不下降,大都为压缩机故障,如皮带打滑,发动机熄火后,气压不断下降,说明存在漏气,可根据漏气声查找漏气部位。

③若气压足够490kPa,可踩下制动踏板,观察气压表指针,若气压下降过少,说明制动控制阀不良,如进气阀开度过小等;若踩下制动踏板后气压不断下降并有漏气声,说明制动控制阀至制动气室之间某处漏气,可循声查到漏气部位。

④察看制动气室推杆外伸情况。若外伸过短,说明气管有堵塞或者凸轮轴有锈蚀卡滞;若外伸过大,很可能是制动器间隙过大。

⑤上述检查均正常,则故障原因在制动器。如制动蹄沾油、太薄、铆钉外露、制动鼓失圆、磨出沟槽等,应拆开制动器检查。

2. 制动失效

(1)故障现象。与液压制动系"制动失效"相同。

(2)故障原因。

①空气压缩机皮带断裂,储气筒内无压缩空气。

②制动踏板至制动控制阀的连接脱开。

③频繁使用制动器,导致制动器温度过高而使制动失灵。

(3)故障诊断与排除。可按故障原因逐个查找故障部位并进行排除。

3. 制动拖滞

(1)故障现象。与液压制动系"制动拖滞"相同。

(2)故障原因。

①制动踏板自由行程太小,致使制动控制阀的排气阀开启程度太小。

②制动控制阀膜片复位弹簧或排气阀弹簧疲劳、折断。

③制动控制阀的排气阀橡胶阀发胀、发黏、损伤或阀门口污垢、胶质过多。

④制动蹄回位弹簧疲劳、拉断或脱落,制动器间隙过小或调整不当。

⑤制动凸轮轴与凸轮轴支架或制动蹄与支承销锈蚀或卡滞。

⑥制动踏板卡滞或踏板复位弹簧疲劳、拉断、脱落等。

⑦制动气室膜片(活塞)复位弹簧疲劳、折断。

⑧其他方面原因,如轮毂轴承松动、半轴套管松动、制动软管老化不畅通等。

(3)故障诊断与排除。

①汽车路试并有意使用制动器,行驶一定里程后,停车检查各车轮制动鼓的温度。如果全部车轮制动鼓都发热,则为全轮拖滞,故障在制动控制阀、制动踏板上;如果个别制动鼓发热,则为个别车轮拖滞,故障在制动气室或车轮制动器上。

②若全轮拖滞,可踩下制动踏板并抬起,若制动灯不灭,排气阀不排气或排气缓慢,则为制动控制阀故障,应检修制动控制阀。一般为排气间隙太小、排气阀弹簧或阀门不良等。若制动阀良好,应检查制动踏板能否彻底复位。

③若个别车轮拖滞,可踩下并抬起制动踏板,观察制动气室推杆复位情况。若复位缓慢或不复位,拆开制动气室推杆与调整臂的连接后推杆也不复位,则为制动气室弹簧疲劳、折断或弹力太小所致。否则,是制动凸轮轴锈蚀或变形所致运动发卡。

若推杆复位正常,但制动蹄不能复位,则为制动蹄与支承销锈蚀或制动蹄复位弹簧故障所致。否则,应调整制动器间隙或轮毂轴承预紧度。

4. 制动跑偏

(1)故障现象。与液压制动系"制动跑偏"相同。

(2)故障原因。主要是由于左右两侧车轮制动力不同所致。

①左右两侧车轮制动器的某些参数相差较大,如制动器间隙、制动摩擦片材料或磨损程度、制动蹄与制动鼓接触面积、制动鼓内径与复位弹簧拉力等。

②左右轮轮胎气压不一、直径不一、花纹不一或花纹深度不一。

③单边车轮制动器进水或油污、制动鼓变形严重和磨出沟槽。

④左右两侧车轮制动凸轮转角相差太大。

⑤左右两侧车轮制动气室推杆外露长度不一、伸张长度不等。

⑥左右两侧车轮制动软管与制动气室膜片新旧程度不一样。

除上述这些原因外,还有其他方面的原因,如负前束、两钢板弹簧弹力不等、车架变形以及前桥移位等。

(3)故障诊断与排除。发生制动跑偏时,说明方向相反的一侧车轮制动力不足。应首先检查轮胎气压和制动器间隙,若正常则检查制动气室推杆的外伸长度与制动时的伸出长度。必要时,应拆检制动器。

学习情境五:汽车制动失效故障检修	班级			
工作任务三:气压制动系的拆装、检查与调整	姓名		学号	
	日期		评分	

一、工作单内容

分组拆装、检查与调整东风 EQ1090 汽车气压制动系统。

二、准备工作

说明:每位学生应在工作任务实施前独立完成准备工作。

1. 下图为解放 CA1091 型汽车的双回路气压制动系统,请将指定部分的名称填写在对应的序号线内。

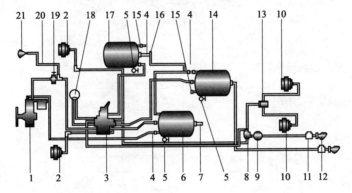

解放 CA1091 型汽车的双回路气压制动系统示意图

1-_____;2-_____;3-_____;4-_____;
5-_____;6-_____;7-_____;8-_____;
9-_____;10-_____;11-_____;12-_____;
13-_____;14-_____;15-_____;16-_____;
17-_____;18-_____;19-_____;20-_____;
21-_____

2. 什么是双回路气压制动系,它由哪几部分组成?

3. 下图为东风汽车的高压阀,请将指定部分的名称填写在对应的序号线内。

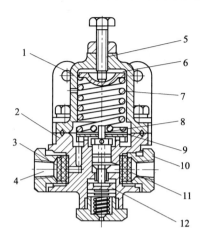

1-_____;2-_____;3-_____;4-_____;
5-_____;6-_____;7-_____;8-_____;
9-_____;10-_____;11-_____;12-_____

三、任务实施

1. 气压制动系统的检查

对气压制动系统相关项目进行检查,并将检查结果记录于下表中。

检查项目	检查结果
制动控制阀	
储气筒	
制动系统各管路及接头	
制动软管	
制动气室推杆的自由行程	

2. 空气压缩机的检修

空气压缩机工作时经连续工作24h后,储气筒中的润滑油达到10~15mL时,对下列项目进行检查,并将检查结果记录于下表中。

检查项目	检查结果
活塞与活塞环的磨损	
后盖与油堵的密封情况	
回油管的畅通情况	
连杆大头与曲轴的轴向间隙	

3. 储气筒的检修

储气筒内部应清洁,在1274~1470kPa压力下做水压试验,储气筒应无渗漏现象,否则应更换。

4. 制动控制阀的检修

对制动控制阀进行下列项目检查,并将检查结果记录于下表中。

检 查 项 目	检 查 结 果
膜片有无变形或破裂	
各弹簧的长度和弹力情况	
排气阀的阀门磨损情况	
壳体及各接合面情况	

四、工作小结

通过此工作任务的实施,各小组集中完成下述工作。

1. 对空压机进行检修时,其技术条件是什么?

2. 简述检查气压制动系控制阀的主要内容。

3. 你认为本次实训是否达到预期目的,还有什么好的意见和建议?

工作任务四 驻车制动系的拆装、检查与调整

1. 应知应会

通过本工作任务的学习与具体实施,学生应学会下列知识:
(1)熟悉驻车制动的功用、类型以及组成。
(2)熟悉驻车制动器的结构与工作原理
(3)熟悉驻车制动操纵机构的结构。
应该掌握下列技能:
(1)会调整、检查、检修驻车制动装置。
(2)会对驻车制动器性能进行检查。

2. 学习要求

(1)在每个工作任务的学习过程中,完成相关任务工作单的填写,并通过课程网络及时提交给相关教师。任务工作单提交方法详见课程网站。

(2)在每个学习情境实施阶段的中期或后期,按要求填写检修工作单。学习结束后,按要求填写学生考核记录表,进行自我评价后交小组长,小组长评价后连同检修工作单统一交教师。

(3)每个情境学习到评价环节时,个人进行任务完成情况的评估。教师对小组抽查,被抽查的个人上台进行讲评。

一、驻车制动装置概述

1. 驻车制动装置的功用
(1)保证汽车可靠地在平地或坡道上停车而不发生滑行。
(2)保证在坡道上安全起步。
(3)在行车制动效能失效时,临时使用或配合行车制动器进行紧急制动。

2. 驻车制动装置的类型
(1)按汽车上的安装位置,可分中央驻车制动装置和车轮驻车制动装置两种。
(2)按结构形式,可分为鼓式、盘式、带式和弹簧作用式四种。

3. 驻车制动装置的组成
驻车制动装置通常由操纵杆、拉索和制动器等组成,如图 5-65 所示。

二、东风 EQ1090E 型汽车驻车制动器

1. 特点
东风 EQ1090E 型汽车驻车制动器采用的是中央制动、鼓式、简单非平衡式驻车制动器,如图 5-66 所示。

2. 结构
制动鼓通过螺栓与变速器输出轴的凸缘盘紧固在一起,制动底板固定在变速器输出轴

轴承盖上,两制动蹄通过偏心支承销支承在制动底板上,其上端装有滚轮,在复位弹簧的作用下滚轮紧靠在凸轮的两侧,凸轮轴支承在制动底板的上部,轴外端与摆臂连接,摆臂的另一端与穿过压紧弹簧的拉杆相连,拉杆再通过摇臂、传动杆与驻车制动杆相连。驻车制动杆上连有棘爪,驻车制动器工作时,棘爪嵌入齿扇上的棘齿内,起锁止作用。解除制动时,需按下驻车制动杆上的按钮,使棘爪脱离棘齿才能拨动驻车制动杆。

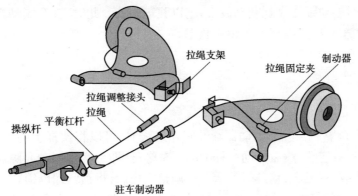

图 5-65　驻车制动装置的组成

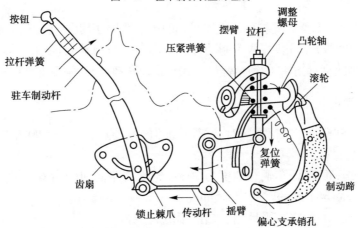

图 5-66　东风 EQ1090E 型汽车驻车制动装置

三、一汽奥迪轿车驻车制动装置

1. 组成

一汽奥迪轿车驻车制动装置由驻车制动器和操纵机构组成,如图 5-67 所示。

2. 结构

驻车制动杠杆上端通过平头销与后制动蹄相连,中上部作为支点卡入驻车制动推杆右端的切槽中,下端与拉绳相连。前后制动蹄的腹板卡在驻车制动推杆两端的切槽中,并分别用一根复位弹簧与推杆相连。操纵机构包括传动机构和锁止机构,传动机构由驻车制动操纵杆、调整拉杆以及制动拉绳等组成。锁止机构由按钮、弹簧与限位块、棘爪压杆、棘爪和扇形齿等组成。

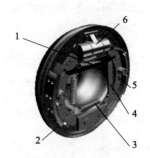

图 5-67　一汽奥迪轿车驻车制动装置
1-压杆;2-制动底板;3-拉力弹簧;
4-制动杆;5-制动蹄;6-后制动轮缸

3. 工作情况

驾驶员拉起驻车制动操纵杆后,操纵力便通过调整拉杆、拉绳转到车轮制动器内的驻车制动杠杆下端,使之绕上端支点顺时针转动,制动杠杆转动过程中,其中间支点推动驻车制动推杆左移,使前制动蹄压向制动鼓。到前制动蹄压向制动鼓后,推杆停止运动,则驻车制动杠杆的中间支点变成其继续转动的新支点。于是驻车制动杠杆的上端右移使后制动蹄压靠到制动鼓上,施以驻车制动。此时,驻车制动操纵杆上的棘爪与扇形齿啮合,驻车制动操纵杆处于锁止状态。

 任务实施

一、制动器的调整

(1)拉杆长度调整。当驻车制动器蹄鼓间隙过大时,可以将拉杆上的锁紧螺母松开,将制动操纵杆放松到最前端,然后拧动拉杆上的调整螺母,即可实现制动间隙调整。将调整螺母拧紧,蹄鼓间隙减小;反之,蹄鼓间隙增大。调整完毕后,将锁紧螺母锁紧。

(2)摇臂与凸轮相互位置的调整。通过拉杆长度的调整后,若操纵杆自由行程仍然偏大,则应调整摇臂与凸轮的相互位置。

(3)制动器的全面调整。先拧松偏心支承轴的锁紧螺母,用扳手转动偏心支承轴。当在摆臂末端用力转动摆臂张开凸轮时,两个制动蹄的中部同时与制动鼓接触。然后用扳手固定偏心支承销,同时拧紧偏心支承销的锁紧螺母。在拧紧锁紧螺母时,偏心支承销不得转动。

二、制动器性能的检查

汽车每行驶12000km左右时,应对驻车制动器的性能进行检查。驻车制动器应满足以下性能:

(1)在空载状态下,保证车辆在坡度为20%、轮胎与路面间的附着系数≥0.7的坡道上正反两个方向保持固定不动的时间应≥5min。

(2)拉紧驻车制动器,空车平地用2挡应不能起步。

(3)驻车制动器操纵杆的工作行程不能超过全行程的3/4。

(4)放松驻车制动操纵杆,变速器处于空挡,支起一个驱动轮,制动鼓应能用手转动且无摩擦声。

三、制动装置的检修

传动机构中的拉绳通常是涂有塑料材料的钢丝索。拉紧或松开驻车制动时,拉绳既不能松弛也不能受阻滞。因此,拉绳不得有磨损或腐蚀,不得有扭结或卡住现象。

锁止机构中的棘爪和扇形齿不得有磨损和断齿。

四、制动装置的调整

后轮制动器的蹄鼓间隙为自由调整式,调整驻车制动装置时只需调整拉绳的长度即可。调整时,先松开驻车制动操纵杆,用力踩制动踏板一次,然后将驻车制动操纵杆拉紧2个齿,转动拉杆上的调整螺母,直到用手不能转动后轮为止。放松驻车制动拉杆后,两后轮应能自由转动。

学习情境五:汽车制动失效故障检修 工作任务四:驻车制动系的拆装、检查与调整	班级			
	姓名		学号	
	日期		评分	

一、工作单内容

分组拆装、检查与调整东风 EQ1090 汽车驻车制动系统。

二、准备工作

说明:每位学生应在工作任务实施前独立完成准备工作。

1.下图为驻车制动器,请指出指定部分的名称,填写在对应序号线内。

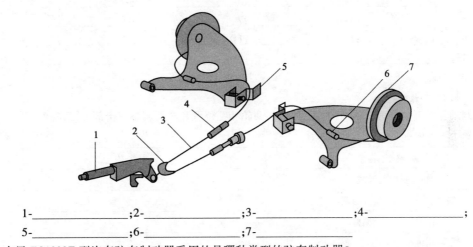

1-_____;2-_____;3-_____;4-_____;
5-_____;6-_____;7-_____

2. 东风 EQ1090E 型汽车驻车制动器采用的是哪种类型的驻车制动器?

3. 下图为东风汽车驻车制动器,请指出指定部分的名称,并填写在对应序号线内。

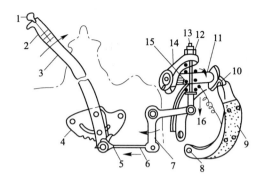

1-_____;2-_____;3-_____;4-_____;
5-_____;6-_____;7-_____;8-_____;
9-_____;10-_____;11-_____;12-_____;
13-_____;14-_____;15-_____;16-_____

三、任务实施

1. 驻车制动器的调整

驻车制动器的调整分为,主拉杆长度、摇臂与凸轮相互位置和全面调整三个部分,请将各部分的调整过程记录于下表中。

调整内容	调整方法
拉杆长度的调整	
摇臂与凸轮相互位置的调整	
制动器的全面调整	

2. 驻车制动器性能的检查。

汽车每行驶12000km左右时,应对驻车制动器的性能进行检查,请将检查结果记录于下表中。

检查内容	检查方法
空载状态下,坡道上正反两个方向保持固定不动的时间检查	
空车平地用2挡起步情况	
驻车制动器操纵杆的工作行程	
空挡下,支起一个驱动轮,制动鼓转动情况	

3. 制动装置的检查

主要检查传动机构的拉绳、锁止机构中的棘爪和扇形齿。

检查内容	检查方法
传动机构的拉绳	
锁止机构中的棘爪和扇形齿	

4. 制动装置的调整

驻车制动装置只需调整拉绳的长度即可,调整步骤如下:

(1)松开驻车制动操纵杆,用力踩制动踏板一次。

(2)将驻车制动操纵杆拉紧2个齿。

(3)转动拉杆上的调整螺母,直至到用手不能转动后轮为止。
(4)放松驻车制动拉杆后,两后轮应能自由转动。
四、工作小结
通过此工作任务的实施,各小组集中完成下述工作。
1.简述驻车制动器性能检查的方法。

2.你认为本次实训是否达到预期目的,还有什么好的意见和建议?

工作任务五　汽车常规制动系故障检修

1. 应知应会

通过本工作任务的学习与具体实施,学生应学会下列知识:
(1)熟悉制动失效故障的故障现象与原因。
(2)熟悉制动不灵故障的故障现象与原因。
(3)熟悉制动跑偏故障的故障现象与原因。
应该掌握下列技能:
(1)会检修汽车制动失效故障。
(2)会检修汽车制动不灵故障。
(3)会检修汽车制动跑偏故障。

2. 学习要求

(1)在每个工作任务的学习过程中,完成相关任务工作单的填写,并通过课程网络及时提交给相关教师。任务工作单提交方法详见课程网站。
(2)在每个学习情境实施阶段的中期或后期,按要求填写检修工作单。学习结束后,按要求填写学生考核记录表,进行自我评价后交小组长,小组长评价后连同检修工作单统一交教师。
(3)每个情境学习到评价环节时,个人进行任务完成情况的评估。教师对小组抽查,被抽查的个人上台进行讲评。

汽车制动系的常见故障有制动不灵、制动失效、制动跑偏和制动拖滞等。

一、制动失效故障检修

1. 故障现象

踩下制动踏板,车辆不减速,即使连续几次制动也无明显减速作用。

2. 产生原因

(1)制动踏板至制动主缸的连接松脱。
(2)制动储液室无液或严重缺液。
(3)制动管路断裂漏油。
(4)制动主缸皮碗破裂。

3. 故障诊断与排除

踩下制动踏板,根据踩制动踏板时的感觉,相应地检查有关部位。
(1)若制动踏板与制动主缸无连接感,说明制动踏板至制动主缸的连接松脱,应检查修复。
(2)踩下制动踏板时,若感到很轻,稍有阻力感,则应检查主缸储液室内制动液是否充足。若主缸储液室内无液或严重缺液,应添加制动液至规定位置。再次踩下制动踏板时,若仍没有阻力感,则应检查制动主缸至制动轮缸的制动软管或金属管有无断裂漏油。

(3)踩下制动踏板时,虽然感到有一定的阻力,但踏板位置保持不住,明显下沉,则应检查制动主缸的推杆防尘套处是否有制动液泄漏。若有制动液泄漏,说明制动主缸皮碗破裂;若车轮制动鼓边缘有大量制动液,则应检查制动轮缸皮碗是否压翻、磨损是否严重。

二、制动不灵故障检修

1. 故障现象

(1)制动时,踩一次制动踏板不能减速或停车,连续踩几次制动踏板,效果也不好。

(2)汽车紧急制动时,制动距离太长。

2. 产生原因

(1)制动踏板自由行程太大。

(2)制动主缸储液室内存油不足或无油。

(3)制动液变质(变稀或变稠)或管路内壁积垢太厚。

(4)制动管路内进入空气或制动液气化产生了气阻。

(5)制动主缸、轮缸、管路或管接头漏油。

(6)制动主缸、轮缸的活塞以及缸筒磨损过度。

(7)制动主缸、轮缸的皮碗老化或磨损引起密封不良。

(8)制动主缸的进油孔、储液室的通气孔堵塞。

(9)制动主缸的出、回油阀不密封;活塞复位弹簧预紧力太小。

(10)制动器的制动鼓与制动蹄摩擦片间隙不当;制动鼓与制动蹄摩擦片接触面积太小;制动蹄摩擦片质量不佳或沾有油污,制动蹄摩擦片铆钉松动;制动鼓产生沟槽磨损或失圆,制动时变形。

(11)真空增压器或助力器的各真空管路接头松动、脱落,管路有破裂处;膜片破裂或者密封圈密封不良;止回阀、控制阀密封不良;辅助缸活塞、皮碗磨损过度;单向球阀不密封。

3. 故障诊断与排除

(1)对制动系统进行检查。

①检查储液室中制动液液面高度是否符合要求。

②检查主缸的活塞复位弹簧是否过软;主缸的皮碗是否破裂。

③检查制动主缸的进油孔或储液室的通气孔是否堵塞。

④检查系统内是否存有气体。

⑤检查制动踏板的自由行程及制动器的间隙。

⑥检查制动管路是否破裂、管接头是否密封不良;主缸、轮缸皮碗或圈密封性能。

⑦检查增压器或助力器的工作情况,油管是否有老化、凹瘪、制动液黏度太大。

⑧检查增压器的辅助缸活塞磨损是否过度;辅助缸活塞、皮碗是否密封不良;辅助缸单向球阀是否密封不良。

(2)对故障车辆进行道路试验。

路试车辆时,观察各车轮的制动情况。若个别车轮制动不良,则应检查该车轮的制动软管是否老化;摩擦片与制动鼓间的间隙是否不当;摩擦片是否有硬化、油污、铆钉外露现象;制动鼓内臂是否磨损成沟槽;摩擦片与制动鼓的接触面积是否过小。

三、制动跑偏故障检修

1. 故障现象
(1) 汽车行驶制动时,行驶方向发生偏斜;
(2) 紧急制动时,方向急转或车辆甩尾。

2. 产生原因
(1) 左右车轮轮胎气压、花纹或磨损程度不一致。
(2) 左右车轮轮毂轴承松紧不一、个别轴承破损。
(3) 左右车轮的制动蹄摩擦片材料不一或新旧程度不一。
(4) 左右车轮制动蹄摩擦片与制动鼓的接触面积、位置不一样或制动间隙不等。
(5) 左右车轮轮缸的技术状况不一,造成起作用时间或张力大小不相等。
(6) 左右车轮制动鼓的厚度、直径、工作中的变形程度和工作面的粗糙度不一。
(7) 单边制动管路凹瘪、阻塞或漏油;单边制动管路或轮缸内有气阻。
(8) 单边制动蹄与支承销配合过紧或锈蚀。
(9) 一侧悬架弹簧折断或弹力过低。
(10) 一侧减振器漏油或失效。
(11) 前轮定位失准。
(12) 转向传动机构松旷。
(13) 车架、车桥在水平平面内弯曲、车架两边的轴距不等。

3. 故障诊断与排除
(1) 检查左右车轮轮胎气压、花纹和磨损程度是否一致;检查各减振器是否漏油或失效;检查悬架弹簧是否折断或弹力是否一致。
(2) 支起车轮,用手转动和轴向推拉车轮轮胎。若一侧车轮有松旷或过紧感觉,应重新调整轴承的预紧度;若转动车轮有发卡或异响,应检查该轮轮毂轴承是否破损或毁坏。
(3) 对汽车进行路试。制动后,若汽车向一侧跑偏,则为另一侧的车轮制动不良。
(4) 若制动时,出现忽左忽右跑偏现象,则应检查前轮定位是否符合要求,若前轮定位不正确,应调整;检查转向传动机构是否松旷,若松旷,应紧固、调整或更换。

四、制动拖滞故障诊断与检修

1. 故障现象
抬起制动踏板后,全部或个别车轮的制动作用不能立即完全解除,以致影响了车辆的重新起步、加速行驶或滑行。

2. 故障原因
(1) 制动踏板无自由行程,制动踏板拉杆系统不能复位。
(2) 制动主缸复位弹簧折断或失效。
(3) 制动主缸回油孔被污物堵塞,密封圈发胀或发黏与泵体卡死。
(4) 通往制动轮缸的油管凹瘪或堵塞。
(5) 制动盘摆差过大。
(6) 前制动器密封圈损坏,造成活塞不能正常复位。
(7) 前、后制动器制动轮缸密封圈发胀或发黏与轮缸缸体卡死。

（8）鼓式制动器制动蹄复位弹簧折断或过软。
（9）鼓式制动器制动蹄摩擦片破裂或铆钉松动。
（10）鼓式制动器制动鼓严重失圆。

3. 故障诊断与排除

（1）将汽车支起，在未踩制动踏板的情况下，用手转动车轮，若某一车轮转不动，说明该车轮制动器拖滞；若全部车轮转不动，说明全部车轮制动器拖滞。

（2）若为个别车轮制动器拖滞，首先旋松该轮制动器轮缸的放气螺钉，若制动液急速喷出，随即车轮能旋转自如，说明该轮制动管路堵塞，轮缸未能回油，应更换；若车轮仍转不动，则拆下车轮，解体检查制动器。

对于盘式制动器：

①检查制动器的轴向跳动量，若误差过大，应磨削或更换。

②拆检制动轮缸，若轮缸活塞发卡或密封圈损坏，应更换。

对于鼓式制动器：

①检查制动蹄摩擦片状况，若摩擦片破裂或铆钉松动，应更换摩擦片。

②检查制动器间隙自调装置，若有损坏，应更换。

③检查制动鼓状况，若制动鼓圆度误差过大，应镗削或更换，检查制动蹄复位弹簧，若有折断或弹力减弱，应更换。

④检查制动轮缸，若轮缸活塞发卡或密封圈损坏，应更换。

若全部车轮制动器拖滞，则进行以下检查：

①检查制动踏板自由行程是否符合要求，若自由行程过小，应调整。

②检查制动踏板的复位情况，用力将制动踏板踩到底并迅速抬起，若踏板复位缓慢，说明制动踏板复位弹簧失效或踏板轴发卡，应更换或修复。

③检查制动主缸的工作情况。打开制动液储液罐盖，由一人连续踩制动踏板，另一人观察制动主缸的回油情况。若不回油，说明制动主缸回油孔堵塞，应清洗、疏通；若回油缓慢，说明制动液过脏或变质，应更换。

任务工作单

学习情境五：汽车制动失效故障检修 工作任务五：汽车常规制动系故障检修	班级		
	姓名		学号	
	日期		评分	

一、工作单内容

分组拆装、检查与调整东风 EQ1090 汽车驻车制动系统。

二、准备工作

说明：每位学生应在工作任务实施前独立完成准备工作。

1. 踩下制动踏板，车辆不减速，即使连续几次踩下制动踏板也无明显减速作用。

可能产生的故障的原因有：

（1）_____。

（2）_____。

(3)_____。
(4)_____。
完成故障排除的过程。
若制动踏板与制动主缸无连接感,说明_____,应检查_____。
踩下制动踏板时,若感到很轻,稍有阻力感,则应检查_____。若主缸储液室内_____。再次踩下制动踏板时,若仍没有阻力感,则应检查_____。
踩下制动踏板时,虽然感到有一定的阻力,但踏板位置_____。
若有制动液泄漏_____。
若车轮制动鼓边缘有大量制动液,则应检查_____。

2.一辆汽车,制动时,踩一次制动踏板不能减速或停车,连续踩几次制动踏板,效果也不好。
可能产生的故障的原因有:
(1)_____。
(2)_____。
(3)_____。
(4)_____。
(5)_____。
(6)_____。
(7)_____。
(8)_____。
(9)_____。
(10)_____。
(11)_____。

完成如下故障排除的过程。
(1)检查_____。
(2)检查_____。
(3)检查_____。
(4)检查_____。
(5)检查_____。
(6)检查_____。
(7)检查_____。
(8)检查_____。
(9)路试车辆时,观察_____,_____,_____,_____。

3.汽车行驶制动时,行驶方向发生偏斜;紧急制动时,方向急转或车辆甩尾。
可能产生的故障的原因有:
(1)_____。
(2)_____。
(3)_____。
(4)_____。
(5)_____。
(6)_____。

(7) _____。
(8) _____。
(9) _____。
(10) _____。
(11) _____。
(12) _____。
(13) _____。
(14) _____。
完成如下故障排除的过程。
(1)检查 _____,
_____
_____。
(2)支起车轮,检查 _____,
_____
_____。
(3)对汽车进行路试。制动后 _____。

三、工作小结
通过此工作任务的实施,各小组集中完成下述工作。
1.简述制动失效故障的检修方法。

2.产生制动不灵故障的主要原因有哪些?

3.制动跑偏故障的现象是怎样的。

4.你认为本次实训是否达到预期目的,还有什么好的意见和建议?

参考文献

[1] 宋保林.汽车行驶、转向和制动系统检测、诊断与修复[M].北京:人民交通出版社,2012.

[2] 王秀贞.汽车转向、行驶与制动系统的检测与修复(理实一体化教程)[M].上海:上海交通大学出版社,2011.

[3] 谭克诚.汽车转向、行驶与制动系统的检测与维修[M].北京:机械工业出版社,2012.

[4] 陈文均.汽车行驶、转向与制动系统检测维修[M].北京:人民交通出版社,2010.

[5] 邹小明.汽车底盘构造与维修[M].北京:科学出版社,2008.

[6] 陈家瑞.汽车构造[M].5版.北京:人民交通出版社,2008.

[7] 周林福.汽车底盘构造与维修[M].北京:人民交通出版社,2008.

[8] 中国汽车维修行业协会.汽车底盘常见故障维修项目实训教材[M].北京:人民交通出版社,2008.

(7) _____。
(8) _____。
(9) _____。
(10) _____。
(11) _____。
(12) _____。
(13) _____。
(14) _____。
完成如下故障排除的过程。
(1)检查_____,
_____
_____。

(2)支起车轮,检查_____,
_____
_____。

(3)对汽车进行路试。制动后_____。

三、工作小结

通过此工作任务的实施,各小组集中完成下述工作。

1.简述制动失效故障的检修方法。

2.产生制动不灵故障的主要原因有哪些?

3.制动跑偏故障的现象是怎样的。

4.你认为本次实训是否达到预期目的,还有什么好的意见和建议?

参 考 文 献

[1] 宋保林. 汽车行驶、转向和制动系统检测、诊断与修复[M]. 北京：人民交通出版社，2012.
[2] 王秀贞. 汽车转向、行驶与制动系统的检测与修复（理实一体化教程）[M]. 上海：上海交通大学出版社，2011.
[3] 谭克诚. 汽车转向、行驶与制动系统的检测与维修[M]. 北京：机械工业出版社，2012.
[4] 陈文均. 汽车行驶、转向与制动系统检测维修[M]. 北京：人民交通出版社，2010.
[5] 邹小明. 汽车底盘构造与维修[M]. 北京：科学出版社，2008.
[6] 陈家瑞. 汽车构造[M]. 5版. 北京：人民交通出版社，2008.
[7] 周林福. 汽车底盘构造与维修[M]. 北京：人民交通出版社，2008.
[8] 中国汽车维修行业协会. 汽车底盘常见故障维修项目实训教材[M]. 北京：人民交通出版社，2008.